Waldemar Pallasch
Supervision

Pädagogisches Training

Waldemar Pallasch

Supervision

Neue Formen beruflicher Praxisbegleitung in pädagogischen Arbeitsfeldern

Juventa Verlag Weinheim und München

Der Autor
Waldemar Pallasch, Jg. 1938, Dr.sc.paed., Dipl.Päd., ist Professor für Pädagogik an der Pädagogischen Hochschule Kiel. Seine Arbeitsschwerpunkte sind Interaktion und Kommunikation, Verhaltenstraining, Pädagogische Therapie und Supervision sowie Unterrichtsforschung.

Die Deutsche Bibliothek - CIP-Einheitsaufnahme
Pallasch, Waldemar:
Supervision : neue Formen beruflicher Praxisbegleitung in pädagogischen Arbeitsfeldern / Waldemar Pallasch. -
2. Aufl. - Weinheim ; München :
Juventa Verl., 1993
(Pädagogisches Training)
ISBN 3-7799-0364-4

2. Auflage 1993

Umschlaggestaltung: Atelier Warminski, 6470 Büdingen 8
Umschlagabbildung: Die unverhoffte Schulvisitation,
Zeichnung von A. Levy 1873
Printed in Germany

ISBN 3-7799-0364-4

Vorwort

Supervision ist zu einem Modewort geworden!
Supervision steht bei Insidern hoch im Kurs!

Aber was ist Supervision?
Was versteht man unter Supervision?
Was bedeutet Supervision für die Pädagogik?
Kann die Supervision eine alternative Form berufsbegleitender Praxisberatung sein?

Diesen und anderen Fragen will die vorliegende Studie nachgehen!
Sie versucht den 'Supervisionsdschungel' etwas zu lichten und unterbreitet Vorschläge, wie die Supervision aus pädagogischer Sicht zu sehen und einzuordnen wäre.
Wer sich in diesem 'Dschungel' etwas auskennt, wird bedauernd feststellen, daß es aus pädagogischer Sicht - im Vergleich zu anderen Wissenschaftsdisziplinen - noch keine geschlossene Übersicht zu dieser Thematik gibt. Wohl gibt es Einzelbeiträge, die spezifischen Frage- bzw. Problemstellungen nachgehen, aber auch in ihrer Summe vermitteln sie noch kein geschlossenes Ganzes.
Mit den Überlegungen und Anregungen in dieser Studie soll ein Anfang gewagt werden, der die inzwischen notwendig gewordene Diskussion um diese Thematik hoffentlich bereichern wird.
Diese Studie wendet sich daher an Theoretiker wie Praktiker, an Studierende und Lehrende, an Lehrer, Erzieher, Sozialarbeiter, Pädagogen und Psychologen in pädagogischen und psychologischen Arbeitsfeldern und natürlich an Supervisoren, die aus ihrer eigenen praktischen Arbeit heraus Stellung beziehen können.
Das Interesse an dieser Thematik und die Nachfrage, vor allem von Praktikern, haben mich bewogen, die praktischen Materialien in einem gesonderten Band zusammenzufassen; er befindet sich in Vorbereitung und wird demnächst vorliegen.
Ohne die Mithilfe und Unterstützung anderer wäre diese Studie nicht zustandegekommen. Zunächst möchte ich all denen danken, die sich mit mir eingelassen haben, über die theoretischen Aspekte der Supervision zu debattieren und die sich von mir 'in ihrer Praxis' haben betreuen lassen.

Ich zolle vor allem aber auch meinen engsten Mitarbeitern und Freunden gebührenden Dank, von denen ich stellvertretend für die anderen nennen möchte: Volker STREHLOW, der als 'unerbitterlicher Anwalt der Lehrer' mich in stundenlangen Debatten um schulpädagogische bzw. unterrichtliche Nuancierungen kämpfen ließ, Detlef KÖLLN, der aus seiner supervisierenden Praxis und Erfahrung heraus mit unermüdlicher Ausdauer und Akribie um jedes sachliche Detail bemüht war und dem ich - neben der Hilfe beim Layout - wertvolle fachliche Anregungen verdanke und Heino REIMERS, mit dem mich die stete kollegiale, aber dennoch kritisch konstruktive Zusammenarbeit verbindet.
Für die graphischen Arbeiten und die Erstellung der Druckvorlage danke ich Andreas KÖLLN.
Schließlich würde diese Studie lediglich als interne Hausschrift kursieren, hätte mich nicht Lothar SCHWEIM vom JUVENTA VERLAG in seiner ihm typischen Manier ermuntert, den Schritt nach außen zu wagen.

Wer Interesse hat, sich mit mir (bzw. mit uns) in Verbindung zu setzen, wende sich an die

ARBEITSGRUPPE PÄDAGOGISCHE TRAININGS (APT)
Gesamtleitung: Prof. Dr. W. Pallasch
- Institut für Pädagogik -
Pädagogische Hochschule Kiel
Olshausenstr. 75, W-2300 Kiel 1
Tel.: 0431 / 880-1217

Inhalt

1 Einleitung

In einer sich wandelnden Gesellschaft bleibt es nicht aus, daß sich auch im Bereich von Unterricht, Erziehung, Bildung und Beratung die überkommenen Praktiken des Lehrens und Lernens wandeln. Das institutionalisierte Lehren und Lernen im öffentlichen Schulwesen hinkt im Vergleich zu den außerschulischen Lehr- und Lernformen immer etwas nach. Das ist mit dem bekannten Beharrungsvermögen solcher Institutionen zu erklären. Was sich in der Wirtschaft, in der Industrie oder im modernen Dienstleistungsgewerbe längst durchgesetzt hat, braucht eine gewisse Zeit, bis es auch von der etablierten (Schul-)Pädagogik zur Kenntnis genommen wird (vgl. PALLASCH/REIMERS 1990). Die Vorreiterposition der wissenschaftlichen Pädagogik, auch für außerschulische Lehr- und Lernformen Ideengeber zu sein, scheint zu schwinden. Damit müssen andererseits die außerschulischen Praktiken des Lehrens und Lernens nicht zwangsläufig Vorbilder für das institutionalisierte Lernen im öffentlichen Schulwesen sein, aber die teilweise noch anzutreffende arrogante und abwehrende Haltung der etablierten Pädagogik gegenüber außerschulischen Lehr- und Lernformen erscheint ebensowenig angebracht.

Mit der bundesweiten Initiative, die Lehr- und Lernformen der Schule, besonders der Grundschule, grundlegend zu verändern (Stichworte: Weiterentwicklung der Schule; Innere Reform der Schule; Öffnung der Grundschule, vgl. DIE GRUNDSCHULZEITSCHRIFT. Sonderheft '89), wird dem allgemeinen Trend Rechnung getragen, den gesellschaftlichen Anforderungen unserer Zeit auf pädagogischem Wege adäquat zu begegnen. Nur: Diejenigen, die das Neue in der Schule bewirken sollen, müssen es erst an sich selbst erfahren. Wer andere beispielsweise zur kritischen Reflexion seiner beruflichen Tätigkeit erziehen will, muß zunächst selbst bereit sein, sich in Frage stellen zu lassen, er[1] muß an sich selbst erprobt und erlebt haben, wie dieser Aufarbeitungsprozeß abläuft und was er in ihm auslöst und bewirkt. Gefragt und gefordert ist

[1] Um den Lesefluß nicht zu stören, wird in der Regel die männliche Sprachform verwendet. Grundsätzlich sind immer beide Geschlechter gemeint.

also das *erfahrungsbezogene Lernen.*
Die bisherige Form der beruflichen Praxisbegleitung in pädagogischen Arbeitsfeldern kann, vor allem unter dem Aspekt der Veränderung der Lehr- und Lernformen, nicht mehr durchgängig aufrecht erhalten werden. Sie muß zumindest um andere Formen ergänzt werden.
Eine Form ständiger beruflicher Praxisbegleitung könnte die Supervision für Pädagogen sein, die, in Anlehnung an die Supervision im therapeutischen Arbeitsfeld, für pädagogische Betätigungsfelder zu adaptieren wäre.
Die Supervision als eine - zunächst ergänzende - berufliche Begleitung hätte zwei Aufgaben zu erfüllen:

(1) Zum einen würde durch sie ein *permanenter fachlicher Austausch* unter den Kollegen gewährleistet (unmittelbare oder direkte Supervision mit Supervisor);
(2) zum anderen wäre sie in abgewandelter Form ein *Modell für die Reflexion der eigenen pädagogischen Praxis* (mittelbare oder indirekte Supervision ohne Supervisor).

Die Supervision für Pädagogen, besonders für Lehrer, ist eine noch relativ junge und neue Form berufspraktischer Begleitung. Selbst wenn es bereits vereinzelte und begrüßenswerte Ansätze der Supervisionsarbeit mit und für Pädagogen gibt, herrscht doch weitgehend Unkenntnis vor. Eine Ausnahme bilden lediglich bestimmte Bereiche in der Sozialpädagogik bzw. in der Sozialarbeit. Die weitverbreitete Vorstellung, Supervision sei immer mit Therapie gekoppelt, erklärt sich aus der Tatsache, daß Supervision primär in therapeutischen Berufen praktiziert wird. Eine Transformation und Adaption supervisierender[2] Arbeit auch für Pädagogen steckt noch in den Anfängen; sie muß theoretisch und konzeptionell weiter vorangebracht werden.
Mit den folgenden Überlegungen in dieser Studie soll der Versuch unternommen werden, schon vorhandene Bestrebungen und Ansätze durch eigene Anregungen zu stützen bzw. voranzubringen. Besonders aber soll die Diskussion um diesen Themenbereich aus pädagogischer Sicht bereichert werden, wobei die eigenen Überlegungen absichtlich zu einer kritischen Diskussion auffordern sollen.

---

[2] In neueren Publikationen wird das Verb zu *Supervision* aus dem lat. *videre* abgeleitet und entsprechend von *supervidieren* gesprochen. Diese Begriffsbildung scheint uns sowohl sprachgeschichtlich wie sprachlogisch unglücklich zu sein. Stattdessen bevorzugen wir, das Verb - wie das Substantiv - aus dem Englischen oder Französischen abzuleiten. Für Sprachkundige sei allerdings hinzugefügt, daß es mehr Sinn macht, mit der Begriffsbildung an das lateinische Verb *visere* (genau ansehen, anschauen, besichtigen), der Intensivform von *videre*, anzuknüpfen.

2 Supervision

Thematische Einordnung
Die Umgestaltung der Schule, die unter den Überschriften 'Innere Reform der Schule' oder 'Öffnung der Schule' plakativ ausgewiesen ist, verlangt Veränderungen auf fast allen Ebenen. Eine zentrale Frage dabei ist, wie die Aus- und Fortbildung der Lehrkräfte den Veränderungen adäquat angepaßt werden kann. In diesem Zusammenhang interessiert, als ein gesonderter Aspekt der Aus- und Fortbildung, besonders die Frage nach einer permanenten adäquaten Berufsbegleitung der Lehrkräfte. Dabei läßt sich vermuten, daß sich viele traditionell strukturierte Fortbildungsmaßnahmen durch die zu konzipierende pädagogische, insbesondere unterrichtliche Supervision erübrigen würden. Es kristalisiert sich gegenwärtig schon heraus, daß längerfristig angelegte Maßnahmen mit praxisbegleitendem Charakter von Lehrern besser angenommen werden, als zeitlich eingegrenzte oder einmalige Fortbildungen.
Die bisherige Form der beruflichen Beratung oder Betreuung, wenn sie denn überhaupt im Sinne einer Kontinuität stattgefunden hat, kann nicht befriedigen. Dies belegen inzwischen viele Studien (siehe hierzu den Sammelband von BOETTCHER/BREMERICH-VOS 1987). Diese Feststellung gilt in Sonderheit für die Lehrer in den öffentlichen Schulen. Aber selbst wenn sich diese Frage nicht durch die anstehenden Veränderungen zwangsläufig ergäbe, müßte sie schon aus einem anderen Grund aufgeworfen werden. Es ist der simple Tatbestand, daß Lehrer freiwillig keinen Fremden in ihren Unterricht lassen. Viele Lehrer machen immer noch ihre Klassentüren zu und verschließen sich; sie verweigern sich und weigern sich, mit Kollegen über ihren Unterricht zu sprechen, sie scheuen eine kritische Auseinandersetzung, und wenn es dann doch einmal zu einer Hospitation kommt, wird diese mit vielen Vorbehalten eingeleitet.
Wer Gelegenheit hat, sich Schulen in anderen Ländern anzusehen, wird im Vergleich zu deutschen Schulen feststellen, daß deutsche Klassentüren im wörtlichen Sinne verschlossen sind. Eltern wagen es kaum, an die Klassentür zu klopfen, um nur ein vergessenes Frühstücksbrot oder ein vergessenes Heft abzugeben; Kolle-

gen entschuldigen sich für ein nicht vorher angemeldetes Eindringen, nur weil sie eine kurze Mitteilung hereinreichen wollen. Diese äußere Verschlossenheit symbolisiert auch gleichermaßen eine innere Verschlossenheit. Der Grund hierfür ist weniger die Angst vor einer von außen hereingetragenen Störung, die damit im Einzelfall tatsächlich verbunden sein kann und die auch immer als Begründung angegeben wird, als vielmehr das Gefühl, in ein 'Heiligtum' einzudringen, das nur sehr wenigen Auserwählten mit besonderer Genehmigung offensteht. Unterricht findet im Verborgenen statt, wird wie eine geheime Kommandosache betrachtet, und wer in ihn eindringt, bedarf besonderer Weihen. Diese Zustandsbeschreibung mag übertrieben anmuten und für einige wenige Schulen als überholt angesehen werden, dennoch, im Prinzip hat sich an dieser Grundhaltung bzw. -einstellung nicht viel geändert.
Im Gegensatz dazu findet man in anderen (westlichen) Ländern Schulen, die für jedermann offen sind. Die Klassentüren stehen prinzipiell offen, und sehr häufig stehen Stühle im Raum mit der Aufschrift 'Nur für Gäste'. Sollte es dennoch mal notwendig sein, daß Besucher aus pädagogischen Gründen nicht erwünscht sind, wird das entsprechend deutlich gemacht. Der 'Tag der offenen Tür', von deutschen Schulen als stolzes Zeichen ihrer Offenheit gewertet, symbolisiert eher das Gegenteil.
Eigentlich gibt es aber keinen Grund dafür, daß Lehrer sich grundsätzlich einer Auseinandersetzung über ihre theoretische oder praktische Arbeit verweigern sollten. Es ist nicht einsichtig, daß Lehrer weniger als andere Berufsgruppen an einer kritisch-konstruktiven Auseinandersetzung mit ihrer beruflichen Tätigkeit interessiert sein sollten. Wenn sie es dennoch tun, was in der Tat offensichtlich ist, dann muß das doch, neben einer tradierten Gewohnheit, noch andere Gründe haben. Und einer der Gründe ist ohne Frage die bisherige Art und Form der beruflichen Praxisbegleitung; es ist die Art und Weise, wie sich Lehrer über ihre unterrichtliche Arbeit von machtvollen Administratoren haben belehren lassen müssen, und es verwundert daher nicht, daß sie sich auf Grund dieser negativen Erfahrungen scheuen, ihren Unterricht für andere zu öffnen.
Es ist offenbar bis heute noch keine adäquate Form einer beruflichen Praxisbegleitung gefunden worden, die das ermöglicht und realisiert, was pädagogisch - auch aus der Sicht der Lehrerinnen und Lehrer - wünschenswert wäre.
Zu sehr und zu stark steht die berufliche Begleitung und Betreuung unter den Vorzeichen von Kontrolle, Überprüfung, Bevormundung, Bewertung und Beurteilung. Es ist das gesamte System der Schulaufsicht bzw. der Schulbetreuung, das formalistisch und hierarchisch 'denkt' und aufgebaut ist. Dabei spielen die Schu-

laufsichtsbeamten (Schulräte), die Schulleiter und die Studienleiter (der Zweiten Ausbildungsphase) eine entscheidende Rolle. Den Schulräten ist im Laufe der Zeit die pädagogisch-psychologische Begleitung und Betreuung der Lehrer entglitten; ihre Aufgaben beschränken sich überwiegend auf administrative Angelegenheiten (vgl. LESCHINSKY 1987, 206 f.). Dabei wäre gerade die Position des Schulrats die geeignetste, in der berufsbegleitenden Arbeit eine wichtige pädagogisch-psychologische Funktion zu übernehmen. Verstünde man seine Position und Funktion als Nahtstelle zwischen der theoretisch-wissenschaftlichen und der pragmatisch-praktischen Ebene, könnte gerade er seine ihm ursprünglich zugedachte Aufgabe wieder erfüllen. Denn nach wie vor ist der Schulrat in seiner administrativen Funktion die Naht- und Gelenkstelle zwischen Theorie und Praxis. Nicht so sehr seine administrative Macht, wohl aber seine pädagogische Erfahrung, sein pädagogisches Können und Wissen, seine Sensibilität und sein Einfühlungsvermögen können mehr bewirken - aber auch gleichzeitig mehr verhindern - als es die ihm von Amts wegen aufgetragene Funktion vermuten läßt. Pädagogische Innovationen in der Schule sind ohne die Mitwirkung des Schulrats nicht denkbar. Das gilt sowohl für die Betrachtungsweise von der Praxis als auch von der Theorie aus. Der Schulrat wäre das Bindeglied zwischen Theorie und Praxis. Daß sich die Schulräte für die Tätigkeit der 'unterrichtlichen Supervision' einer zusätzlichen Ausbildung unterziehen müßten, ist eine andere Frage.

In analoger Weise gilt diese Beschreibung und Betrachtungsweise auch für die Schulleiter. Von ihrer Funktion und von ihrer Aufgabenstellung her wären sie die geeignetsten Personen, eine berufsbegleitende Praxis zu initiieren. Zwar steht dem entgegen, daß sowohl der Schulrat als auch der Schulleiter in seinen jeweiligen Funktionen sowohl die administrative als auch die fachliche Autorität in Personalunion auf sich vereinigen, was folglich zu einer (nicht erwünschten) Verzahnung der beiden Aspekte von Aufsicht (Kontrolle) und Fachberatung (Supervision) führen könnte, dennoch ließe sich auch dieser Gefahr bei entsprechender Ausbildung und Vorbereitung begegnen. Leichter dürften es hingegen die Studienleiter in der Lehrerfort- und -weiterbildung haben. Von ihrer Ausbildung her bringen sie - im Idealfall - die besten Voraussetzungen mit, in der Dritten Phase der Lehrerbildung als Supervisoren eingesetzt zu werden.

Die Installierung einer permanenten beruflichen Praxisbegleitung für Lehrer in den Schulen scheint dringend geboten; dies zum einen aus grundsätzlichen Überlegungen heraus. Es gibt kaum eine andere Berufsgruppe wie die der Lehrer, die ohne eine permanente Weiterbildung ausgekommen ist. Die Lehrerschaft hat sich bisher

in einem 'Quasi-Schutzraum' befunden, der nicht unangetastet bleiben darf. Zum anderen zwingen die Veränderungen in den Schulen zu neuen Formen einer berufstheoretischen, berufsethischen wie berufspraktischen Auseinandersetzung.
Eine solche permanente berufliche Praxisbegleitung hätte allerdings unter zwei neuen Bedingungen stattzufinden:

(1) Das Installieren einer inhaltlich-qualitativen Form der beruflichen Begleitung, die sich von der bisherigen Praxis unterscheidet.
Die Verfahren und die Methoden der Supervision wären dafür eine geeignete Ausgangsbasis.

(2) Das Schaffen einer neuen organisatorischen Form von beruflicher Weiter- bzw. Fortbildung.
Dies wäre ein technisch-organisatorisches Problem, welches relativ leicht zu lösen sein sollte. So wären, hier schon als Vorgriff für mögliche Formen erwähnt, die Einrichtung von Supervisionsgruppen mit Lehrern an Schulen eine Möglichkeit.

Für Pädagogen in nicht-schulischen Arbeitsfeldern sieht das Bild prinzipiell nicht besser aus, aber die Problemlage ist eine andere. Zunächst ist festzuhalten, daß professionelle Pädagogen, wie Kindergärtnerinnen, Erzieher, Sozialarbeiter, Sozialpädagogen etc., einer permanenten berufspraktischen Begleitung offener gegenüberstehen als Lehrer. Dies erklärt sich zum einen mit den historisch gewachsenen Formen (sozial-) pädagogischer Arbeit und zum anderen aus dem unmittelbaren Praxisdruck, der nicht selten eine Beratung durch Experten zwangsläufig nahelegt. Es war daher schon immer leichter, Pädagogen in außerschulischen Arbeitsfeldern Angebote zur berufsbegleitenden Praxis zu machen. Dies gilt auch noch heute. Dabei mag ihr pädagogisches Selbstverständnis eine entscheidende Rolle spielen, das offenbar mehr Offenheit, Transparenz und Auseinandersetzung erlaubt. Aber auch wenn in den außerschulischen Arbeitsfeldern die Supervision als eine permanente berufsbegleitende Beratung und Betreuung bereits stärker akzeptiert wird als in den schulischen Tätigkeitsfeldern, ist damit noch nichts über deren Qualität ausgesagt. Es zeigt sich nämlich, daß - neben dem Bemühen um eine sinnvolle Supervision und den bereits vorhandenen Konzepten und Modellen - die Praxis noch viele Defizite aufweist. Das pädagogische Arbeitsfeld außerhalb von Schule ist sehr breit gefächert und ist daher kaum einheitlich zu erfassen. Die Supervisionspraxis kann folglich nicht einheitlich sein. Dennoch bemüht man sich, die Supervision als eine eigenständige pädagogische Beratungsform zu installieren.

Zum Begriff und zur Entwicklung

Eine erste Information über den Begriff 'Supervision' kann man sich über den Duden einholen. Im Duden wird der Begriff mit 'Überprüfung', 'Kontrolle', 'Inspektion', 'Leitung' oder 'Aufsicht' umschrieben. Diese Umschreibungen oder Übersetzungen treffen durchaus den ursprünglichen Kern von Supervision, auch für den sozialen Bereich. Aber natürlich haben sich der Inhalt und die Bedeutung des Begriffes im Laufe der Zeit innerhalb der Sozialwissenschaften, und hier wiederum innerhalb der einzelnen Wissenschaftsdisziplinen, gewandelt. Was man genau und im einzelnen unter dem Begriff 'Supervision' in der Therapie, in der Psychologie oder in der Pädagogik gegenwärtig versteht, dies herauszufinden, gleicht mitunter dem Versuch, ein vertracktes Puzzle zusammenzusetzen.

Im Gegensatz zu therapeutischen Arbeitsgebieten und mit Ausnahme eingegrenzter sozialpädagogischer Arbeitsfelder ist der Begriff 'Supervision' im pädagogischen Kontext relativ neu, zumindest ungebräuchlich und ungewohnt. Obwohl es bereits - verstärkt seit den 60er Jahren - auch für Pädagogen Supervision gibt, und diese Supervision auch bereits von Pädagogen selbst durchgeführt wird, gibt es eine gewisse Scheu, diesen Begriff als Arbeitsterminus auf das pädagogische Arbeitsfeld zu übertragen. Viele Studienleiter, pädagogische Fachexperten oder Dozenten zieren sich, von Supervision zu sprechen und wählen dafür andere Formulierungen wie *Beratung, kooperative Beratung, Praxisberatung, Praxisanleitung, kollegiale Beratung, Stützung, Beziehungsarbeit* oder *Selbstaufklärung*, obwohl in den meisten Fällen, soweit das zu überprüfen ist, im Sinne einer Supervision gearbeitet wird. Auch die bisher vorliegenden wenigen Ansätze und Konzepte für eine supervisierende Arbeit mit Pädagogen, besonders mit Lehrern, deuten darauf hin, daß die klassische Form der Supervision aus der psychoanalytischen Denkrichtung zumindest Modell und Pate stand. Nun käme es in der Tat nicht darauf an, ob diese besondere Form einer berufspraktischen Begleitung 'Supervision' genannt wird, sondern *was* gemacht und *wie* es gemacht wird. Dennoch lohnt es sich, dem Begriff und der Bedeutung von 'Supervision' nachzugehen, weil auch in den Konzepten und Modellen, die von 'Beratung' sprechen, der Begriff 'Supervision' immer wieder vorkommt. Hinter diesen sprachlichen Spielarten verbirgt sich eine gewisse Schizophrenie. Einerseits macht man Supervision oder erhebt implizit den Anspruch, Supervision zu machen, anderseits ist man sich offenbar nicht ganz sicher, ob das, was man macht, den Begriff 'Supervision' rechtfertigt. Diese Diffusität in der sprachlichen Diktion trägt zu einer weiteren Verunsicherung bei. Dazu exemplarisch ausgewählte Zitate:

"Der Begriff 'Supervision' ist so gebräuchlich wie unklar, so häufig verwendet und gefordert wie selten durchdacht und definiert, so oft mit hohen Erwartungen verbunden wie auch mit erlebten Enttäuschungen und praktischen Schwierigkeiten" (JAHNKE 1986, 100).
"Der Begriff Supervision hat in den Sozialwissenschaften in den letzten Jahren eine solche Ausweitung erfahren, daß man heute in Gesprächen über Supervision immer stärker nachfragen muß, was im Einzelfalle denn gemeint sei. Da es keine allgemeinverbindliche Definition gibt, verbergen sich hinter Angeboten zur Supervision die unterschiedlichsten Vorgehens- und Verstehensweisen" (KÄMPFER 1988, 1).
"Heute gibt es so viele widersprüchliche Definitionen von Supervision..." (SCHMIDBAUER 1991, 28).
"Der Versuch, Supervision zu definieren, stößt auf die doppelte Schwierigkeit, daß es eine Vielfalt von Supervisionsformen, aber kaum Grundsatzbeiträge zur Supervision gibt" (SCHÖNIG 1990a, 212).
Deutlich wird diese Vielfalt in dem von FATZER und ECK herausgegebenen Sammelband *Supervision und Beratung* (1990), in dem sie konstatieren: "Anlaß [für die Herausgabe des Sammelbandes, W.P.] ist ... die Tatsache, daß Supervision und Beratung von Einzelnen, Teams und Systemen im Moment kaum über eine zusammenhängende Grundlage und Methodik verfügt" (ebd., 9).
Die Supervision für die Pädagogik aufzuarbeiten oder ihren wesentlichen Kern erfassen zu wollen, gar den Versuch zu unternehmen, sie für die schulische (auch: unterrichtliche) Arbeit fruchtbar zu machen, "ist deshalb problematisch, weil sie dort [in der bisher vorliegenden Literatur; Anmerkg. W.P] auf eine psychoanalytisch ausgerichtete klinische Supervision verkürzt wird" (SCHÖNIG ebd., 212).

Kehren wir zu den elementaren Fragen zurück:
Was ist unter Supervision zu verstehen?
Was verbirgt sich dahinter?
Was kann und soll Supervision leisten?
Was und wen soll Supervision ersetzen?
Oder:
Ist die Supervision nur eine Modeerscheinung?
Ist sie vielleicht nur eine neue pädagogische Welle, die nach der ersten Euphorie wieder abebbt?

'Supervision' geht auf das Lateinische 'supervidere' zurück und meint, etwas von oben her überblicken bzw. übersehen. Der Begriff *Supervision* in der sachgebundenen Diktion stammt aus dem

englischen Sprachgebrauch. Der *Supervisor* war im letzten Drittel des vorherigen Jahrhunderts in England der *Inspektor*, der *Direktor*, der *Aufseher*, also ein *Leiter* oder ein *Verantwortlicher* einer Institution, die hierarchisch aufgebaut war. Die ursprüngliche Bedeutung des Begriffes im Kontext sozialer Arbeit enthielt also schon alle jene Elemente, die auch heute bei der Betrachtung bzw. Abgrenzung dieses Begriffes zu verwandten Beratungsformen Schwierigkeiten bereiten, nämlich: Kontrolle, Leitung und Korrektur. Erst Mitte dieses Jahrhunderts kam der Aspekt der Ausbildung hinzu (vgl. ECK 1990, 48 f.; SCOBEL 1988, 12).
Im nordamerikanischen Bildungswesen und in den meisten Entwicklungsländern werden noch heute viele Schulaufsichtsbeamte mit *Supervisor* betitelt. Sie sind in ihrer Position unseren Schulräten vergleichbar. Ihre Aufgaben sind von Land zu Land sehr unterschiedlich; das Spektrum umfaßt die staatliche Kontrolle über das Schulwesen bis hin zur pädagogisch-psychologischen Betreuung von Lehrern. In den USA hat sich allerdings schon zu Beginn dieses Jahrhunderts eine besondere Form der Supervisionsarbeit im Rahmen der Sozialarbeit herausgebildet, die neben der Kontrolle vor allem auch als Beratung und Unterstützung der in diesem Bereich Tätigen diente. In gewisser Weise sind hier die Vorläufer und die ersten Ansätze jener Supervision zu suchen, die wir heute im therapeutischen Arbeitsbereich vorfinden.
Auf eine detaillierte Nachzeichnung der historischen Entwicklung der Supervision wird hier verzichtet (siehe hierzu u.a.: STRÖMBACH/FRICKE/KOCH 1975; HUPPERTZ 1975; WIERINGA 1979; GAERTNER 1980; MÜNCH 1989; FATZER/ECK 1990); es genügen einige Hinweise.
WIERINGA (vgl. 1979, 10-20) untergliedert die Geschichte der Supervision in drei Phasen. Er selbst sieht diese Phasenaufteilung problematisch, denn jeder solcher Versuche unterliegt subjektiven Einordnungskriterien. Dennoch dient die Gliederung dem Verständnis und der Orientierung und soll daher in verkürzter Fassung wiedergegeben werden (siehe nächste Seite).
Der Überblick über die historische Entwicklung der Supervision ist um eine 4. Phase ergänzt, die am besten mit 'arbeitsfeldorientierter Diversifizierung und Spezialisierung' zu bezeichnen ist. "Sie [die Supervision, W.P.] findet heute statt im sozialen Bereich, im medizinischen Bereich, im Schulbereich, im Industriebereich und in interdisziplinären Formen. Von daher läßt sich der ursprüngliche Anspruch des sozialen Bereichs auf Supervision nicht mehr aufrechterhalten" (FATZER/ECK 1990, 9).

Überblick über die historische Entwicklung der Supervision

1. Phase:
Die Anfangsphase der Supervision von ca. 1870 - 1900

> Supervision wird in der Sozialarbeit der USA als Gruppengespräch über das social-casework verstanden;
> Inhalte sind die Vorbereitung, Beratung und zum Teil auch Bewertung der praktischen Arbeit der Sozialarbeiter.

↓

2. Phase:
Die Phase der 'Psychologisierung' von ca. 1900 - 1960

> Hervorhebung des Bezugs zu Freud und der Psychoanalyse;
> durch den Einfluß Freuds Entwicklung der Einzelsupervision;
> die ursprünglich caritativ angelegte Supervision (in der Sozialarbeit) orientiert sich psychotherapeutisch;
> Psychiater und Psychologen werden fachmännisch zu Supervisoren ausgebildet und eingesetzt;
> Fragen der Übertragung und Gegenübertragung im Supervisionsprozeß werden thematisiert.

↓

3. Phase:
Die soziologisierende Phase von ca. 1960 - 1970

> "Waren im allgemeinen in der vorhergehenden Phase der einzelne Sozialarbeiter und seine Arbeit mit dem Klienten Objekt der Supervision, so können nun auch Projekte, Gruppen Freiwilliger usw. der Supervision unterzogen werden. Es herrscht ein großer Spielraum. Auch die Form liegt nicht mehr dyadisch fest. Allerlei Varianten der Gruppensupervision kommen ergänzend hinzu oder treten an die Stelle dyadischer Supervision" (ebd., 17/18).

↓

4. Phase:
Die Phase der Diversifizierung und Spezialisierung von ca. 1970 bis zur Gegenwart

> Ausbreitung der Supervision auf unterschiedliche und verschiedenartige Arbeitsfelder;
> Spezialisierung bestimmter Supervisionsformen bzw. -ansätze auf spezifische und sehr eingegrenzte Arbeitsfelder;
> gleichzeitig: Versuche, interdisziplinäre Supervisionsformen zu entwickeln.

(in Anlehnung an WIERINGA 1979, ergänzt durch eine vierte Phase)

Da sich die Supervision auf immer mehr Arbeitsfelder ausdehnt und dies in zunehmenden Maße, bleibt eine arbeitsfeldorientierte Spezialisierung nicht aus. Immer häufiger verlangen öffentliche und nicht-öffentliche Institutionen bzw. Einrichtungen nach Supervision. Dies hat notgedrungen zur Folge, daß die Supervision der jeweiligen Adressatengruppe bzw. der jeweiligen Institution angepaßt werden muß. In dem bereits erwähnten Sammelband von FATZER und ECK (1990) wird diese Entwicklung in der Zusammenschau der unterschiedlichsten Supervisionsansätze sehr deutlich dokumentiert. Nach welchen Kriterien sich dieser Anpassungsprozeß vollzieht, wäre dabei noch eine gesonderte Fragestellung. Aus der historischen Entwicklung lassen sich auch die relevanten Bezüge benachbarter Wissenschaftsdisziplinen ableiten, die maßgeblichen Einfluß auf die Ausformung der Supervision hatten. In etwa chronologischer Folge wären diese (vgl. dazu auch: STRÖMBACH et al. 1975, 356 ff.):

1. Die *Psychoanalyse* und die *Tiefenpsychologie*:
   Die Psychoanalyse versteht sich als Methode, die die unbewußte Bedeutung von Handlungen und Sprache zu erhellen versucht; sie versteht sich als psychotherapeutisches Verfahren mit spezifischen Interventionstechniken und als ein System von Theorien, das gemäß der Interpretationsmethode die Daten der Probanden zur Grundlage von Aussagen macht.
   Die Tiefenpsychologie ist eine besondere und erweiterte Form der Psychoanalyse, die sich ebenfalls der psychischen Aktivitäten annimmt, die unbewußt im Individuum vorhanden sind.
2. Die *Feldtheorie*:
   Die Feldtheorie sieht das Verhalten und Handeln eines Individuums stärker unter dem Blickwinkel des Gebundenseins an den Lebensraum, in dem die dort wirkenden psychologisch relevanten Kräfte die Aktivitäten beeinflussen. Entscheidend ist die Situation im (Um-)Feld des Individuums, die das Verhalten und Handeln maßgeblich bestimmt.
3. Die *Lerntheorie*:
   Die Lerntheorie wird hier weniger unter dem Blickwinkel zur Erklärung von (physiologischen) Lernprozessen verstanden, vielmehr als (auch) eine Verhaltenstheorie, die die Umweltvariablen beim Zustandekommen von Lernakten stärker berücksichtigt.
4. Die *Verhaltensforschung*:
   Die Verhaltensforschung im engen Sinne lehnt sich stark an den Behaviorismus an, der eine möglichst objektive Betrachtungsweise des Individuums anstrebt. Nur das beobachtbare und quantitativ meßbare Verhalten bildet die Grundlage für Aussagen und Interpretationen.

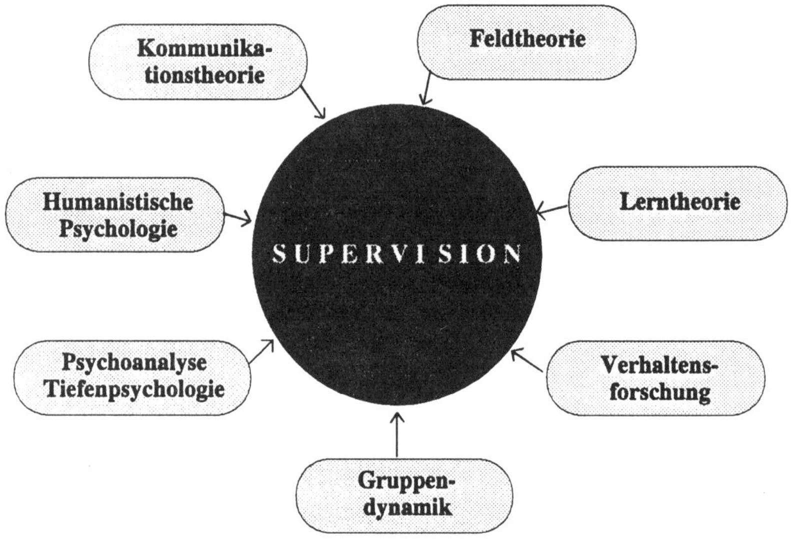

Supervision: Theoretische und methodische Anleihen benachbarter Wissenschaftsdisziplinen

Die Verhaltensforschung (genauer: die Vergleichende Verhaltensforschung) im weiten Sinne bemüht sich um das Herausarbeiten von gemeinsamen Verhaltensmustern und -weisen bei Tier und Mensch. Im Vordergrund stehen ganzheitliche (und phylogenetisch orientierte) Betrachtungsweisen, die Rückschlüsse auf einzelne Verhaltensweisen bzw. Handlungen beim Menschen erlauben.

5. Die *Kommunikationstheorie*:
Eine einheitliche, für alle Wissenschaftsdisziplinen gültige Kommunikationstheorie liegt noch nicht vor, dennoch bemühen sich die einzelnen Wissenschaftsdisziplinen um eine für ihre Zwecke brauchbare Partialtheorie. Immerhin haben die wissenschaftlichen Bemühungen dazu geführt, daß es für die Humanwissenschaften so etwas wie eine 'einheitliche Verständigung' darüber gibt, was 'Kommunikation' ist, wie sie zu definieren ist und welchen Gesetzmäßigkeiten sie unterliegt.
Unter Kommunikation versteht man den Prozeß, in dem ein Sender unter Zuhilfenahme codierter verbaler oder nonverbaler Zeichen einem Empfänger eine Nachricht zukommen läßt.
6. Die *(analytische) Gruppendynamik*:
Die Gruppendynamik beschäftigt sich mit den verschiedenen Formen von Gruppen und deren Funktionen für das Individuum wie für die Gesellschaft. Besondere Beachtung finden da-

bei die in Gruppen wirksam werdenden Kräfte, die ihrerseits die Prozesse innerhalb der Gruppe erklären helfen.
Die analytische Gruppendynamik stellt das einzelne Gruppenmitglied in den Mittelpunkt der Betrachtung, um über und durch die Gruppe das einzelne Individuum in seinem Verhalten besser verstehen zu können.

7. Die *Humanistische Psychologie* mit ihren verschiedenen Ansätzen:
   Die Humanistische Psychologie, die sich als 'dritte Kraft' neben der Psychoanalyse und dem Behaviorismus versteht, betont das Subjektive im Individuum, indem sie beispielsweise die 'Ganzheit und Integrität', die 'Selbstverwirklichung' und die 'Intentionalität und Sinnorientierung' hervorhebt.
   Der Terminus 'Humanistische Psychologie' ist ein Sammelbegriff für humanistisch orientierte Ansätze (z.B. Gestalttherapie, Bioenergetik, Psychodrama, Logotherapie, Themenzentrierte Interaktion), die unterschiedlichen Quellen entstammen, die aber alle das 'Subjekt' zum Thema haben.

Inwieweit sich der Einfluß der jeweiligen Wissenschaftsdisziplinen auf die derzeitige Supervisionspraxis auswirkt, kann generell nicht festgestellt werden. Da im Zuge der Diversifizierung unterschiedlichste Ziele verfolgt bzw. angestrebt werden, ist nur anhand einer konkreten Supervisionskonzeption zu prüfen, wo und welche Schwerpunkte gesetzt werden. Neben dem Vorteil, auf die Vielschichtigkeit und Vielfalt verschiedener Bezugsquellen zurückgreifen zu können, muß auch der Nachteil einer gewissen Beliebigkeit und Verwässerung gesehen werden.
In der Bundesrepublik gibt es seit den 60er Jahren berufsbegleitende Supervision, und seit den 70er Jahren finden erste Ausbildungen zum Supervisor statt (vgl. GAERTNER 1980).
Trotz dieser Entwicklung erinnert der Begriff *Supervisor* im allgemeinen allenfalls an Gogols Komödie *Der Revisor*, der als Amtsautorität seine Possen trieb, denn Supervision wird immer noch mit Aufsicht, Leitung, Überprüfung, Kontrolle und Überwachung assoziiert.
Als man in Deutschland (West) nach dem letzten Weltkrieg das Bildungswesen reorganisierte und wieder aufbaute, paßte der Begriff *Supervision* mit der Assoziation 'Aufsicht', 'Überprüfung' oder 'Kontrolle' nicht in die gesellschaftspolitische Landschaft. Die sich neu formierende Gesellschaft, die sich als eine demokratische verstand, vermied alles, was an eine 'falsche Amtsautorität' erinnerte und eliminierte folglich auch sprachliche Bezeichnungen - so auch den Begriff *Supervision*. Unabhängig davon, ob der Begriff *Supervision* für pädagogische Arbeitsfelder geeignet

ist, also der pädagogischen Zielvorstellung entspricht, oder ob er für die pädagogische Intention anders definiert werden müßte, hängen die geltend gemachten Bedenken gegen die Verwendung dieses Begriffes auch mit dem alten Verständnis von Supervision als Kontrollinstanz und Autorität zusammen. Und auch unabhängig davon, daß das neuere Verständnis von Supervision mit Kontrolle und Autorität nichts zu tun hat, sind die Begriffe *Kontrolle* und *Autorität* in der Pädagogik gegenwärtig negativ besetzt.

Ein erster Überblick

In den nachfolgenden Kapiteln bzw. Abschnitten wird die Schwierigkeit deutlich werden, in die Supervisionsthematik eine gewisse systematische Ordnung zu bringen. Von außen betrachtet erscheint sie einem wie ein undurchdringlicher Dschungel; je weiter man in ihn hineindringt, um so verwirrender wird zunächst das Bild. Erst wenn man sich lange genug darin aufgehalten hat, differenziert sich allmählich das verschlungene Gebilde, nimmt man Einzelheiten und Nuancen wahr und erkennt Unterschiede einzelner Supervisionsansätze. Das liegt nicht nur daran, daß es an geeigneten Kriterien für diesen Sachverhalt mangelt, nach denen eine sinnvolle Aufgliederung vorgenommen werden könnte, sondern es liegt am Begriff 'Supervision' selbst und dessen unterschiedlicher Verwendung, an den unterschiedlichsten Arbeitsfeldern, in denen Supervision praktiziert wird, an den unterschiedlichen Verfahrensweisen und schließlich an dem Verständnis, wie Supervision im einzelnen und vom einzelnen verstanden wird.

Jeder, der sich intensiv sowohl theoretisch als auch praktisch mit der Supervision beschäftigt, wird eine andere Übersicht erstellen oder sich einen anderen Überblick zu erarbeiten versuchen. Die Frage nach einer Gliederung oder gar nach einer Systematik ist abhängig vom jeweiligen Standort des Betrachters.

JAHNKE (vgl. 1986, 105) erstellt eine Übersicht der Supervision nach den unterschiedlichen Praxisfeldern:

Sozialarbeit: Der Supervisor ist ein erfahrener Kollege mit Weiterbildung (Lehrsupervision);

Psychoanalyse: Der Supervisor ist ein erfahrener Psychoanalytiker (Lehr- und Kontrollanalytiker); verschiedene therapeutische und Sozialberufe: Der Supervisor ist ein psychodynamisch Geschulter (z.B. Psychoanalytiker);

Beratung/Psychotherapie: Der Supervisor ist ein erfahrener Berater bzw. Experte;

Schulberatung: Der Supervisor ist ein Experte z.B. aus der Erwachsenenbildung (externer Supervisor) oder ein Beratungslehrer, Schulrat oder Schulpsychologe (interne Supervisoren), wobei

die drei letzten Supervisoren mit einem Fragezeichen versehen sind.
Der folgende Überblick ist der Versuch, die Supervisionsthematik noch distanzierter 'von außen' zu betrachten und einen ersten übergreifenden Einstieg zu ermöglichen. Überblickt man das vielfältige Spektrum, in dem sich die Supervision wiederfindet, und bezieht man auch die im Ausland praktizierten Formen mit ein, dann können vier Hauptbereiche ausgemacht werden, in denen die Supervision als eine eigene Stil-, Arbeits-, Beratungs-, Betreuungs- oder Ausbildungsform zur Anwendung kommt.

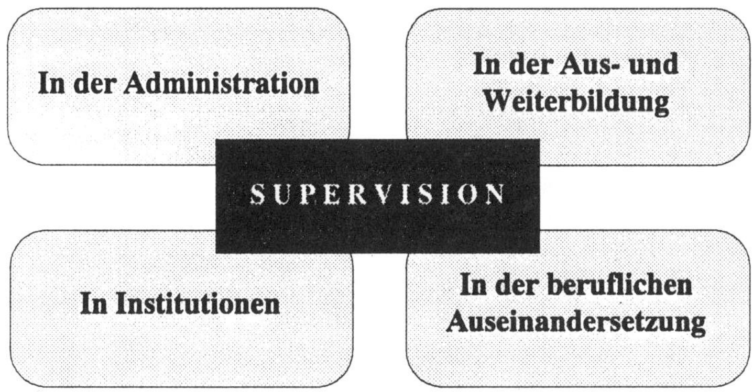

Anwendungsbereiche von Supervision

(1) *Supervision im Bereich der Administration*
Diese Form der Supervision trifft man vielfach in den USA und in den meisten Entwicklungsländern an. Die Supervisoren sind unseren staatlichen Aufsichtsbeamten bzw. im Schulbereich unseren Schulräten vergleichbar. Diese Supervisoren haben in den meisten Fällen eine für ihre Tätigkeit spezifische Ausbildung durchlaufen. Supervision versteht sich in diesem Zusammenhang als übergeordnete staatliche Kontrolle. Im Bildungswesen bezieht sich die Kontrolle in der Regel auf die Einhaltung der Lehrpläne bzw. auf die Einhaltung bildungs- bzw. schulregulativer Vorschriften. Die Begriffe 'Supervisor' bzw. 'Supervision' haben sich als historisch gewachsene Bezeichnungen bis in die Gegenwart gehalten und sind daher nicht immer mit dem Verständnis von Supervision gleichzusetzen, das sich heute durchzusetzen beginnt. Der

Begriff 'Supervision' mag daher in einigen Ländern Südamerikas, Afrikas oder Asiens und zum Teil auch in den USA irreführend sein, wenn man ihn mit dem neuerlichen Verständnis vergleicht. Allerdings sind Bemühungen erkennbar, auch der administrativen Supervision die formal rigide und harsche Kontrollfunktion zu nehmen und sie in eine mehr beratende Form zu überführen. Im deutschsprachigen Raum wird man die 'administrative Supervision' selten antreffen.

(2) *Supervision im Bereich der Aus- und Weiterbildung*
Die Supervision im Rahmen von Aus-, Fort- und Weiterbildungsgängen hat sich als eine didaktische Ausbildungsform fest etabliert. Dies gilt besonders für den Erwerb eindeutig definierter Zusatzqualifikationen, die von den Teilnehmern bestimmte Fähigkeiten und Fertigkeiten verlangen. Die Supervision in diesem Kontext hat das Ziel, dem Supervisanden durch gezielte Anleitung und Beratung die noch fehlenden Qualifikationen zu vermitteln. Der Supervisor ist in der Regel ein Ausbilder, der über eine besondere oder zusätzliche Qualifikation auf dem Fachgebiet verfügt, die der Supervisand anstrebt.

(3) *Supervision im Bereich von Institutionen*
Die Supervision im Bereich von Institutionen hat das Ziel, die Mitarbeiter, ein Arbeitsteam oder eine Abteilung in ihrer beruflichen Tätigkeit zeitweilig zu beraten und zu begleiten, um die Arbeit im Sinne der Institution effektiver bzw. reibungsloser zu gestalten. In der Regel resultiert der Wunsch nach Supervision aus Schwierigkeiten bzw. aus Problemen, die von der Institution nicht selbst überwunden werden können. Der Supervisor ist meistens ein externer Experte, er muß dabei kein Fachmann der Arbeitsgebiete der Supervisanden sein, da sich die Schwierigkeiten oder Probleme meistens nicht auf die eigentliche Facharbeit beziehen, sondern eher im sozialen, kommunikativen, organisationssoziologischen oder psychologischen Bereich des Arbeitsfeldes zu suchen sind.

(4) *Supervision im Bereich der freiwilligen beruflichen Auseinandersetzung*
Supervision im Sinne freiwilliger beruflicher Auseinandersetzung heißt, daß ein potentieller Supervisand von sich aus den Wunsch hat oder das Bedürfnis verspürt, sich über seine berufliche Tätigkeit mit einem Experten auseinanderzusetzen bzw. auszutauschen. Die Supervision in diesem Sinne hat nichts mit Kontrolle, formaler Überprüfung oder Bewertung zu tun; sie dient der eigenen und selbstgewollten Reflexion über das berufliche Tun.

Dieser grobe Überblick versteht sich, wie bereits gesagt, als eine erste Orientierungshilfe. Aber auch dieser Überblick ist nur eine Hilfskonstruktion, denn nicht alle praktizierten Supervisionsformen lassen sich diesen vier Bereichen problemlos zuordnen; Überschneidungen bzw. Verzahnungen einzelner Supervisionsformen bleiben unvermeidlich. Tatsache ist, daß gegenwärtig so viele, man möchte hinzufügen: zu viele, Praxisformen mit Supervision bezeichnet werden, daß es einem sehr schwer fällt, noch das Essentielle von Supervision zu erkennen. "Meist werden bekannte Methoden aus anderen - therapeutischen - Zusammenhängen herausgelöst und heißen dann plötzlich, auf die berufliche Problematik beschränkt, Supervision" (JAHNKE 1986, 103). Oder anders ausgedrückt: Es ist angesichts dieser inflationären Entwicklung berechtigt, erneut die Frage aufzuwerfen, was denn Supervision überhaupt sei? Es ist offenbar modern und wohl auch schick geworden, die eigene Tätigkeit als 'Supervision' und sich selbst als 'Supervisor' zu bezeichnen.

2.1 Supervision: Übergreifender Zusammenhang und Ziele

Der Leser, der weniger an trockenen Definitionen interessiert ist, mag die folgenden Seiten bis zum Abschnitt *'Was Supervision nicht ist'* überspringen!

Jede Definition und jedes Verständnis von Supervision ist natürlich kontextgebunden, das heißt, beides kann nur aus dem ihnen entnommenen Praxisfeld heraus verstanden werden. "Geht man von den zahlreichen, sehr unterschiedlichen Anwendungsfeldern der Supervision aus, der Entstehung der Supervision aus der Berufsausbildung und Berufspraxis, von den verschiedenartigen wissenschaftlich-theoretischen Perspektiven der Praktiker und Autoren und weiteren Einflußfaktoren aus, so kann die Unschärfe der Definitionsversuche und das Defizit an Stringenz, Konsens und Empirie bezüglich Zielvorstellungen, Theorien, Methoden und Evaluation nicht wundern" (ECK 1990, 18). Dennoch gibt es so etwas wie ein allgemeines und die engen Arbeitsfelder übergreifendes Verständnis von Supervision, das sich entweder in den Definitionen oder in den beschreibenden Auffassungen niederschlägt. Zumindest bemüht man sich um ein solches Verständnis. Als Überblick ermöglicht es eine erste Orientierung und Einordnung.

Definitionen und Verständnis

Es mag ein erster Hinweis auf den Stellenwert von Supervision in der Psychologie und in der Pädagogik sein, daß der Begriff Supervision sowohl in psychologischen als auch in pädagogischen Lexika kaum auftaucht. Zu erklären wäre dies mit der soeben angedeuteten Schwierigkeit, Supervision über die einzelnen Fachdisziplinen hinaus übergreifend und allgemeinverbindlich zu definieren.

HUPPERTZ (vgl. 1975, 10), der eine kritische Analyse der bis zu jenem Zeitpunkt vorliegenden Supervisionskonzepte vornimmt, bemängelt an den Definitionen:

(1) Die theoretischen Begründungszusammenhänge seien ungenau und diffus;

(2) es bestehe eine Verworrenheit in der Begriffsbestimmung und es fehle eine klare Abgrenzung zur Therapie, Fortbildung und Beratung;

(3) es werde zwar beschrieben, was Supervision sein sollte, meistens seien es jedoch nur individuelle Ansichten, was Supervision sein könnte.

HUPPERTZ selbst definiert: "Supervision, wie sie herkömmlich verstanden wird, kann im Sinne einer formalen Leitdefinition als das Handeln bezeichnet werden, in dem ein besonders Erfahrener (Supervisor) einem nicht so Erfahrenen (Supervisand) im Rahmen gewisser Vorstellungen (...) und unter konkreten Umständen (Bedingungen) sowie mit bestimmten 'Aufgaben' (Inhalten) und Maßnahmen (Methoden) in der Absicht einer Veränderung (Wirkung der Supervision) durch regelmäßige Kommunikation zur selbständigen Arbeit verhelfen möchte, und zwar so, daß die weniger Erfahrenen dies als notwendigen Beistand für ihre Arbeit, die sie allerdings selbst verantworten müssen, ansehen."

"Diese Definition", so HUPPERTZ weiter, "umfaßt in offener und formaler Weise die in der Supervision als bestimmend betrachteten Elemente" (ebd., 10).

Auch die folgenden, exemplarisch ausgewählten Definitionen sind jeweils kontextgebunden zu verstehen, auch wenn sie implizit eine gewisse Allgemeingültigkeit beanspruchen.

CAEMMERER (1970, 15) definiert Supervision über ihre dreifache Funktion: "Integration von Wissen und dessen Umsetzung ins praktische Tun, Entwicklung des beruflichen, insbesondere des methodischen Könnens, Entwicklung einer beruflichen Persönlichkeit, d.h. Entwicklung von beruflichen Haltungen und Einstellungen, Korrektur unreflektierter Verhaltensweisen, Förderung von Selbstwahrnehmung und Selbstkontrolle".

STRÖMBACH, FRICKE und KOCH (1975, 3) definieren: "Supervision ist eine methodisch angelegte Beratung, die problemorientiertes Lernen ermöglicht. Ihr Ziel ist es, auf Prozesse im Berufsleben einzuwirken, die sich mit Erziehung und Bildung, mit Konfliktlösungen, mit Therapie und sozialer Planung befassen".

WEIGAND (1979, 90) schreibt: "Supervision ist ein kritisch angeleiteter Prozeß der Selbstreflexion. In der Reflexion wird Wirklichkeit, die für den Supervisanden nicht mehr oder noch nicht wahrnehmbar ist, wieder in den Blick geholt, wird Unbewußtes wieder bewußt gemacht. Dieser Vorgang der Wahrnehmungserweiterung in bezug auf sich selbst und auf die Umwelt ist nicht nur ein kognitiver, sondern zugleich ein affektiv-emotionaler Prozeß".

WITTENBERGER (1984, zit. nach BISPINCK 1987, 86) versteht Supervision als eine Beratungsform, in der "Einzelne oder Kleingruppen mit Hilfe eines Beraters, des Supervisors, Probleme des beruflichen Handelns im sozialen, pädagogischen und therapeutischen Praxisfeld reflektieren. Die zu Beratenden, die Supervisanden, thematisieren ihre beruflichen Probleme und suchen mit Unterstützung des Supervisors nach Lösungswegen, um die Handlungskompetenz im Praxisfeld zu verbessern".

Für PLESSEN und KAATZ (1985, 25) ist Supervision ein "pädagogisch-erzieherischer oder therapeutisch-beratender Einflußprozeß, bei dem eine erfahrene und fachlich kompetente Person (Supervisor) einer fachlich unerfahrenen Person (Supervisand) Lernmöglichkeiten in Form von Beratungen, Anleitungen oder Kontrollen verbunden mit spezifischen Arbeitsaufgaben, anbietet, mit dem Ziel der Erweiterung oder Vertiefung der persönlichen, fachlichen und sozialen Handlungskompetenz".

BERKER (1988, 52) gibt eine allgemeine Definition, die jedoch je nach spezifischer Supervision weiter zu entfalten und zu gewichten sei: "Supervision ist berufsbezogene Beratung im Spannungsfeld von Person - Institution - Klientel. Der eindeutige Berufsbezug definiert Supervision in Abgrenzung zu anderen Formen psycho-sozialer Beratung. Das Spannungsfeld von Person - Klientel - Institution umreißt die Inhalte der Supervision. Ausgehend von konkreten Fallerlebnissen sind somit drei Ebenen zu betrachten:

> die Institution, in der der Supervisand arbeitet, mit besonderer Aufmerksamkeit auf die institutionellen Rollenerwartungen an den Supervisanden;

> die Klientel, mit der der Supervisand arbeitet, mit besonderer

Aufmerksamkeit auf die entstehende Beziehungsdynamik zwischen Klienten und Supervisanden;
> die Person des Supervisanden, mit besonderer Aufmerksamkeit auf die Anteile der Persönlichkeit, die in der beruflichen Tätigkeit aktualisiert werden".

WEISBACH (1989, 25) versteht Supervision als einen Sonderfall von Beratung: "Die Adressaten von Supervision, sprich die Supervisanden, entstammen allen Bereichen, in denen zwischenmenschliche Beziehungen Gegenstand professionellen Handelns sind. Der Gegenstand von Supervision ist dieses professionelle Handeln in seinen jeweiligen Auswirkungen; dabei können sowohl der Supervisand selbst als auch seine Klientel (Patient, Ratsuchender, Klient, Schüler etc.) bzw. die Interaktion zwischen beiden sowie die Institution, für die der Supervisand arbeitet, in den Mittelpunkt gerückt werden".

MÜNCH (1989, 2) definiert Supervision allgemeiner. Die Supervision "ist eine spezifische Beratungsmethode, die dazu eingesetzt wird, Berufspraktiker dabei zu unterstützen, ihre Arbeit kompetenter zu gestalten. Ihr Einsatz ist vor allem dort angezeigt, wo die Berufsausübung ein tieferes Verständnis bei der Rollenausübung und den rollengebundenen Interaktionen verlangt".
Supervision wird aus pädagogischer Sicht entweder neutral gefaßt: Betreuung eines in sozialen Berufen Tätigen durch einen Supervisor. Der Grundgedanke der Supervision ist die Vermittlung der Einsicht in die eigene Persönlichkeit im Zusammenhang mit der Berufstätigkeit (vgl. HERDER LEXIKON Pädagogik 1976, 182), oder man erklärt Supervision aus einer spezifischen Praxis heraus: "Beratung und Beaufsichtigung von Psychotherapeuten während und nach ihrer Ausbildung (...) Speziell für die Pädagogik interessant sind Versuche, analog zu den Balint-Gruppen die Lehrer-Schüler-Beziehung im psychoanalytischen Sinne (Übertragung, Gegenübertragung) zu analysieren und so die Lehrer für sich selbst und für die Schüler sensibler zu machen" (MEYERS KLEINES LEXIKON Pädagogik 1988, 373/374).

Im BERATERLEXIKON (1977, hrsg. von SCHWARZER) findet sich unter 'Supervision' (bear. v. SCHUCH, S. 209 ff.): "Supervision bezeichnet im allgemeinen Sprachgebrauch eine berufsspezifische Fachaufsicht. Hier sind mit Supervision bestimmte Verfahren der berufsbezogenen Aus- und Fortbildung gemeint, die vor allem in den Bereichen Sozialarbeit und Psychotherapie entwickelt worden sind und dort angewandt werden. Diese Verfahren dienen der Feststellung, Unterstützung und Entwicklung von

Verhaltenskompetenzen, die zur erfolgreichen und befriedigenden Ausübung sozialer Berufe notwendig sind" (209/210).

Für FENGLER (1986, 252) ist Supervision zunächst und allgemein "die Sammelbezeichnung für eine größere Zahl psychosozialer Interventionen, die mit Beratung im Arbeitsfeld, beruflicher Begleitung, Praxisanleitung u.a. zu tun haben", um sie dann präziser zu fassen (ebd., 265): "Supervision ist die an der Fallarbeit orientierte fachliche Begleitung und Beratung des Praktikers (Supervisanden) durch den Supervisor, der aus dem gleichen oder einem anderen Arbeitsfeld stammen kann. Sie findet einzeln und in Gruppen statt und hat die Aufgabe, die berufliche Kompetenz des Supervisanden zu fördern und zu stärken und seine Psychohygiene zu bewahren. Supervision wird heute als fester Bestandteil psychosozialer Arbeit angesehen".

Auch wenn die Definition von FENGLER eine starke psychosoziale Ausrichtung erkennen läßt, so kann sie - abgesehen von dem Hinweis auf die Psychohygiene - als eine übergreifende angesehen werden, zumal sie den Rahmen der Supervision durch Fragestellungen erweitert, nämlich Fragestellungen, die das Innerseelische, das Interaktionelle, das Gruppale und das Institutionelle thematisieren (ebd., 252). Darüberhinaus wird das in der Supervisionsarbeit vorherrschende Menschenbild als Bezugskriterium angesprochen, denn ohne Frage spielt der philosophische oder psychologische Hintergrund des Supervisors bzw. der Supervisanden eine entscheidende Rolle. Schließlich kann auch die Frage nach Erfolg oder Mißerfolg innerhalb der Supervisionsarbeit nicht losgelöst von den Wertesystemen der Betroffenen gesehen werden. Faßt man das allgemeine Verständnis von Supervision in Anlehnung an definitorische Vorgaben zusammen, dann läßt sich formulieren:

Supervision
Die Supervision ist in erster Linie eine fachliche Beratung und Begleitung eines Supervisanden durch einen Supervisor und zwar - und das ist in diesem Zusammenhang wichtig - ohne eine formale Bewertung oder Beurteilung. In zweiter Linie ist Supervision auch eine psychologische - oder besser: psychohygienische - Instanz für persönliche Sorgen und Probleme des Supervisanden. Supervision versteht sich auch als eine Entlastungsinstanz für berufliche Beschwerden.

Supervisor

Der Supervisor ist demnach ein Fachmann anderen Typus als wir ihn bisher im pädagogischen Bereich kennen.

Er ist ein Fachmann für Fachleute, der über eine zusätzliche Qualifikation verfügt, die ihm Fähigkeiten und Fertigkeiten an die Hand gibt, eine Praxisberatung (Fallberatung) unter Beachtung spezifischer Kriterien durchzuführen.

Die Kriterien müssen sich auf die Supervisionsthematik beziehen und werden aus Theorien entwickelt, die dem Supervisionsgegenstand angemessen sind. Bei der pädagogischen Supervision werden es vornehmlich pädagogische, psychologische, didaktische, methodische und soziologische Theorien sein, aus denen die Kriterien abzuleiten sind.

Ausbildung

Die spezifische Qualifikation zum Supervisor wird allerdings nicht automatisch durch die Übernahme eines Amtes erworben, sondern durch eine zusätzliche und für diese Arbeit besonders zugeschnittene Ausbildung. Sie enthält, neben der Fach- und Sachkompetenz des jeweiligen Arbeitsfeldes, die zwar nicht zwingend gegeben sein muß aber dennoch wünschenswert ist, vor allem diagnostisch-analytische, wahrnehmungspsychologische, kommunikationstheoretische, interaktionstheoretische, gruppendynamische und gesprächspsychotherapeutische (klientenzentrierte) Elemente. Dies hier besonders zu betonen ist deshalb wichtig, weil gerade im pädagogischen (vor allem schulischen) Arbeitsbereich die Gefahr besteht, daß mit der Übernahme einer formalen Funktion auch die Berechtigung abgeleitet wird, als Supervisor im hier skizzierten Sinne arbeiten zu können. Die in Personalunion gegebene Zusammenfügung von administrativer und fachlicher Kompetenz (z.B. bei Schulräten und Schulleitern) bietet keine hinreichende Voraussetzung, effektive Supervisionsarbeit in der hier aufgezeigten Intention zu leisten.

Gegenwärtig muß sich ein potentieller Supervisor einer spezifischen Lehr- oder Ausbildungssupervision unterziehen. Dazu beispielsweise LEUSCHNER (1979, 51): "Lehrsupervision meint formal ein Verfahren beratender Kontrolle. Beteiligte daran sind ein erfahrener Supervisor als kontrollierender Berater und ein sich in der Ausbildung zum Supervisor befindender Kandidat (oder Gruppe derartiger Ausbildungskandidaten). Beratungsgegenstand zwischen dem Lehrsupervisor und dem Ausbildungskandidaten ist die Supervisionstätigkeit des Letztgenannten".

OBERNHOFF (1979, 105) versteht unter Ausbildungssupervision die "systematische Reflexion der Berufspraxis mit dem Ziel der Entwicklung einer kritischen sozialen Handlungskompetenz.

Lerninhalte der Supervision (SV) sind die Probleme und Konflikte, die der Supervisand (SD) in seinem beruflichen Handeln erlebt". Die erforderlichen Kompetenzen des Supervisors sind:
(1) Die Subjektkompetenz, d.h. Selbstreflexion und Kenntnisse über die eigene Persönlichkeit;
(2) die Beratungskompetenz, d.h. soziale Handlungskompetenz, um kommunikative und motivierende Lernsituationen herzustellen, was auch gleichzeitig bedeutet, methodisch-didaktische Fähigkeiten zu besitzen;
(3) die Feldkompetenz, d.h. die Wahrnehmungs- und Einschätzungsfähigkeit der objektiven Gegebenheiten im Berufsfeld des Supervisanden sowie Kenntnis der jeweiligen Praxismethoden.

Schließlich KERSTING (1989, 99): "In der Ausbildungssupervision wird auf eine zukünftige Berufstätigkeit hingearbeitet, die erst in Teilen erfahrbar ist. Es ist die Arbeit an einem Entwurf, der in der Ausbildung mit Hilfe der begleitenden Supervision Konturen enthält. (...) Die Arbeit des Supervisors ist die Arbeit an der Zukunft des Supervisanden".
KERSTING zeigt gleichzeitig grundsätzliche Probleme und Konflikte der Ausbildungssupervision auf, die sich aus der Einbindung in die Ausbildung ergeben können (vgl. ebd.):
(1) Die Möglichkeit von Ängsten bei den Teilnehmern;
(2) die Beratung kann in der Ausbildungssituation auch immer als Beurteilung verstanden werden;
(3) die Rollenkonfusion beim Supervisor und Kursleiter im Ausbildungsbereich;
(4) ein möglicherweise problematisches Verhältnis zwischen Supervisor und Kursleiter im Ausbildungsbereich;
(5) der Supervisor steht selbst in einem Abhängigkeitsverhältnis zur Kursleitung oder der Ausbildungsinstitution und vermeidet daher Konflikte.

Es gibt bereits Institutionen, Fachhochschulen und Hochschulen, so beispielsweise in Kassel (Gesamthochschule Kassel; Abschluß: Diplom-Supervisor), Münster (Akademie für Jugendfragen), Stuttgart, Gelnhausen (Burkhardt-Haus) und Bethel, an denen man zum Supervisor durch gesonderte, wenngleich unterschiedliche Studiengänge bzw. Fortbildungskurse ausgebildet werden kann. Vor allem ist es der Studiengang Sozialpädagogik (mit Sozialarbeit und Jugendarbeit), der im Rahmen pädagogischer Studieninhalte zu den erworbenen Basisqualifikationen zusätzliche Angebote unterbreitet. Für den schulischen, genauer: unterrichtlichen (das heißt didaktisch-methodischen) Bereich sind keine speziellen Ausbildungsgänge bekannt.

Zusammenfassend läßt sich sagen, daß Bemühungen erkennbar sind, einen grundständigen und einheitlichen Ausbildungsgang zum Supervisor zu konzipieren, die aber offenbar an der unterschiedlichen Gewichtung der Zielsetzungen scheitern. Dies kann man - je nach eingenommenen Standort - resignativ zur Kenntnis nehmen oder positiv werten. Wenn sich die Supervision als eine alternative Stilform berufsbegleitender Praxisberatung in weiteren Arbeitsfeld nachgefragt wird und bewährt, dann wird es nicht ausbleiben, daß die jeweilige Ausbildung zum Supervisor sehr spezifisch zu sein hat. Es bleibt trotz dieser Spezialisierung die Frage, ob es nicht so etwas wie eine Basisqualifikation quasi als gemeinsames Fundament für alle potentiellen Supervisoren geben sollte. Die Durchsicht bzw. vorläufigen Analysen bisheriger Ausbildungskonzepte deuten auf solche immer wiederkehrenden Ausbildungselemente hin.
Der Frage der Ausbildung kommt, neben dem curricularen Aspekt, vor allem eine formale Bedeutung zu. Wer darf sich auf Grund welcher Ausbildung an welcher Institution als 'Supervisor' bezeichnen? Auch was diesen Berechtigungsaspekt betrifft, ist das gegenwärtige Bild noch recht unscharf.
An der Pädagogischen Hochschule Kiel werden seit ca. fünfzehn Jahren im Rahmen des Lehr- und Lehrerverhaltenstrainings qualifizierte Trainer ausgebildet, die durch zusätzliche Ausbildungselemente die Qualifikation eines Supervisors für den 'pädagogisch-unterrichtlichen Bereich' besitzen (siehe den Sammelband: MINSEL/ROYL/MINSEL 1976), aber auch dieses Ausbildungskonzept ist bisher formal nicht abgesichert (Näheres dazu in Kapitel 5).

Was Supervision nicht ist

Es wurde bereits darauf hingewiesen, daß jedes Verständnis von Supervision kontextgebunden zu verstehen ist. Zwar gibt es so etwas wie ein allgemeines Verständnis von Supervision, das in theoretisch abstrahierter Form das wiederzugeben versucht, was man übergreifend für alle Tätigkeitsbereiche der Supervivion formulieren kann. Dennoch werden spezifische Nuancen von Supervision deutlich, wenn man die Supervisionsarbeit in den einzelnen Arbeitsfeldern genauer betrachtet. Nicht nur die definitorische Ein- oder Abgrenzung macht Schwierigkeiten, sondern auch die praktische Umsetzung gemäß dieser Definitionen. Und nicht selten bestimmt derjenige die Art und Form der Supervision, der die 'Macht' hat, Supervision betreiben zu dürfen. Es ist durchaus legitim, auch den sogenannten 'Supervision-Professionals' gegenüber kritisch zu bleiben, denn - so beispielsweise HUPPERTZ (1975, 145) - : "Unser zentraler kritischer Einwand gegen das bisherige Supervisionsdenken bezog sich darauf, daß es der Supervision und deren Vertretern gelungen ist, sich mit der Aura des Außergewöhnlichen zu umgeben. Supervision-Professionals war es erlaubt, auf nationalen und internationalen Zusammenkünften der Sozialarbeit beliebige Thesen zu vertreten. Sie konnten ungeprüfte und unüberprüfbare Ansichten in zahlreichen Publikationsorganen äußern, ohne daß sich kritische Stimmen erhoben hätten".

Das Verständnis vom Supervisor umgreift die Spannweite vom 'Minitherapeut' bis zum 'sanften Kontrolleur' (vgl. WEIßENFELS 1984, 27). Dies kann man verdeutlichen, indem herausgearbeitet wird, was unserem Verständinis nach Supervision nicht ist - oder besser: was sie nicht oder nicht nur sein sollte!

Supervision ist nicht *Bewertung*!

Zunächst läßt sich schnell klären, daß jede formale Bewertung im Sinne einer dienstlichen Vorschrift mit Supervision nichts zu tun hat. Bewertungen, die dazu dienen, über die berufliche Karriere des Supervisanden Aussagen zu treffen, unterliegen anderen Kriterien.

Die Supervision sollte frei sein von jeglicher Bewertung im Sinne der Kategorien 'schlecht' oder 'gut', 'falsch' oder 'richtig'. Der Supervisor und der Supervisand tauschen ihre Beobachtungen und Erfahrungen aus unterschiedlicher Perspektive aus und versuchen, die jeweils andere Position zu verstehen. Im Austausch der unterschiedlichen Positionen, Sichtweisen und Einstellungen bzw. Auffassungen wird die Praxis aus unterschiedlichen Blickwinkeln gesehen und interpretiert.

Aber geht das wirklich ohne jede Bewertung? Sind Positionen oder Einstellungen nicht schon Bewertungen? Ist eine andere, abweichende Sichtweise nicht das Ergebnis innerer (und interner) Bewertungskategorien?

Es kommt also darauf an, wie man 'Bewertung' versteht. Das simple Verständnis von Bewertung im Sinne von 'das ist gut, richtig' oder 'das ist schlecht, falsch' sollte vermieden werden, dennoch ist prinzipiell nicht auszuschließen, daß bei der Analyse und Interpretation von Praxis (interne) Bewertungskategorien einfließen. Solche Bewertungskategorien müssen jedoch explizit und transparent gemacht werden.

Supervision ist nicht *Beurteilung*!

Aus formaler Sicht gilt für die Beurteilung das gleiche wie für die Bewertung. Beurteilungen im Sinne einer dienstlichen Überprüfung haben mit Supervision nichts zu tun. Benotungen oder andersartige Einstufungen sind mit dem Verständnis von Supervision nicht in Einklang zu bringen.

Die Supervision sollte frei sein von jeder Art Beurteilung. Aber auch hier stellt sich sofort die Frage, ob das überhaupt möglich ist. Ist ein fachlicher Gedankenaustausch ohne Beurteilung denkbar? Spielen nicht doch interne Beurteilungskategorien eine unterschwellige Rolle? Ist es möglich, sich überhaupt von Beurteilungstendenzen zu befreien?
Natürlich kann man (formale) Beurteilungskategorien vermeiden, dennoch werden sowohl der Supervisand als auch der Supervisor bestimmte Sachverhalte unterschiedlich 'beurteilen'. Ohne Bezugspunkte, seien es theorie- oder praxisorientierte, kann kein fachlicher und persönlicher Austausch erfolgen. Immer wird man einen Sachverhalt 'beurteilen' in dem Sinne, daß man dazu Stellung bezieht, daß man eine andere Sicht entwickelt oder daß man zu anderen Schlußfolgerungen gelangt. Die Frage ist, wie diese Beurteilungskategorien in die Supervision eingebracht werden, wie sie vom Supervisanden verstanden und verarbeitet werden. Dazu OHLMEIER (1984, 209): "Wir sollten nicht verleugnen, daß der Supervisor immer zu einer Beurteilungs- und Qualifikationsinstanz wird, auch dann, wenn vom ihm kein Zeugnis und keine Entscheidung über die weitere berufliche Tätigkeit des Supervisanden abgegeben wird. Die Supervisionssituation hat immer Qualifikations- und Beurteilungsmerkmale".

Supervision ist nicht *Kontrolle*!
Das Verständnis von Supervision schließt Kontrolle, wie auch immer verstanden, kategorisch aus. Die Kontrolle mag aus administrativer Sicht ihre gewisse Berechtigung - und manchmal auch ihre Notwendigkeit - besitzen, im Zusammenhang von Supervision hat sie keinen Platz. Das schließt nicht völlig aus, daß sich der Supervisand 'kontrolliert' fühlt. Nun sollte jedoch jede Art von Supervisionsarbeit so angelegt sein, daß eben dieses Gefühl der Kontrolle erst gar nicht aufkommt. Dies ist nicht nur eine Frage des Settings, also des Arrangements des Miteinanderumgehens, sondern vor allem eine Frage der Machtstrukturen zwischen Supervisor und Supervisand. Die Macht als ein unterschwelliger psychologischer Faktor ist auf allen Beziehungsebenen stets vorhanden. Die Supervision kann und soll auch dazu dienen, die Machtstrukturen zwischen den Beteiligten aufzudecken, um über die Reflexion der eigenen Macht zu einem neuen Rollenverhalten zu gelangen (vgl. EICKE/SCHULZ 1984, 182). Gefragt und gefordert ist der Supervisor, inwieweit er sich über seine eigenen Machtstrukturen im klaren ist und wie er damit umgeht.
Einige Autoren sprechen im Zusammenhang von Supervision trotzdem von Kontrolle. Gemeint ist hier aber die fachlich-spezifische Kontrolle im Sinne eines internen Lernprozesses innerhalb der Supervision.

Supervision ist nicht *Überprüfung*!
Überprüfung im positiven Sinne meint, einen Sachverhalt auf seine Richtigkeit oder Funktionstüchtigkeit zu testen; Überprüfung im negativen Sinne assoziiert Kontrolle. Im Rahmen supervisierender Arbeit geht es weder um Überprüfung eines Sachverhalts noch um Kontrolle. Aber auch hier ist das Gefühl des Supervisanden entscheidend, ob er sich beispielsweise durch den Supervisor überprüft fühlt. Auch wenn die Supervision nicht als Überprüfung verstanden werden soll und darf, bleibt das subjektive Gefühl des Supervisanden vom Setting und vom Arrangement der Supervision abhängig.

Supervision ist nicht *Anleitung*!
Versteht man unter Anleitung eine direkte Einflußnahme durch gezielte oder dirigistische Interventionen auf einen Prozeß oder einen Sachverhalt, dann ist sie von der Supervision abzugrenzen. Bei einer Anleitung wird durch bestimmte Eingriffe oder Maßnahmen versucht, eine unmittelbare Veränderung zu erreichen. Anleitung in diesem Verständnis ist nicht Supervision, aber anleitende Überlegungen zur Auseinandersetzung über einen Sachverhalt können sehr wohl in die Supervision einfließen. Zwischen der Supervision und der Anleitung gibt es aber auch eine historische Verbindung: "Supervision hat sich von Anleitung im allgemeinen über Anleitung in der engen Dreierbeziehung Supervisor-Supervisand-beschriebener Fall (casus) zur Anleitung im Sinne von agogischem Begleiten der Praxis von Sozialarbeit entwickelt" (WIERINGA 1979, 19).

Supervision ist nicht *Konsultation*!
Eine Konsultation kann man verstehen als eine in der Regel einmalige und kurzfristige Beratung mit einem Fachmann über bestimmte Probleme oder Sachverhalte. Die Ergebnisse der Konsultation sind nicht immer sachlich zwingend und daher auch nicht bindend. Der Fachmann steht zum Sachverhalt auch in relativer Distanz und ist am Ergebnis nicht unmittelbar interessiert. Zwar könnte die kommunikative Form konsultativer Gespräche äußerliche Ähnlichkeiten zur Supervision aufweisen, weil auch zwischen den Beteiligten eine gewisse Gleichwertigkeit herrschen kann, aber diese Form fachlicher Auseinandersetzung ist mit Supervision nicht zu verwechseln.

Supervision ist nicht *Beratung*!
Wurde nicht eingangs öfter davon gesprochen, daß sich Supervision als 'Beratung' versteht?
Viele Autoren betonen in ihren Arbeiten gerade den Beratungsaspekt,

entweder als kollegiale Beratung, kooperative Beratung, als gegenseitige Beratung und Stützung oder einfach als Praxisberatung (vgl. beispielsweise: BOETTCHER/BREMERICH-VOS 1984, ROTERING-STEINBERG 1988, SCHILD 1988, MUTZECK 1989 u.a.). Ist hier ein Widerspruch zu sehen zu der Aussage: 'Supervision ist nicht Beratung!'

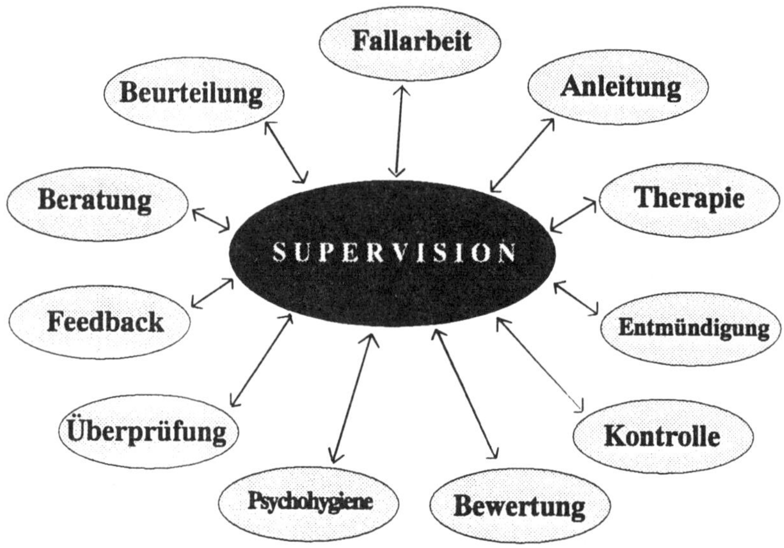

Was Supervision nicht (nur) ist!

Der Widerspruch hebt sich auf, wenn man den Beratungsbegriff aus dem Verständnis seiner Einseitigkeit löst. Beratung wird gemeinhin verstanden als das Bedürfnis nach Information über einen Sachverhalt, den man selbst gar nicht oder zu wenig kennt. Der Berater gibt Informationen oder macht Vorschläge, die man entweder annimmt oder nicht. Diese Form der Beratung ist einspurig: Einer gibt, der andere empfängt! Die Beratung stillt das Bedürfnis!

Im pädagogischen Kontext ist die Beratung ein methodisch angelegtes Gespräch, in dem unter erzieherischen Gesichtspunkten ein Problem gezielt auf eine Problemlösung hin durchgegangen wird. GIESECKE (vgl. 1987) zählt die Beratung zu den fünf Grundformen pädagogischen Handelns: Unterrichten - Informieren - Beraten - Arrangieren - Animieren. Beratung in pädagogischen Handlungsfeldern zeichnet sich dadurch aus, daß sich der Ratsuchende selbst das (Lern-)Ziel setzt.

Neben diesen eher allgemein gehaltenen Vorstellungen von Beratung verfolgt das Konzept der sogenannten 'alltagsnahen professionellen Beratung' (vgl. NESTMANN 1982) präzisere Zielvorstellungen. Ohne hier näher auf diese sozialpädagogisch orientierte Beraterkonzeption einzugehen, kann festgestellt werden, daß das Konzept der alltagsnahen professionellen Beratung der sozialpädagogischen Praxisarbeit sehr entgegen kommt. Zu den Aufgaben des Beraters gehören: Bezüge zu schaffen und gegebene Bezüge zu erkunden, d.h. auch, sich mit der Lebenswelt des Betroffenen auseinanderzusetzen; vergessene Fähigkeiten zu aktivieren, die durch die Propagierung von Professionalität zurückgedrängt wurden und bei Bedarf Wissen über rechtliche Möglichkeiten zur Verfügung zu stellen. Um als Berater wirkungsvoll tätig sein zu können, sollte der er nach NESTMANN über die Fähigkeit der Selbstreflexion verfügen, die gegebenenfalls mit Hilfe eines Supervisors erlangt werden kann.
Im (schul-)pädagogischen Alltag hat sich der Begriff 'Beratungsbesuch' festgesetzt. Und unabhängig davon, ob der Berater seinen Beratungsbesuch im Sinne eines gegenseitigen fachlichen Austausches, also im Sinne einer wohlverstandenen Supervision versteht, in der Praxis wird dieser Begriff mit Überprüfung, Kontrolle oder Beurteilung assoziiert. Er löst bei den Betroffenen daher eher Ängste als die Freude über eine konstruktive Auseinandersetzung aus. Wenn Supervision nicht Beratung ist, dann ist sie es in diesem skizzierten Sinne nicht. Der Begriff 'Beratung' als Supervisionsterminus muß also gesondert und zusätzlich benannt oder definiert werden, etwa: "Supervision kann verstanden werden als eine besondere Form der Beratung" (MUTZECK 1989, 178).
Beratung in dem Sinne, daß eine gegenseitige und wechselseitige symmetrische Kommunikation mit dem Ziel einer konstruktiven Auseinandersetzung über einen Sachverhalt stattfindet, kann als wohlverstandene Supervision angesehen und bezeichnet werden.

Supervision ist nicht *Entmündigung*!
Bewertung, Beurteilung, Kontrolle und Überprüfung deuten immer auf Hierarchie hin. Da ist jemand, der von 'oben' kommt und alles etwas besser weiß und kann. Neben einem Gefühl von Abhängigkeit, das sich damit (unbewußt) einschleicht, fühlt sich der Supervisand in seinem Gefühl und in seinem Können entmündigt. Entmündigung aber macht das Individuum nicht nur zu einem nicht gleichwertigen Partner, sondern auch zu einem willigen, gleichsam gehorsamen und unkritischen Supervisionsteilnehmer. Das kann und darf nicht Sinn und Ziel der Supervision sein, wenn ein fachlicher Austausch in gegenseitiger Akzeptanz und Wertschätzung

stattfinden soll. Auch hier ist in erster Linie der Supervisor in seinem Selbstverständnis gefragt und gefordert. Jede kommunikative und interaktive Form, die das subjektive Gefühl der Entmündigung beim Supervisanden aufkommen läßt, steht der Supervisionsarbeit diametral entgegen.

Supervision ist nicht *Feedback*!
Natürlich ist Supervision Feedback - aber eben nicht nur!
Feedback heißt Rückmeldung-Geben und dies möglichst nach den bekannten und bewährten Feedback-Regeln:
> Feedback sollte beschreibend sein;
> Feedback sollte so ausführlich und so konkret wie möglich sein;
> Feedback sollte sich auf ein eingegrenztes und konkretes Verhalten beziehen;
> Feedback sollte klar und möglichst präzise formuliert sein;
> Feedback sollte möglichst unmittelbar erfolgen;
> Feedback sollte den Feedbackempfänger nicht überfordern;
> Feedback sollte auch die positiven Wahrnehmungen und Gefühle herausstellen (vgl. SCHWÄBISCH/SIEMS 1974; LORENZ/MOLZAHN/TEEGEN 1976).

Feedback-Geben heißt, dem Gegenüber seine Beobachtungen, Wahrnehmungen, Empfindungen, Eindrücke, Sichtweisen und auch seine Interpretationen aus subjektiver Sicht in der Weise anzubieten, daß der Feedbackempfänger mit diesen 'Daten' etwas anfangen, daß er mit ihnen konstruktiv weiterarbeiten kann. Dennoch bleiben die Feedbackdaten eher personenbezogen, entweder bezogen auf den Feedbackempfänger als Individuum in einer bestimmten Situation oder aus der subjektiven Sicht des Feedbackgebers. Diese Daten sind nötig, wichtig und vor allem 'ehrlich' aus der Sicht des Feedbackgebers, aber sie können nur der Ausgangspunkt einer supervisierenden Arbeit sein. Die Daten müssen quasi aus der subjektiven Perspektive herausgelöst und daraufhin befragt werden, inwieweit sie - bereits übergreifende, theoriegebundene - Anhaltspunkte, Hinweise oder Informationen liefern, die es erlauben, andere Gesichtspunkte oder Sichtweisen an ihnen zu verdeutlichen - oder ob sie bereits für bestimmte (theoretische) Annahmen stehen. Es sind also die Fragen nach den Kriterien oder nach den theoretischen Bezügen, die in der konkreten Supervisionsarbeit relevant werden können.
Das Feedback, mit seinen zum Teil formalisierten Regeln, ist ein hilfreiches und konstruktives Methodeninstrument innerhalb der Supervisionsarbeit, und auch die 'Daten' des primären Feedbacks können als Ausgangsbasis für das Supervisionsgespräch aufgegriffen werden, aber die eigentliche Supervisionsarbeit nimmt damit erst ihren Anfang.

Supervision ist nicht *Therapie*!
Die Frage, inwieweit die Supervision zur Therapie werden kann, ist weniger eine akademisch formale, als vielmehr eine praktische. Nach den definitorischen Abgrenzungen ist Supervision keine Therapie und sollte es auch nicht sein. Nach WEIGAND (vgl. 1979) ist jedoch die Supervision von der Therapie nicht klar abzugrenzen, da auch in der Supervision kommunikative, pädagogische und therapeutische Dimensionen zum Tragen kommen. Diese Abgrenzung müsse es auch nicht unbedingt geben, weil die Supervision keine Einmaligkeit der Methode und auch kein spezifisches abgrenzbares Instrumentarium entwickelt habe.
Die Frage, wann die Supervision in Therapie umzuschlagen droht, hängt im wesentlichen von zwei Faktoren ab.
Der erste Faktor wird durch das Arbeitsfeld des Supervisanden bestimmt. In Arbeitsfeldern, in denen sich der Supervisand sehr stark persönlich engagiert oder persönlich gefordert wird und an die Grenze seiner physischen und psychischen Belastbarkeit stößt, verlockt es, therapeutische Interventionen einzubringen. Besonders in den sozialen und sozialpädagogischen Tätigkeitsfeldern zeigen die Supervisanden zunehmend psychische Erschöpfungserscheinungen, die sich als Frustration, Niedergeschlagenheit, Mutlosigkeit, Versagen, Hilflosigkeit, Überforderung, Depression usw. ankündigen. Das sogenannte 'Erschöpfungssyndrom' (vgl. FREUDENBERGER 1980) besagt, daß sich Mitarbeiter in sozialen Institutionen völlig ausgelaugt und ausgebrannt fühlen und kaum Zeit und Gelegenheit erhalten, sich zu regenerieren. Von den Supervisanden selbst wird dann die Supervision als eine willkommene Entlastungsinstitution angesehen und angenommen.

Supervision ist nicht *Psychohygiene*!
Natürlich dient Supervision auch als Psycho- und Sozialhygiene für die persönlichen Schwierigkeiten, für die Bearbeitung und Bewältigung beruflicher Probleme, für die Auseinandersetzung mit den Vorgesetzten oder der Institution (vgl. WEIGAND 1984, 51). Aber wo liegt die Grenze zwischen Psychohygiene und Therapie? Oder: Was ist noch Psychohygiene? Und was ist schon Therapie? Zweifellos gibt es Überschneidungen zwischen beiden Bereichen (vgl. dazu: OHLMEIER 1984, 212), die für die praktische Arbeit gewisse Risiken bedeuten. Es besteht die Gefahr und bei einer bestimmten Klientel die Verlockung, die Supervisionsarbeit in Therapie umschlagen zu lassen; die Grenzen sind dabei fließend und verführerisch.
Der zweite Faktor, Supervision in Therapie umschlagen zu lassen, liegt in der Ausbildung des Supervisors begründet. Besitzt ein Supervisor eine psychologische, vor allem eine zusätzlich thera-

peutische Ausbildung, dann wird er seine Präferenz und Kompetenz auf diesem Gebiet nicht verleugnen, und es besteht die Gefahr, daß sie in der supervisierenden Arbeit Übergewicht bekommen. Verstärkt wird diese Tendenz durch arbeitslose psychotherapeutisch ausgebildete Supervisoren, die sich auf dem freien Arbeitsmarkt um Tätigkeitsfelder bemühen.
Dieses Supervision-Therapie-Problem ist zwar auf der akademischen Ebene schnell umrissen und geklärt, auf der praktischen Ebene, d.h. in der praktischen Handhabung, jedoch schwer zu lösen. Sicher ist, daß die supervisierende Arbeit vielfach die Angstschwelle bei den Supervisanden für eine therapeutische Behandlung herabsetzt und so den Weg in die Therapie ebnet bzw. erleichtert.

Supervision ist nicht *Fallarbeit*!
In einigen Definitionen bzw. Beschreibungen wird im Zusammenhang mit der Supervision von Fallarbeit oder Fallberatung gesprochen. Dieses Verständnis von Fallarbeit geht auf die ursprünglich psychoanalytisch ausgerichtete Supervisionsarbeit zurück, in der zunächst nur an einzelnen Fällen gearbeitet wurde. Supervision verstand sich von daher als Fallarbeit, Fallbearbeitung bzw. Fallberatung, und diese Form hat sich zum Teil bis heute in bestimmten Supervisionssettings gehalten.
Supervision kann also in einem engen Sinne als Fallberatung verstanden werden oder schließt die Arbeit an einzelnen Fällen mit ein, aber generell definiert sich die Supervision nicht über die Fallarbeit bzw. Fallberatung.

Es ließen sich abschließend zu der Fragestellung, was Supervision nicht ist bzw. nicht sein sollte, noch weitere Formen der Praxisbegleitung anführen, etwa, daß Supervision nicht nur Gespräch oder nicht nur Hospitation ist, aber mit den oben skizzierten Stilformen sind die wesentlichen genannt.
Zusammenfassend könnte man nun erneut die Frage aufwerfen:
Was ist (denn nun) Supervision?
Supervision ist - bezogen auf die obigen Formen - nichts von alledem, und doch enthält sie etwas von allem!

Überschneidungen mit anderen Formen beruflicher Beratung
Noch schwieriger wird es, die Supervision von anderen Praxisformen der beruflichen Beratung und Begleitung präzise abzugrenzen, wenn man sich die offensichtliche Nähe dieser Formen zur Supervision bzw. die Überschneidungen mit diesen Formen näher betrachtet. Auf diese anderen Formen hier im einzelnen detailliert einzugehen, würde den Rahmen dieser Ausführungen sprengen,

dennoch soll in verkürzter Form auf diese Thematik hingewiesen werden.

Fortbildung in Theorie
Supervision ist auch immer die Beschäftigung bzw. die Auseinandersetzung mit Theorie oder zumindest mit theoretischen Fragestellungen.
Praxis kann zwar ohne Theorie bewältigt, aber nie ohne Theorie sinnvoll verändert werden! Und Supervision versteht sich auch darin, daß die Praxis verändert und nicht nur bewältigt werden soll. Die aus der Praxis abgeleiteten Beobachtungen und Daten fließen in Hypothesen ein, die zunächst theoretisch aufgearbeitet und danach praktisch erprobt werden müssen. Diese praktische Theoriearbeit kann selbstverständlich unabhängig von Supervision geleistet werden, dennoch macht es einen Unterschied, wie und in welchem Rahmen theoretische Arbeit für den Betroffenen vollzogen wird. Fortbildung in Theorie als gesonderte Veranstaltung ist immer hilfreich, kann aber die theoretische Verknüpfung von Theorie und Praxis im Rahmen der Supervision nicht ersetzen. Die Theorie gehört also zur Supervision, so wie eine Supervision nicht ohne theoretische Reflexion auskommt.

Gesprächstraining
Unabhängig von den verschiedenen Formen eines Gesprächstrainings (vgl. hierzu KÖLLN 1987, PALLASCH 1990, 36-43), die von elementaren bis hin zu psychotherapeutischen Ansätzen reichen, ist jede Form eines soliden Gesprächstrainings sowohl für die diagnostische als auch für die handlungsbezogene Arbeit sinnvoll. Potentielle Supervisanden, die über eine qualifizierte und spezifische Gesprächskompetenz verfügen, werden sowohl innerhalb der Supervision als auch in ihrer praktischen Tätigkeit davon profitieren. Gleichwohl macht es einen Unterschied, wann, wo und wie spezifische Gesprächstechniken Anwendung finden. Die Supervision, verstanden als die unmittelbare Arbeit vor Ort, kann spezifisches Gesprächsverhalten bei Supervisanden gezielt thematisieren, schulen und überprüfen. Insofern sind psychologische oder pädagogische Gesprächsqualifikationen, die bereits andernorts erworben worden sind, einerseits eine hilfreiche Voraussetzung und willkommene Kompetenz, andererseits verhilft die Supervisionsarbeit dazu, sprachliche Qualifikationen ziel- und adressatenadäquat einzusetzen. Darüberhinaus bleibt festzuhalten, daß die Sprache das Hauptinstrument supervisierender Arbeit ist.

Sensitivity Training
Auch wenn es mittlerweile problematisch ist, den Begriff Sensi-

tivity Training oder Sensitivitätstraining als Oberbegriff zu verwenden, weil das jeweilige Verständnis darüber variiert und weil sich die Trainings in ihrer Bandbreite sehr stark voneinander unterscheiden, kann doch von einem gemeinsamen Konsens ausgegangen werden. In Sensitivity Trainings wird neben der kognitiven Vermittlung vor allem auf der interpersonalen (gruppendynamischen), der sozialen und der emotionalen Ebene gearbeitet. Im Mittelpunkt stehen meistens die Selbst- und Fremdwahrnehmung und die entsprechenden Formen des Feedbacks. Die Teilnehmer solcher Trainings lernen zu erkennen, wie sie sich selbst geben und einschätzen, wie sie auf andere wirken und von ihnen wahrgenommen und eingeschätzt werden, und sie lernen, die Reaktionen und Verhaltensweisen anderer besser verstehen zu können. Insgesamt wird die sogenannte 'soziale Sensitivität' geschult. Eine besondere Form eines solchen Trainings stellt die analytische Gruppendynamik dar. Mit Hilfe geschulter Trainer werden die Effekte, Reaktionen, Verhaltensweisen, Projektionen und Übertragungen analysiert und aufgearbeitet und Hilfen für die Umsetzung in die private Sphäre oder in die berufliche Praxis bereitgestellt.
Die soziale Sensitivität wird in jeder Supervisionsarbeit zum Thema. Immer stellt sich der Supervisand in seinem Verhältnis und mit seinem Verhalten zu seinen Schülern, Klienten, Mitarbeitern oder Anvertrauten in Frage. Supervision ist ein Teil von Sensitivitätsarbeit, sie ist allerdings gezielter und adressatenadäquater - und sie ist mehr als nur Sensitivitätstraining.

Konflikttraining

Ebenso wie mit dem Begriff Sensitivity Training so gibt es auch mit dem Begriff 'Konflikttraining' Schwierigkeiten, ihn allgemeingültig ein- oder abzugrenzen. Allein durch die Tatsache, daß es zur Konfliktproblematik die unterschiedlichsten Theorien, Sichtweisen und Interpretationen und folglich auch sehr unterschiedliche Zugriffsmöglichkeiten gibt (vgl. LÜCKERT 1957), läßt schon den Versuch einer begrifflichen Umschreibung scheitern. Erstaunlich ist dennoch die andere Tatsache, daß sich die praxisorientierte Ausbildung der Konfliktproblematik trotz so unterschiedlicher theoretischer Ansätze und Modelle verstärkt angenommen hat. Zu erklären ist dies allerdings mit dem zunehmenden - subjektiv so empfundenem - Leidensdruck der Betroffenen, die sich von einem Konflikttraining gleichermaßen Hilfe und Abhilfe für die Praxis versprechen. Entsprechend groß ist das Angebot und entsprechend breit ist die Palette der Trainings. Dabei wird zu selten und zu wenig die Tatsache thematisiert, daß sich die soziale Wirklichkeit auch dadurch definiert, mit unauflöslichen Konflikten leben

zu müssen. Konfliktfähigkeit heißt eben auch, Konflikte stehen- und bestehenzulassen.
Theoretische Vorgaben oderAnalysekriterien sind auf den konkreten Fall anzuwenden und fließen somit in die praktische Arbeit ein. Ob nun ein Konflikt als intrapsychisch oder interpersonell, als lerntheoretisch oder psychoanalytisch angesehen wird, ist eine weiterführende (und damit eine) Detailfrage, die nicht nur theoretisch beantwortet werden kann, sondern sich aus dem Gesamtgefüge der realen (Konflikt-)Bedingungen erschließt.

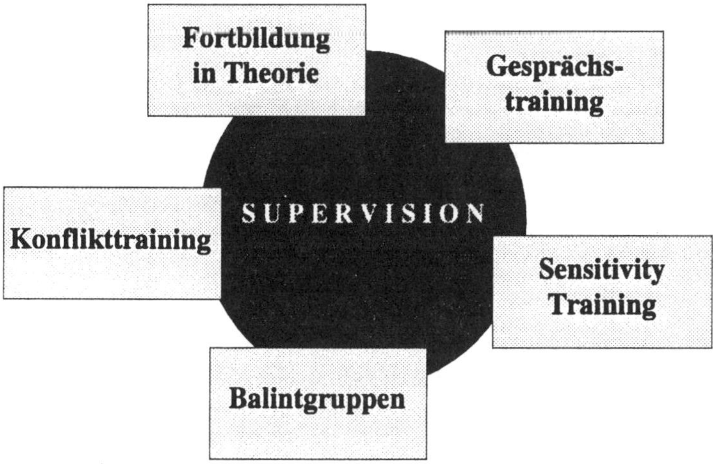

Supervision: Überschneidungen zu anderen Formen der beruflichen Weiterbildung bzw. Beratung

Jedes Individuum lebt im Spannungsfeld zwischen den Bedingungen seiner realen Umwelt und den sozialen Normen dieser Umwelt. In dieser Umwelt ist das Individuum mit seinen Wünschen, Bedürfnissen, Erlebnissen, mit seinem Können und Wollen eingebettet. Zwischen diesen Gegebenheiten und den Normen der Umwelt kommt es zu Spannungen und Diskrepanzen, die unangenehm erlebt und empfunden werden. Diese Spannungen führen im Extremfall zu Konflikten. Das heißt, zwei oder mehrere entgegengerichtete Handlungstendenzen oder Antriebe stehen im Widerstreit und können aus der Sicht des betroffenen Individuums nicht befriedigend (auf-)gelöst werden. Das kognitive und das seelische Gleichgewicht werden gestört und geraten ins Wanken. Die Art der Verarbeitung dieser Spannungen macht dann die Art des Konflikts aus; er kann nach innen verdrängt oder nach außen aggressiv umgesetzt werden, er

bleibt intrapsychisch verborgen und kann sich psychosomatisch zeigen, oder er wirkt sich interpersonell als Beziehungsstörung aus.
Die Supervision hat die Aufgabe, sowohl die intrapsychischen als auch die interpersonellen Konflikte aufzufangen und aufzuarbeiten. Dabei können theoretische Kenntnisse über die Konfliktmechanismen und -ursachen eine brauchbare Hilfe und Stütze sein. Aber auch hier bleibt zu betonen, daß Supervision mehr und anders ist als reine Konfliktbearbeitung.

Balint-Gruppen
Die wohl größte Affinität zur Supervision ist in den sogenannten Balint-Gruppen zu sehen. ROTH (vgl. 1990) betitelt daher auch seinen Beitrag im Sammelband von FATZER/ECK treffend: *Die Balint-Gruppe: Ein Klassiker der Supervision.* "Wenn ich die Balint-Gruppe zu den Klassikern der Supervision zähle, so deshalb, weil sie mit einer klar entwickelten Methode und Technik in einer ganz speziellen Hinsicht die Perspektive des 'von oben Draufschauens' bzw. des 'über sich Hinausschauens' erreichen will" (ROTH ebd., 144).
Der ungarische Mediziner und Psychoanalytiker Michael Balint hat in den 50er Jahren für praktizierende Ärzte eine besondere Form der Gruppenarbeit konzipiert und später Supervisionsgruppen eingerichtet, in denen die Beziehung zwischen Arzt (bzw. Therapeut) und Patient (bzw. Klient) thematisiert wurde. In diesen originären Gruppen war die Selbsterfahrung zunächst weniger wichtig, wenngleich psychoanalytisch vorgegangen wurde, als vielmehr die Anbahnung eines besseren und vertieften Verständnisses für die Patienten. Diese Praxisbegleitung und - beratung hat sich als sehr effizient erwiesen und wurde im Laufe der Zeit von anderen Berufsgruppen als Modell übernommen. So gibt es inzwischen auch eine Reihe von Balintangeboten für Lehrergruppen.
Im Unterschied zu anderen gruppenorientierten Verfahren zeichnet sich die Balintgruppenarbeit dadurch aus, daß erstens an konkreten Einzelfällen aus der Praxis gearbeitet wird, daß zweitens - in der Regel - psychoanalytisch ausgerichtet vorgegangen wird und daß drittens - als Folge dieser Schwerpunktbildung - eine relativ lange und kontinuierliche Mitarbeit der Teilnehmer vorausgesetzt wird. "Die Balint-Gruppe stiftet Orientierung und Verwirrung zugleich. Sie verschafft ordnende Perspektive, indem sie die verwirrende Logik und Widersprüchlichkeit unbewußter Motive und zwischenmenschlicher Beziehungsformen aufzeigt und nachvollziehbar macht" (ROTH ebd., 143).
Diese Merkmale machen bereits die Unterschiede zur Supervision deutlich, wenngleich hinzugefügt werden muß, daß auch Su-

pervisionsgruppen über einen längeren Zeitraum zusammenbleiben. Balintarbeit hingegen ist immer an Gruppen gebunden bzw. auf sie angewiesen, während die Supervision auch als Einzelsupervision durchgeführt werden kann (siehe hierzu auch: KÄMPFER 1983; OHLMEIER 1984; GARLICHS 1984). Da sich inzwischen die unterschiedlichsten Auffassungen und Formen von Balintgruppenarbeit herausgebildet haben, ist eine pauschale Einordnung problematisch und führt zu Mißverständnissen. So gibt es Gruppen, die die persönlichen Probleme der Teilnehmer nicht thematisieren und sich nur auf den Praxisfall konzentrieren, und es gibt Gruppen, die über den Praxisfall hinaus die persönlichen Motive der Teilnehmer psychoanalytisch bearbeiten. Hier ist die Grenze zur Therapie, oder doch zumindest zu therapeutischer Orientierung, nur schwer zu ziehen. Trotz aller Unterschiede der Balint-Gruppen in ihren Verfahren und theoretischen und methodischen Nuancen kommen sie der Supervisionsarbeit sehr nahe. Nicht ohne Grund verstehen und bezeichnen sich viele Balint-Gruppen selbst als Supervisionsgruppen.

Abschließend zu diesen 'Überschneidungen mit anderen Formen' sei hinzugefügt, daß mit der Benennung der obigen Praxisformen nicht alle genannt sind. Es geht bei dieser Betrachtung auch weniger darum herauszufinden, welche Praxisform den Anspruch reklamiert, Supervisionsarbeit zu leisten, als vielmehr zu fragen, in welchen Praxisformen auch Supervisionsansätze bzw. -anteile vorhanden sind oder eine der Supervision ähnliche Arbeitsweise betrieben wird. Dabei kommt es zwangsläufig zu Verschränkungen von Form und Methode, die eine saubere Trennung oft nicht erlauben. Unter dieser Perspektive ließen sich bestimmte gruppendynamische, psychodynamische und psychoanalytisch orientierte Trainings, psychodramatische und gestalttherapeutische Ansätze, persönlichkeitsorientierte Basistrainings oder Selbsthilfeverfahren (z.B. als kollegiale Supervision) anführen (vgl. dazu auch: MÜNCH 1989).

Allgemeine Ziele von Supervision

Dem eiligen und an trockenen Definitionen wenig interessierten Leser sei auch hier geraten, diesen Abschnitt zu überspringen!
Ungeachtet der zum Teil schon in den Definitionen implizit enthaltenen Ziele soll versucht werden, die allgemeine Zielsetzung von Supervision noch einmal gesondert herauszuarbeiten. Das ist, wenn man den bisherigen Ausführungen gefolgt ist, nicht gerade einfach. Zum einen ist die Supervision immer an ein definiertes Praxisfeld gebunden und leitet aus diesem ihre Zielsetzung ab, zum anderen gibt es noch keine allgemeingültige und übergrei-

fende Theorie der Supervision, aus der sich allgemeine Ziele oder eine allgemeine Zielsetzung ablesen ließen. Wenn die Supervision sich aber neben anderen bereits bestehenden Stilformen einer Praxisberatung als eine eigenständige Form der Praxisbegleitung bzw. -beratung versteht bzw. diesen Anspruch für sich reklamiert, ist die Frage nach den allgemeinen Zielen und übergreifenden Zielsetzungen berechtigt und daher gesondert zu stellen.
Zur Verdeutlichung seien hier zunächst einige originäre Zielformulierungen bzw. Zielsetzungen angeführt. In ihnen sind allerdings auch teilweise schon Ziele angegeben, die sowohl für die Ausbildung in Supervision als auch für die eigentliche Supervisionsarbeit gelten. Eine Trennung bzw. Unterscheidung zwischen beiden ist nicht immer präzise auszumachen.

HUPPERTZ (vgl. 1975) nennt drei Hauptbereiche von Zielsetzungen, die er aufgrund vorliegender Konzepte herausfand:
1. Kognitive Ziele;
2. Handlungskompetenzen als Erweiterung von Fähigkeiten und Fertigkeiten;
3. Veränderungen im Einstellungs- und Handlungsbereich.

STRÖMBACH et al. (vgl. 1975, in Anlehnung an CAEMMERER 1970) formulieren:
1. Integration von Wissen und praktischem Tun;
2. Entwicklung des methodischen und beruflichen Könnens;
3. Entwicklung einer beruflichen Persönlichkeit, Überprüfen von beruflichen Haltungen und Einstellungen und Reflexion der eigenen Stellung im Kollegenkreis.

KERSTING formuliert (1975, 12/13, in Anlehnung an ZIER 1974) bezogen auf die Gruppensupervision: "Ziel der Supervision ist die Entwicklung eines persönlichen kreativen Integrationsvermögens, und zwar für solche Berufstätige, die mittels einer persönlichen Beziehung anderen Hilfestellung leisten. In der Supervision als einem Lernlehrverfahren soll die Integration folgender vier Komponenten eingeübt werden: seine persönliche Art zu reagieren, objektive Erkenntnisse, die aktuelle Arbeitssituation und die subjektive Erfahrung". Und im Zusammenhang mit der Ausbildungssupervision ergeben sich nach KERSTING (vgl. 1989) folgende Ziele:
> Entwicklung von Fachkompetenz;
> Entwicklung von Subjekt- und Selbstkompetenz;
> Entwicklung von Diagnosekompetenz bzw. Wahrnehmungserweiterung;
> Entwicklung von kreativem Integrationsvermögen, d.h. Reflexion der drei vorgenannten Bereiche.

WEIGAND (vgl. 1979) nennt folgende Zielsetzungen:

- Den Supervisanden in seiner Entscheidungsfähigkeit und -willigkeit zu stärken;
- ihn zu eigenständigem Handeln zu befähigen;
- ihn zu befähigen, Problemsituationen wahrzunehmen, zu reflektieren und zu emanzipatorischem Handeln zu gelangen.

Nach OBERNHOFF (1979, 105) ist das Ziel der Supervision "die realitätsangemessene Wahrnehmung der psychischen und sozialen Determinanten einer als problematisch erlebten beruflichen Situation als Voraussetzung für die Entwicklung von angemessenen, wirkungsvollen Handlungsweisen".

GAERTNER (1980, 457) faßt das Ziel der Supervision kurz: "Nach konventionellem Verständnis ist Supervision ein regelgeleiteter Beratungsprozeß über Probleme und Konflikte der beruflichen Interaktion".

PLESSEN und KAATZ (vgl. 1985) benennen zunächst drei Grobziele: Vermittlung sozialer Fertigkeiten, Bewußtmachung und Veränderung von Einstellungen und Kontrolle und Korrektur interaktionaler Faktoren. Diese Grobziele werden für die drei Hauptpraxisfelder der Supervision konkretisiert (vgl. ebd., 13 ff.):

1. Supervision im Bereich der Ausbildung
   Hauptansatz: Eine erfahrene Person hilft einem Anfänger (Berufsanfänger, Studenten usw.), neue Tätigkeiten zu erlernen.
2. Supervision im Bereich der Weiterbildung
   Hauptansatz: Auseinandersetzung mit Problemen und Konflikten, die der Supervisand in seiner beruflichen Tätigkeit erlebt.
3. Supervision im Bereich der institutionellen Betreuung eines Arbeitsteams
   Hauptansatz: Dem Arbeitsteam soll geholfen werden, zweckmäßiger und effektiver arbeiten zu können.

Läßt man die formalen Ziele (z.B. das Arrangement zwischen Supervisor und Supervisand, das methodische Setting, keine formale Beurteilung und Bewertung usw.) und die funktionalen (z.B. nach PLESSEN/KAATZ 1985, 24: Ausbildung, berufliche Weiterbildung und Institutionsberatung) unberücksichtigt, und versucht man, die inhaltlichen oder problemorientierten Ziele zu erfassen, so ergibt sich nach Durchsicht des Schrifttums zusammenfassend folgender Zielkatalog (vgl. diverse Aufsätze in der Zeitschrift SUPERVISION von 1982 - 1989; ebenso in: AKADEMIE FÜR JUGENDFRAGEN MÜNSTER (Hrsg.) 1979; LIPPENMEIER (Hrsg.) 1984; PLESSEN/KAATZ 1985; FENGLER 1986; WEI-

GAND 1984; u.a.). Bei der Aufzählung lassen sich Wiederholungen bzw. Überlappungen nicht vermeiden, sie sollen hier aber zur besseren Veranschaulichung in Kauf genommen werden:

> Allgemeine Verbesserung der (Praxis-)Arbeit;
> Erhöhung der beruflichen Kompetenz;
> Auseinandersetzung mit der beruflichen Rolle;
> Auseinandersetzung mit den Zielen und Ansprüchen des Arbeitgebers;
> Auseinandersetzung mit der beruflichen Identität;
> Auseinandersetzung mit der Sinnhaftigkeit des eigenen Tuns;
> Auseinandersetzung mit und Klärung von berufsethischen Fragen;
> Auseinandersetzung mit beruflichen Perspektiven;
> Verbesserung der Kooperation mit den Mitarbeitern bzw. Vorgesetzten;
> Verminderung von persönlichen Problemen durch Psycho- und Sozialhygiene;
> Möglichkeit zur Regeneration;
> Auseinandersetzung mit der Loyalitätsfrage;
> Überprüfung der eigenen Fachkompetenz;
> Auseinandersetzung mit Macht- und Interessensfragen;
> Klärung von Statusfragen;
> Supervision als Lerninstrument.
> Hilfe zur Selbsthilfe;

Die Vielfalt der Ziele bzw. Zielperspektiven erklärt sich, wie bereits angemerkt, damit, daß die Ziele für die Supervision mit den Zielen, die durch die Supervision angestrebt werden, miteinander verwoben angegeben werden; das heißt, daß sowohl die Ziele der Supervisoren an die Supervision selbst als auch die Ziele aufgeführt wurden, die man mit Hilfe der Supervision zu erreichen anstrebt. Dieser Unterschied wird aus den einzelnen Darstellungen nicht immer deutlich. Zum anderen sind die Ziele unterschiedlichen Arbeitsbereichen entnommen: aus den verschiedenen Organisationen (z.B. Beratungsstellen, Jugendämter usw.), aus alternativen Projekten (z.B. Frauenhäuser, selbstverwaltete Bildungseinrichtungen usw.), aus pädagogischen Arbeitsfeldern (z.B. Erwachsenenbildung, Kindergärten usw.) und schließlich aus Ausbildungsgängen der Hochschulen bzw. Fachhochschulen. Eine allgemeine zusammenfassende Zielsetzung läßt sich nur schwer formulieren, will man nicht unzulässige Verkürzungen vornehmen: “Das Feld, die Zielsetzungen und die Methodik der Supervision ist kaum eingrenzbar und deswegen nur schwer in generalisierendem Sinne zu definieren” (WEIGAND 1984, 53). Die ursprünglichen, relativ einge-

grenzten Zielsetzungen der Supervision in der nordamerikanischen Sozialarbeit zum Ende des letzten Jahrhunderts bzw. die später in der psychoanalytisch orientierten Supervision zu Beginn dieses Jahrhunderts in Europa sind erweitert worden. Zwar wird immer noch an einer übergreifenden, globalen Zielsetzung festgehalten, die man grobschlächtig mit dem Begriff 'Praxiseffektivität' umschreiben könnte, aber die unterschiedlichen Praxisfelder verlangen eine Differenzierung der Ziele und damit eine erhöhte Variabilität der Methoden.
Wir werden uns weiter unten (Kapitel 3) der Problematik der Ziele erneut zuwenden, wenn es darum geht, die Zielvorstellungen für die eigene Supervision im pädagogischen bzw. unterrichtlichen Arbeitsfeld zu formulieren.

Supervision und Theorie

Es mag verwundern, daß die Frage nach der Theorie von Supervision in diesen Ausführungen keinen breiteren Raum einnimmt, bzw. daß sie hier an das Ende dieses Abschnitts gestellt wird.

Es wäre ohnehin die Frage zu stellen, ob die Supervision einer Theorie bedarf bzw. ob für sie überhaupt eine Theorie zu konzipieren wäre, wenn man die Supervision lediglich als eine postmoderne Erscheinungsform der Krisenintervention begreift, die als sinnstiftender Ersatz für verlorengegangene Lebensleitlinien herhalten bzw. einspringen muß. K.A. GEIßLER (vgl. 1988) greift diese Problematik in einer sehr lesenswerten Auseinandersetzung auf. Zwar wirft GEIßLER die Theoriefrage der Supervision nicht explizit auf, dennoch wird der Frage nachgegangen, welchen Stellenwert und welche Funktion die Supervision im Zeitalter der Moderne für die Supervisanden einnimmt, und damit verbunden stellt sich die Frage, wie die Supervision im sozialwissenschaftlichen Kontext einzubetten. Für die Postmoderne haben die Sozialwissenschaftler (vgl. ebd., 4 ff.) die Termini 'Sinnkrise', 'Wertewandel' oder 'Risikogesellschaft' geprägt, die nichts anderes besagen, als daß das einzelne Individuum in einer unsicheren und verunsicherten Gesellschaft auf sich alleine gestellt ist bzw. an sich selbst den Anspruch stellt, den eigenen Sinn im privaten wie beruflichen Leben zu finden. Die Stichworte 'Selbstverwirklichung', 'Individualisierung' bzw. 'Emanzipation' können dabei als plakative Überschriften für das angesehen werden, was viele als moderne Errungenschaften glauben anstreben zu müssen. Aber dieser Prozeß der Identitätsfindung wird durch das In-Frage-stellen jeglicher Normen und Werte und durch die apokalyptische Bedrohung für jeden einzelnen zur Kernfrage seines Seins. Vorbilder jeder Art verlieren an Bedeutung, Leitmotive, vormals von stabilen sozialen

Gruppen getragen, werden in Frage gestellt, und so stellt sich in einer auf Konkurrenz angelegten Gesellschaft die Frage nach dem Sinn besonders vehement: "Die Sinnfrage ist sinnlos, wenn man sich auf nichts mehr verlassen kann, aber eben dann ist eine Antwort auf die Sinnfrage auch notwendig, notwendiger als jemals zuvor. Supervision ist eines jener Angebote (...), das diesen Widerspruch, der die permanente Identitätskrise der Subjekte verursacht, tendenziell ertragbar macht, und das hilft, daß man am Leben und an der Arbeit nicht kontinuierlich verzweifeln muß.(...) Supervision ist ein wenig, und dies ist auch eine Gefahr, an die Stelle der verlorengegangenen Wahrheiten höheren Ranges getreten" (GEIßLER 1988, 12).
"Das Leben ist zum individuellen Projekt geworden" (ebd., 16) schreibt GEIßLER, und mit dieser Formulierung wird auf indirektem Wege trefflich die Motivation vieler Supervisanden beschrieben, sich Supervisionsgruppen anzuschließen. Auch das noch so identitätsstarke oder identitätsbewußte Individuum benötigt für sein Projekt eine wohlwollende Zustimmung, eine tragende Absicherung oder einfach einen wohltuenden Zuspruch. Als soziales Wesen ist das Individuum auf Austausch mit seinesgleichen angewiesen, denn bei aller Individualisierung und Emanzipation möchte es sich der Anerkennung durch die anderen vergewissern. Diese stützende, vertrauensvolle und quasi verantwortungsübernehmende Funktion ist aus der Fachliteratur als Alter Ego bekannt. Das Alter Ego (wörtlich: 'das andere Ich') übernimmt eine Art Überfunktion, eine Art Vaterrolle oder ist eine Art 'Ersatzgott'. Jedes Individuum besitzt seine spezifische Form eines Alter Ego, nur die Konkretion (Umsetzung) ist unterschiedlich bzw. kulturspezifisch (vgl. PALLASCH 1990, 193).
Begreift man Supervision als sinnstiftenden Ersatz oder als eine kompensatorische Funktion in einer pluralistischen Gesellschaft, in der es an gemeinsamen Normen und Werten mangelt, dann füllt sie lediglich eine Lücke in einem Vakuum, die das einzelne Individuum nicht alleine zu schließen vermag. Hierzu noch einmal GEIßLER: "Supervision läßt jene Teile von Subjektivität spüren und erleben, die durch die Modernisierung zunehmend mehr verlorengehen" (ebd., 20). Wenn die Supervision also für das Individuum lediglich eine Orientierungs- und/oder Stützfunktion übernimmt, dann kann sie auch nur als ein sozialwissenschaftliches Versatzstück angesehen werden, ohne den Anspruch zu erheben, für sich eine eigene Theorie zu benötigen.

Wenn man die spezifische Terminologie der Supervision und die vereinzelten theoretischen Ansätze bzw. Modelle supervisierender Arbeit nicht mit Theorie verwechselt bzw. als Theorie begreift,

was voreilig wäre, dann gilt schlicht festzustellen: Es gibt keine Theorie der Supervision! Es gibt zumindest keine Theorie in einem übergreifenden Sinne!
Die Supervision, angesiedelt zwischen den extremen Polen von Psychoanalyse einerseits und Feedback-Instrument andererseits, vereint zuviele theoretische Elemente, Sichtweisen und methodische Zugriffsmöglichkeiten, als daß eine bisher allgemeingültige Theorie entwickelt werden konnte. Und ein Blick in die Geschichte der Supervision zeigt überdies, daß die supervisierende Arbeit in erster Linie aus der praktischen Tätigkeit pragmatisch erwachsen ist und nicht aus theoretischen Konzepten. Der Wunsch nach Supervision in den letzten Jahren und besonders zu Beginn der 90er Jahre erklärt sich ebenfalls aus dem Bedürfnis nach Hilfe. "Der Wunsch nach Supervision erwächst aus einem ganz elementaren Bedürfnis nach Hilfe, und deshalb wird Supervision ähnlich wie Beratung und Psychotherapie nach definierten Gesetzmäßigkeiten helfender (heilender) Kommunikation organisiert und durchgeführt" (SCOBEL 1988, 30). Nur so ist zu verstehen, daß unterschiedliche Konzepte und Ansätze in unterschiedlichen Institutionen entstanden sind und keinem theoretisch einheitlichen Rahmen zuzuordnen (vgl. PLESSEN/KAATZ 1985, 34 ff.)
Die geforderte Hilfe verlangt allerdings eine andere Qualität als die vormals praktizierten Formen. Der Selbsthilfegedanke rückt dabei immer stärker in den Mittelpunkt und mag auch ein Indikator für das sich in den letzten Jahrzehnten gewandelte Menschenbild sein. Das Individuum versteht sich immer mehr als eigenverantwortliches und selbstreflektierendes Subjekt im Gesamtgefüge interaktiver Systeme. Dieses neue Bewußtsein schafft veränderte Bedingungen und Voraussetzungen für den Helfer und den Hilfesuchenden. Die bisher geleistete praktische Supervisionsarbeit muß unter diesen veränderten Bedingungen erst noch aufgearbeitet werden; die Forschungsarbeit steht erst am Anfang und muß das geeignete Forschungsinstrumentarium entwickeln und für künftige Forschungsarbeiten zur Verfügung stellen. Dies alles ist zwar noch kein hinreichender Grund dafür, auf Theorie oder Theoriebildung zu verzichten, aber ohne Frage erschwert es die Etablierung einer allgemeinverbindlichen, in sich konsistenten Theorie. Zumindest erhöht sich der Bedarf "nach einem theoretischen Bezugsrahmen, nach einem System von Begriffen, Definitionen und Aussagen, die dazu dienen, Erkenntnisse und Sachverhalte in der Supervisionspraxis zu ordnen und zu verstehen" (LIPPENMEIER 1984, 2).
Dabei ist - auch unter diesen Gesichtspunkten - die Frage immer noch offen, ob die Supervision, verstanden als eine spezifische Praxisform, überhaupt einer übergreifenden Theorie bedarf. Theorien

gehen in aller Regel aus einer Wissenschaft oder aus einer wissenschaftlichen Disziplin hervor, zumindest besteht zwischen der Wissenschaft und der Theorie ein Korrespondenzverhältnis. Kann die Supervision überhaupt als Wissenschaft oder als wissenschaftliche Disziplin begriffen werden? Überlegungen darüber, ob Supervision als Wissenschaft verstanden werden kann, unterliegen derzeit eher dialektischen Sprachspielen, die sie zur Wissenschaft erheben möchten. Wenn ACHTERBERG (1984, 61) beispielsweise nach einer langen Argumentationskette zum Verhältnis von Sprache, Theorie und Wissenschaft formuliert: "Die Wissenschaft von der Supervision ist nichts anderes als ihr Prozeß selbst", dann ist eben diese Aussage nur aus diesem Kontext heraus zu verstehen und nachzuvollziehen. Generell tut sich die Supervision sehr schwer, sich als eigenständige Disziplin oder gar Wissenschaft zu etablieren. Die bisher vorliegenden Schriften thematisieren diese Fragestellung auch kaum . Ebenso verhält es sich zur Frage der Theorie, dazu WEIGAND (1984, 53): "Ich sehe keine Notwendigkeit, eine Theoriebildung der Supervision im Sinne einer spezifischen Methodenentwicklung, eines eigenen Klientels oder einer originären Zielsetzung betreiben zu müssen, da sowohl das aus der sozialen, therapeutischen und pädagogischen Praxis entstandene und durch die Sozialwissenschaften reflektierte Methodenangebot vielfältig genug ist, um die durch Supervision zu leistenden Aufgaben, also die systematische Reflexion und Veränderung individueller, kollektiver und institutioneller beruflicher Praxis, bewältigen zu können. Ich sehe die Notwendigkeit einer umfassenden Theoriebildung vor allem auch deshalb nicht, weil inzwischen viel stärker als noch vor einigen Jahren die theoretische Auseinandersetzung mit spezifischen Supervisionsfragen, die praxisrelevant waren und sind, begonnen hat".

Natürlich, "eine Theorie der Supervision entspricht dem verständlichen Wunsch, die Diffusität der Rolle, der Zielsetzungen, der Methodik, der anthropologischen und gesellschaftlichen Grundannahmen zu vermindern und Klarheit, Struktur, Ordnung, Übersicht, Kontrolle in dieses Tätigkeitsfeld zu bringen, um diese Beratungsform auch von anderen Beratungsformen abzugrenzen" (WEIGAND 1984, 49). Und ebenso steht hinter diesem Wunsch nach einer geschlossenen Theorie, die ihren Niederschlag übrigens auch in relativ einheitlichen Ausbildungscurricula zu finden hätte, die Hoffnung auf eine formale Absicherung beruflicher Standards (Legitimationsproblematik). Denn:

Wer darf sich als Supervisor bezeichnen und sich als solcher betätigen? Wer darf es nicht?

Wie hat die Ausbildung auszusehen?

Von wem wird welche Ausbildung zum Supervisor anerkannt?

Wer bildet welche Supervisoren für welche Tätigkeitsfelder aus? Wie hat die Basisqualifikation, wie die Zusatzqualifikation auszusehen?
Wie sieht das Gesamtcurriculum einer Supervisionsausbildung aus?
Die gegenwärtige Situation und Praxis kennzeichnet WEIßENFELS (1984, 39) treffend mit der Feststellung: "Supervision ist theoriegeleitete Arbeit. Und Theorie der Supervision, das ist die Theoriearbeit der Supervisoren". Wenn also Theorie der Supervision Praxistheorie ist (vgl. ebd., 41), dann bedeutet dies, daß sich sowohl der Supervisor als auch der Supervisand mit ihren je eigenen biographischen Geschichten - und das heißt mit ihren je individuellen (Alltags-)Theorien - in diesen Prozeß der Arbeit vorbehaltlos und gegenseitig respektierend einbringen. Mit dieser Aussage wird also nichts über eine generelle Theorie der Supervision ausgesagt (es sei denn, man verstünde diese Nicht-Theorie als eine basale theoretische Grundaussage einer grundlegenden Supervisionstheorie), wohl aber wie (Alltags-)Theorien im praktischen Vollzug 'verhandelt' werden.
Eine andere Position vertritt ECK. Er weist ebenfalls darauf hin, daß es noch "kein geschlossenes Theoriegebäude" (vgl. 1990, 17) der Supervision gibt und weiß um die große Schwierigkeit, eine Theorie der Supervision zu erarbeiten, möchte aber im Grundsatz für die Zukunft auf eine solche nicht verzichten wollen. Voraussetzung für eine solche Theoriebildung wären gründliche wissenschaftstheoretische, lebensweltliche, anthropologische, soziologische und psychologische Analysen, die nicht einfach zu leisten sind. Er selbst legt daher 'nur' einen Referenzrahmen für eine Theorie der Supervision vor, der der Systematisierung wissenschaftlicher Aussagen zur Supervision dienen kann. Die von ihm bereits aufgearbeiteten 'begrifflichen Perspektiven' (vgl. ebd., 19 ff.) geben einen äußerst instruktiven und interessanten Einblick in mögliche Sicht- und Betrachtungsweisen der Supervisionsproblematik. ECK plädiert für "eine transparente Darstellung der Theorie einer Intervention und ihrer Methoden und Techniken" (ebd., 51). Eine solche Darstellung hätte auf drei Ebenen zu erfolgen. Auch wenn diese drei Ebenen hier nur in verkürzter Fassung wiedergegeben werden können, dann vermitteln sie doch ein Verständnis dafür, wie umfangreich und verzahnt sich eine Analyse supervisierender Praxis als Voraussetzung einer Theoriebildung darstellen würde (vgl. dazu: ebd., 51/52):

Auf der Ebene einer Rahmentheorie:

> Lebensweltlicher Bezug und Analyse der gesellschaftlichen und institutionellen Dynamik und ihre zeitgeschichtliche Verankerung;

- wissenschaftstheoretische und wissenssoziologische Optionen: Erklärungs- oder Handlungsmodell, weltanschaulich-anthropologische Perspektive des theoretischen Hintergrunds des gewählten Interventionsmodells und seiner methodischen Realisierung.

Auf der deskriptiven Ebene:
- Institutionalisierung des gewählten Grundmodells der Supervision;
- Form der Supervision;
- Rahmenbedingungen der Supervision;
- Ablauf der Supervision und Interaktionsprozesse;
- Methoden und Techniken;
- Rollen und Rollenträger.

Auf der analytischen Ebene:
- Funktionen und Ziele der Supervision bzw. des Interventionsmodells;
- Indikation und Kontraindikation der einzelnen Formen von Supervision bzw. des Interventionsmodells;
- Strukturierung des Supervisionsprozesses nach Phasen;
- Wirkungen der Supervision auf die direkt und indirekt beteiligten Personen und Institutionen.

Grundsätzlich gilt es also, bei der Theorieproblematik die Unterscheidung anzumahnen zwischen einer Theorie der Supervision sui generis und dem theoretischen Verständnis bzw. der (Alltags-) Theorie der Beteiligten vom zu bearbeitenden Supervisionsgegenstand. Beide müßten sich nicht ausschließen, wären aber ebenso wenig als identisch vorauszusetzen.

Die Mythen der Supervision

Auch wenn man als Zwischenresümee feststellen muß, daß es zur gesamten Supervisionsthematik derzeit noch mehr offene Fragen als befriedigende Antworten gibt, so sollte das kein Grund sein, in ein verzweifeltes Klagen auszubrechen. In den USA, wo man auf eine fast hundertjährige Supervisionserfahrung zurückblicken kann, sieht das Bild nicht viel besser aus.

Myth of Supervision: Identifying the Gaps Between Theory and Practice, so lautet der Titel einer Studie von McCARTHY et al. (vgl. 1988) in der amerikanischen Zeitschrift *Counselor Education and Supervision.* Das Ergebnis dieser Studie, die theoretische Quellen und praktische Erfahrungen der letzten Jahrzehnte aufarbeitet und zusammenträgt, ist - quasi als Spiegel für die Gesamtproblematik - auch für unsere Betrachtung aufschlußreich. Trotz aller wissenschaftlichen Bemühungen halten sich nach wie vor Vorurteile gegenüber der Supervision, die die Autoren als 'Mythen' bezeichnen. Die Mythen zeigen die entscheidenden Bruchstellen auf, die es noch zu überwinden gilt. Fünf der insgesamt sieben Mythen sollen hier in ihrer Kernaussage wiedergegeben werden.

(1) *Es ist ein Mythos zu glauben, es gäbe für die Supervision eine solide theoretische Basis:*
Selbst nach nunmehr fast achtzig Jahren theoretischer Beschäftigung mit Supervision und praktischer Supervisionstätigkeit ist es bis heute nicht gelungen, eine solide theoretische Basis bzw. ein solides theoretisches Fundament für die Supervision bzw. für die Supervisionsausbildung zu schaffen. Das theoretische Fundament, zusammengesetzt aus unzähligen Einzelstücken, ist in sich noch viel zu brüchig, um beispielsweise sagen zu können, was ein potentieller Supervisor eigentlich zu lernen und zu können habe.

(2) *Es ist ein Mythos zu glauben, eine langjährige Erfahrung mache einen Supervisor zum Experten:*
Die Annahme, daß erfahrene (Supervisions-)Experten gegenüber weniger erfahrenen auch bessere Supervisoren seien, konnte empirisch bisher nicht eindeutig belegt werden. Abgesehen davon, daß man nicht weiß, welche Qualifikationsmerkmale einen guten Supervisor auszeichnen, gibt es genügend Gründe, dieser unterschwelligen Annahme zu mißtrauen. So vergessen die sogenannten erfahrenen Experten beispielsweise zu schnell ihre eigenen Erfahrungen, die jedoch in adäquater Weise in den Supervisionsprozeß implizit oder explizit einzubeziehen wären. Oder: Die Supervisoren mögen durchaus sehr kompetent und virtuos mit Methoden und Techniken umgehen können, verfehlen aber die eigentlichen Bedürfnisse der Supervisanden.

(3) *Es gibt den Mythos, an die Allmacht des Supervisors zu glauben:*
Schon der Terminus 'Supervisor' suggeriert eine gewisse Omnipotenz, die andere - und ihn selbst - glauben läßt, er könne den vielen und unterschiedlichen Erwartungen und Zielsetzungen gerecht werden. Läßt ein Supervisor sich auf für ihn nicht klar überschaubare Aufgaben ein, was zu häufig vorkommt, und fühlt er sich während der Supervisionstätigkeit unerwartet überfordert, dann besteht die Gefahr, daß er sich zum Selbstschutz auf Techniken, Methoden oder Strategien zurückzieht, die ihn zwar als einen 'sozialtechnologischen' Fachmann ausweisen, daß er aber das Gefühl und das Gespür

für die eigentlichen Belange der Supervisanden verloren hat und ihnen nicht gerecht wird.

(4) *Es gibt den Mythos, Supervision sei für alle gleich gut:* Obwohl in der praktischen Supervisionsarbeit bereits davon ausgegangen wird, daß Supervision 'individualisiert' werden muß, geht die wissenschaftliche Literatur kaum darauf ein bzw. wird dieser 'Individualisierungsfaktor' noch zu sehr vernachlässigt. Dies erklärt sich mit den noch immer nicht hinreichenden empirischen Studien, die präzise Aussagen für einzelne Supervisionsfelder erlauben. Insofern erscheint es plausibel, daß Supervisionskonzepte eine gewisse Allgemeingültigkeit beanspruchen.

(5) *Es gibt den Mythos, die Einzelsupervision sei immer noch die effektivste Supervisionsform:*
Obwohl in der Praxis immer mehr dazu übergegangen wird, Supervision mit und in Gruppen zu praktizieren (Gruppensupervision, Teamsupervision), hält sich der Glaube, die Einzelsupervision sei gegenüber der Gruppensupervision grundsätzlich effektiver. Unabhängig davon, wie Effektivität im einzelnen zu definieren wäre, läßt sich empirisch weder die Einzel- noch die Gruppensupervision gegenüber der jeweils anderen als effektiver belegen. Es spricht jedoch vieles dafür, daß die Gruppensupervision den Supervisanden mehr Möglichkeiten bietet. Die Einzelsupervision darf nicht mit der 'individualisierenden Supervision' verwechselt werden. Die Einzelsupervision ist das exklusive Arrangement zwischen einem Supervisor und einem einzelnen Supervisanden, während hingegen die 'individualisierende Supervision' als eine Differenzierungsform innerhalb einer Supervisionsgruppe angesehen werden kann.

2.2 Supervision in unterschiedlichen Praxisfeldern

Es wurde schon des öfteren darauf hingewiesen, daß das Verständnis von Supervision und ihre Aufgabenstellung sich aus dem konkreten Praxisfeld erschließen. Nun wäre zu fragen, wie die einzelnen Praxisfelder aussehen, bzw. ob es überhaupt möglich ist, solche Praxisfelder voneinander abzugrenzen? Der folgende Versuch, solche Praxisfelder zu markieren, ist ein hermeneutisch-analytischer Zugriff auf der Grundlage vorliegender Praxisberichte.

Supervision im therapeutischen Kontext

Im therapeutischen Praxisfeld hat sich der Begriff Supervision als Arbeits- und Sinnbegriff schon recht früh etabliert und bis heute

unangefochten gehalten. Schon zu Beginn dieses Jahrhunderts hat sich im Aufwind der Psychoanalyse eine Form innerhalb der Ausbildung zum Psychoanalytiker herausgebildet, die ihre Konkretisierung in einer Art Supervision fand, wie wir sie heute teilweise verstehen. Junge Analytiker mußten ihre Analysen über ihre Klienten dem Lehranalytiker vortragen, und diese wurden dann gemeinsam besprochen. Diese sogenannte Kontrollanalyse war dann Ausgangspunkt und Thema der Supervision. Auch wenn sich im Laufe der Zeit die Themen und die Formen der Supervision im therapeutischen Kontext geändert haben, so wurde die Supervision selbst als Teil der Ausbildung nie ernsthaft in Frage gestellt. Von daher erklärt es sich auch, daß Therapeuten zur Supervision als Instrument der Praxisberatung und -begleitung ein relativ ungebrochenes Verhältnis haben.
Die der Therapie verwandten oder ähnlichen Disziplinen, etwa die Sozialpädagogik oder Sozialarbeit, hatten wenig Mühe und auch wenig Bedenken, die Supervision als Instrument einer Praxisberatung bzw. -begleitung zu übernehmen bzw. sie für ihre Tätigkeitsfelder zu adaptieren. Dies ist zum einen historisch bedingt, zum anderen macht es die vorfindbare Praxis leichter, helfend und beratend tätig zu werden.
Mit der Fort- und Weiterentwicklung von Therapieformen wurde der Supervisor zu einer unabdingbaren Instanz für den praktisch arbeitenden Therapeuten. In fast allen Therapieausbildungen gehört die Supervision als curriculares Element zum festen Bestandteil der Ausbildung. Und nach abgeschlossener Ausbildung unterzieht sich jeder Therapeut mit seiner Arbeit in gewissen Abständen einem Supervisor oder einer Supervisionsgruppe, um mit dessen bzw. deren Hilfe die eigene Arbeit zu reflektieren bzw. sich einer selbstauferlegten Überprüfung zu unterziehen. Diese Supervisionsarbeit ist nicht vorgeschrieben, sie erfolgt in der Regel freiwillig. Der 'Deformation professionelle' - nämlich: 'den Wald vor lauter Bäumen nicht mehr zu sehen'- soll damit vorgebeugt werden.
Das übergeordnete Ziel und die allgemeine Aufgabe der therapeutischen Supervision ist die berufliche (Selbst-)Reflexion.
Die Präzisierung der Ziele therapeutischer Supervisionsarbeit wird von einzelnen Autoren unterschiedlich vorgenommen, wenngleich sich eine durchgehende Linie abzeichnet.
Nach SCOBEL (vgl. 1988, 16) beispielsweise verfolgt die psychotherapeutische Supervisionsarbeit drei Ziele:

(1) Die Introspektion, d.h. die Innenschau des Supervisanden, und damit verbunden eine Selbstöffnung;
(2) die selbstreflektierende Analyse des eigenen beruflichen Tuns und Handelns;

(3) die Auseinandersetzung mit sich selbst, also mit der eigenen Person, mit den anderen Supervisanden in der Supervisionsgruppe und mit dem Leiter der Gruppe (Supervisor).

Ähnlich, wenngleich erweitert und dafür allgemeiner, formulieren PLESSEN/KAATZ (1985, 24) die Ziele: "Eine Erweiterung oder Vertiefung der persönlichen Erkenntnisse über eigene Möglichkeiten und Grenzen, Einstellungen und Werthaltungen; eine Erweiterung oder Vertiefung der praktischen Fertigkeiten und der sozialen Handlungskompetenz; und eine Verbesserung des Wissens über soziale und institutionelle Rahmenbedingungen und über eigene Denk- und Handlungsstrukturen".

Die Supervision im therapeutischen Kontext hat es im Vergleich zu Supervisionen in anderen Arbeitsfeldern relativ einfach. Zum einen mag das am gewachsenen geschichtlichen Verständnis therapeutischer Arbeit liegen, zum anderen aber liegt es in der Zielsetzung jeder Therapie. Denn wie immer man Therapie definiert, ob als die auf der Basis symmetrischer Kommunikation angelegte Wiederherstellung der Lebens- oder Funktionstüchtigkeit eines Individuums für die Gesellschaft oder als "eine subtile und aus Schwäche vorübergehend bejahte Entmündigung" (HENTIG v. 1983, 207), immer geht es um eine konkrete Aufgabe, die der Therapeut zu erfüllen hat. Und die Aufgabe und das Ziel heißen immer psychische Gesundung. Selbst wenn der Therapeut eine andere Vorstellung über die Gesundung (Gesundheit) als sein Klient vertritt, der Klient wird sich nur dann gesund - oder wiederhergestellt - fühlen, wenn er sich nach seiner subjektiven Befindlichkeit als gesund fühlt und empfindet. Diese Bezugsgröße in der Zielsetzung erleichtert die Supervisionsarbeit, sie wirft relativ eindeutige ethische oder moralische Fragen auf, sie wirft die Frage nach den adäquaten Interventionstechniken auf und sie fragt, wenngleich verdeckt und unterschwellig aus der Sicht des Klienten, nach der fachlichen Kompetenz des Therapeuten. In der Regel wird mit dem Supervisanden, der ja selbst (angehender) Therapeut einer bestimmten Schule ist, therapeutisch gearbeitet. Das therapeutische Supervisionsverfahren richtet sich nach der Therapie, die der Therapeut bei seiner Arbeit selbst anwendet.
Der Supervisor im therapeutischen Kontext wird weniger Legitimationsprobleme haben, weil das Ziel der therapeutischen Arbeit klar ist. Er wird hingegen zusätzlich in seiner fachspezifischen Qualifikation und Kompetenz als Therapeut gefordert.

Supervision im psychologischen Kontext

Die Arbeitsfelder, in denen psychologische Supervision geleistet wird, sind nicht so eindeutig auszumachen wie jene, in denen die therapeutische oder sozialpädagogische Supervision zur Anwendung kommt. Sie befinden sich in einer Art Grauzone verschiedener Arbeits- und Tätigkeitsfelder, die sich gegenseitig überschneiden. Dies betrifft vor allem jene Tätigkeiten, die in verschiedenen Organisationen (Jugendämter, Sozialbehörde, caritative Verbände, Beratungsstellen, usw.), in alternativen Projekten (selbstverwaltete Bildungseinrichtungen, Institutionen der Frauenbewegung, alternative Modellprojekte, usw.) oder in zeitlich begrenzten Programmen (AIDS-Beratung, Programme für arbeitslose Jugendliche, usw.) verlangt werden. Eine Supervision für diese sehr unterschiedlichen Tätigkeitsfelder muß sehr adressatenadäquat und institutions- bzw. projekt-spezifisch sein. Der Supervisor wird selten Fachmann der Tätigkeiten der Supervisanden sein, vielmehr wird er als Fachmann für die übergreifenden Probleme und Schwierigkeiten, die sich aus bzw. in dem Tätigkeitsfeld ergeben, angesehen. Insofern mag die Bezeichnung 'psychologische Supervision' oder die Zuordnung 'Supervision im psychologischen Kontext' nicht ganz stimmig, vielleicht sogar irritierend sein. Sieht man sich jedoch die Problemstellungen der Adressaten an, wie sie aus den diversen Berichten abzulesen sind (vgl. u.a. die Beiträge in der Zeitschrift SUPERVISION), dann geht es in erster Linie um 'psychologische Probleme' im weitesten Sinne: Kommunikations-, Interaktions- und Kooperationsprobleme, Intra- und Interrollenkonflikte, Nähe-Distanz-Probleme, Konfliktprobleme, Wahrnehmungsprobleme usw. Natürlich sind viele dieser Probleme mit soziologischen, vor allem mit organisationssoziologischen bzw. organisationspsychologischen Fragestellungen verknüpft.

Supervision in diesen Tätigkeitsfeldern verlangt vom Supervisor eine breite Qualifikation und ein besonders hohes Maß an Einfühlungsvermögen, um sich in die Arbeits-, Denk- und Handlungsstrukturen der Supervisanden konstruktiv einzubringen. Besondere Bedeutung gewinnt die gegenseitige Abklärung der Erwartungen und Ziele, die sich schließlich in dem Kontrakt oder dem Setting von Supervisor und Supervisanden niederschlagen.

Bei der praktischen Supervisionsarbeit kann von folgender Grundstruktur ausgegangen werden:

1. Darstellung des Konflikts, der Schwierigkeit, des Problems;
2. Analyse bzw. Exploration;
3. Entwickeln von Alternativen;
4. Probehandeln aufgrund der neuen Erkenntnisse;
5. erneute Thematisierung in der Supervision.

Wenn hier zur Kennzeichnung dieser Supervisionsarbeit ein vergleichendes Bild erlaubt ist, dann das zu den Aufgaben des Allgemeinmediziners. Der 'psychologische Supervisor' muß ein solide und breit ausgebildeter Fachmann sein, der selbst zu entscheiden hat, ob die Problematik von ihm selbst oder von einem anderen Spezialisten bearbeitet werden sollte.

Supervision im sozialpädagogischen Kontext

Dem hinlänglichen Alltagsverständnis folgend sollte es nicht schwer sein, sozialpädagogische Arbeitsfelder eindeutig zu markieren, obwohl es mitunter Schwierigkeiten macht, die originäre Sozialpädagogik von der Sozialarbeit oder von der Jugendarbeit zu unterscheiden. Aber damit wird bereits auf eine erste Schwierigkeit hingewiesen. Was nämlich unter sozialpädagogischer Arbeit in den verschiedenen Institutionen und Organisationen praktisch geleistet wird, deckt sich nur sehr selten mit dem theoretischen Verständnis von Sozialpädagogik, Sozialarbeit oder Jugendarbeit. Und was originäre Sozialpädagogik ist bzw. sein sollte, ist - wenn man sich die unterschiedlichen Theorien und Konzepte ansieht - auch nicht eindeutig zu bestimmen. Nun gibt es in allen wissenschaftlichen Disziplinen Diskrepanzen zwischen den theoretischen Ansprüchen bzw. Zielsetzungen und ihrer Umsetzung in die Praxis. Für die Sozialpädagogik scheint das jedoch in besonderem Maße zuzutreffen. Dies ist die zweite Schwierigkeit, der sich sowohl die Supervisoren als auch die Supervisanden gegenübersehen.

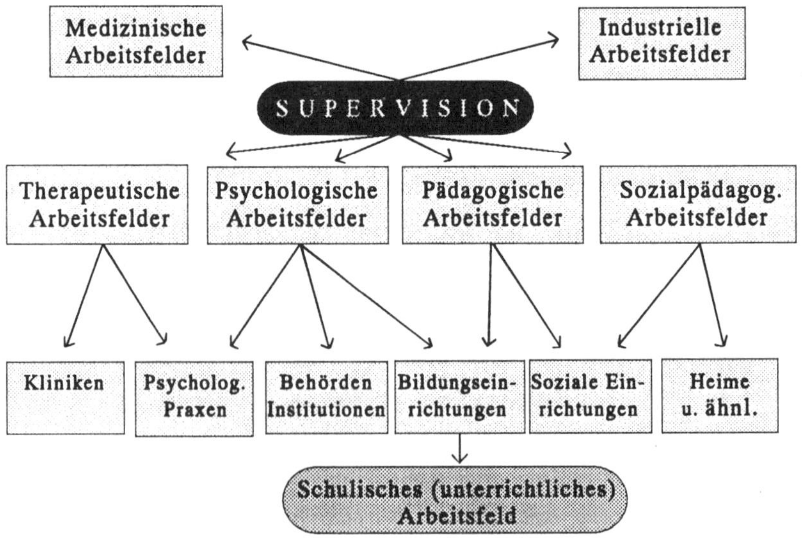

Arbeitsfelder, in denen Supervision verstärkt nachgefragt wird

Um die Schwierigkeit, aber auch um die besondere Herausforderung supervisierender Arbeit im sozialpädagogischen Kontext zu verdeutlichen, sollen einige Anmerkungen genügen.
Sozialpädagogik war und ist stets gesellschaftspolitisch determiniert, und sie verändert ihr Verständnis und ihre Arbeit entsprechend gesellschaftlicher Normen. Dieser Anpassungsprozeß macht es nicht gerade leicht, theorieorientierte Konzepte, die sich nicht den gesellschaftlichen Normen beugen, in die Praxis umzusetzen. Die verschiedenen Positionen der Sozialpädagogik, die gleichzeitig eine gewisse historische Entwicklung der letzten Jahrzehnte widerspiegeln, sind ein Beleg dafür.
Der 'Fürsorge-Ansatz', der mit Beginn der Industrialisierung im letzten Jahrhundert entstand und einer christlichen Ethik folgte, verstand sich als ein rein kuratives Konzept. Die 'Fürsorger' oder 'Armenpfleger' - Begriffe, die sich bis heute noch teilweise erhalten haben - kümmerten sich um die Armen der aufkommenden Industriegesellschaft und um diejenigen, die durch Landflucht ihre soziale Sicherheit verloren hatten. Der Grundgedanke dieses Ansatzes findet sich zum Teil noch heute wieder: Nicht die Gesellschaft hat versagt oder ist menschenfeindlich, sondern das Individuum hat versagt - und deshalb muß individuell geholfen werden! Und war die Hilfe zunächst nur materieller Art, so hat sie sich im Laufe der Zeit auf den psychosozialen Bereich ausgedehnt. Ende der 60er bzw. mit Beginn der 70er Jahre unseres Jahrhunderts entwickelte sich parallel zur antiautoritären Erziehung der sogenannte 'antikapitalistische Ansatz'. Grundlage dieses Denkansatzes war der gesellschaftspolitische Grundwiderspruch von Kapital und Arbeit. Begleitet und gestützt durch die 'Kritische Theorie' der Frankfurter Schule profilierte sich die Sozialpädagogik als treibende Kraft bei der Hinterfragung bürgerlich-kapitalistischer und somit anpassungsfördernder Denk- und Handlungsstrukturen. Die konkrete Sozialpädagogik wollte weniger missionieren als Möglichkeiten zur Selbsthilfe und -organisation bieten. Sich zwar der systemstabilisierenden Funktion durchaus bewußt, sollten trotzdem Freiräume geschaffen werden, um über geeignete Strategien politisch verändernd einzuwirken. Zwar konnte die Sozialpädagogik den gesellschaftspolitischen Widerspruch nicht auflösen und flüchtete sich daher teilweise in kompensatorische Aktivitäten, dennoch wurde durch diesen Ansatz ein neues politisches Bewußtsein geweckt, das noch heute wirksam ist. Quasi parallellaufend zu diesen eher gesellschaftspolitisch orientierten Diskussionen wurde auch der 'devianz-theoretische Ansatz' als Erklärungs- und Arbeitsmodell bemüht. Die sozialpädagogische Klientel ist diesem Ansatz folgend normabweichend. Für den Sozialpädagogen gilt es, zwischen der Majorität (Gesellschaft) und

der Minorität (Randgruppen) ein funktionales Element einzubauen, welches die Spannungen vermindert. Die Frage dabei ist, inwieweit die etablierten Werte und Handlungsnormen akzeptiert und übernommen werden können. In jüngster Zeit haben die sogenannten 'interaktionistischen Ansätze' die politische Schärfe aus den Diskussionen genommen. Zwar wird die gesellschaftspolitische Komponente nicht geleugnet, trotzdem gewinnt der 'subjektive Faktor' wieder mehr an Bedeutung. Das Individuum muß (wieder) verstärkt aus seiner spezifisch individuellen Lage heraus gesehen werden, das heißt, die psychosoziale Problemlage rückt wieder stärker in den Mittelpunkt. Die letzte Position erklärt, warum in der sozialpädagogischen Arbeit neuerdings therapeutische Ansätze favorisiert werden.
Das Dilemma der Sozialpädagogik faßt BOCK (1985, 317) wie folgt zusammen: "Es ist festzustellen, daß die Sozialpädagogik bis heute keine überzeugenden theoretischen Konzepte zur Erfassung der Komplexität sozialarbeiterischer Problemsituationen und der Handlungskonzepte, die zu ihrer Lösung erforderlich sind, geliefert hat".
Auf diesem Hintergrund sind die Bemühungen supervisierender Arbeit im sozialpädagogischen Kontext zu verstehen und einzuordnen. Entsprechend breit ist der Zielkatalog, und entsprechend vielschichtig müssen auch die Qualifikationsmerkmale eines Supervisors für sozialpädagogische Arbeitsfelder angelegt sein, etwa: Abbau der Verwirrung (Diskrepanz) zwischen theoretischen Ansätzen und der Praxis; Supervision als vielschichtigen Lernprozeß begreifen; Erlangung der Fähigkeit zur Integration des eigenen Selbstverständnisses, des Fachwissens und des beruflichen Handelns; Schulung der Wahrnehmungs- und Analysefähigkeiten; Einübung zielklaren, theoriegeleiteten Vorgehens, Motivationsanalysen und -hilfen; Einübung von Handlungssicherheit usw.
PEICK (1981, 157) versteht folglich unter Supervision "die institutionalisierte Metakommunikation professionellen Handelns in der Sozialarbeit. Gegenstand ist die Interaktion des Sozialarbeiters mit seinem Klienten sowie innerhalb seiner Institution". Das Fazit kann mit einem Satz gezogen werden: "Supervision ist eine Form von Anleitung in der Sozialarbeit" (WIERINGA 1979, 10; siehe hierzu auch die Ausführungen von PÜHL/SCHMIDBAUER 1991, 16).
Bemühungen, qualifizierte Supervisoren für sozialpädagogische Arbeitsfelder auszubilden, gehen besonders von den Fachhochschulen aus. Die zugänglichen Ausbildungscurricula und die Gestaltung der Studiengänge zeigen jedoch, daß man noch weit davon entfernt ist, ein einigermaßen einheitliches Konzept vorlegen zu können. Dies kann nicht verwundern, wenn man noch die Sozialarbeit

und die Jugendarbeit als jene Bereiche hinzunimmt, die zwar - im weitesten Sinne - unter der Flagge der Sozialpädagogik laufen, dennoch eine gewisse Sonderstellung oder Eigenständigkeit beanspruchen.

Supervision im pädagogischen Kontext

Wie im Zusammenhang mit der Supervision im psychologischen Kontext bereits aufgezeigt, so stellt sich auch bei der 'pädagogischen Supervision' das Problem, die Arbeitsfelder eindeutig abzugrenzen. Läßt man den schulischen, d.h. unterrichtlichen Bereich als ein realtiv klares Arbeitsfeld unberücksichtigt, dann sind die Tätigkeitsfelder weit gestreut und entsprechend vielfältig. Das Spektrum reicht von der Kindergartenarbeit bis hin zu Kursen in der Erwachsenenbildung mit all ihren Facetten. Und schaut man sich überdies noch die übergreifenden Ziel- und Aufgabenstellungen an, etwa: Ablösung von dem Ideal der 'fertigen' Erzieherin durch die 'lernende' Erzieherin als neuem Rollenverständnis, Arbeit an der Wahrnehmungserweiterung interkulturellen Rollenverhaltens, Auseinandersetzung mit idealistischen Ansprüchen und realistischen eigenen Potenzen, Aufarbeitung bewußter und unbewußter Beziehungsstrukturen zwischen Dozent und Teilnehmer, realistische Einschätzung der situativen und institutionellen Bedingungen für die eigene Arbeit, realistisches Ausbalancieren der Perspektiven zwischen pädagogischem Bezug und den didaktischen Möglichkeiten usw., dann fällt es ohnehin sehr schwer, hier von einer genuin 'pädagogischen Supervision' zu sprechen. Deutlich wird die Nähe zu psychologischen und soziologischen Frage- bzw. Problemstellungen. Selbst wenn das genuin Pädagogische präzise auszumachen wäre, womit sich die Pädagogik im Grundsätzlichen sehr schwer tut, wäre mit pädagogischen Interventionstechniken alleine die Supervision im pädagogischen Kontext nicht zu bewerkstelligen. Das 'pädagogische Inventar' reicht dafür noch nicht aus. Dies erklärt unter anderem auch die Faszination und Beliebtheit der Balintgruppenarbeit bei Lehrern, die zwar expressis verbis nicht den unterrichtlichen, didaktisch-methodischen Aspekt thematisiert, gleichwohl aber auch für diesen Bereich Hilfestellungen anbietet. Dennoch sollten die Ansätze 'pädagogischer Supervision' ihre Eigenstellung bewahren bzw. ihre Eigenständigkeit weiter ausbauen, weil pädagogische Supervision mehr und anders ist als Therapie, Psychologie und Soziologie. Die Pädagogik stellt aus ihrem Selbstverständnis heraus andere Fragen. Und das Stellen relevanter Fragen an die Praxis ist grundsätzlich wichtiger als das Bereitstellen sofortiger Lösungen oder Antworten. Das Problem pädagogischer Supervision mag darin gesehen werden, daß pädagogische Sachverhalte - zu voreilig - auf die instrumentelle Ebene

gehoben werden und praxeologisch angegangen werden, d.h. Praxisprobleme werden primär unter dem Aspekt der Bewältigung und nicht unter dem der Veränderung von Praxis gesehen.
'Pädagogische Supervision' oder 'Supervision im pädagogischen Kontext' bedeutet im weiten Sinne das Be- und Aufarbeiten jener psychologischen, soziologischen und organisationspsychologischen Probleme, die auch in anderen Arbeitsfeldern zu finden sind. Aber nur dann, wenn das pädagogisch Gemeinte zum Thema wird, kann (und sollte) sie ihre Eigenständigkeit beanspruchen und nur dann hat sie die Chance, sich als eine alternative Supervision zu etablieren. Daß traditionell verhaftete Pädagogen stärker interdisziplinär denken müssen, ist dabei eine unabdingbare Voraussetzung.
Der pädagogische Supervisor wird also immer mehr als nur ein 'instrumenteller Helfer' sein, er wird durch das Einbringen pädagogisch relevanter Fragen jene pädagogischen Aspekte zu beleuchten haben, die vordergründig nicht sogleich zu entdecken sind. Das schließt nicht aus, daß der Pädagoge zunächst sein eigenes Verhältnis zu Kindern oder Jugendlichen, zum Lernen und Erziehen in Ordnung bringen muß. Was für die Berufsarbeit des Therapeuten selbstverständlich ist, nämlich die Analyse seiner Selbsterfahrungen, gilt bisher nach gängigem Duktus nicht für den Pädagogen. Dieses Defizit könnte die pädagogische Supervision ausgleichen, ohne deshalb gleich in den Verdacht zu geraten, therapieren zu wollen.
Die Pädagogik neigt besonders stark zu Idealen, und die Diskrepanz zwischen diesen Idealen und der Realität bereitet den Pädagogen wahrscheinlich mehr Schwierigkeiten, als sie vergleichsweise andere Berufsgruppen haben. Dies mag eine Erklärung dafür sein, daß besonders bei Pädagogen die Resignation und Frustration stark um sich greift. Aber noch schlimmer wäre es, wenn die Pädagogik ihre Ideale aufgeben würde. Pädagogische Supervision muß daher ständig beide Ebenen im Blick behalten, die ideelle und die pragmatisch-instrumentelle.

Supervision im unterrichtlichen Kontext

Die Supervision für den unterrichtlichen Bereich gesondert herauszustellen bedeutet nicht, diesen Bereich thematisch zu isolieren, wohl aber, ihn in das Zentrum zu stellen und ihn als Ausgangspunkt für Fragen und Probleme zu sehen, die sich aus diesem Bereich ergeben bzw. sich aus ihm erschließen lassen (mehr dazu in Kapitel 3.1). Und mit 'unterrichtlichem Bereich' ist hier in erster Linie die methodisch-didaktische Ebene des Unterrichts bzw. des Unterrichtens angesprochen. Dieser verengende Blickwinkel muß begründet werden:

(1) *Die bisherige Praxis ist unbefriedigend*
Die bisherige Form der sogenannten 'Unterrichtsbesprechungen' hat sich, von Ausnahmen abgesehen, im Prinzip nicht bewährt. Abgesehen davon, daß die meisten dieser Unterrichtsbesuche bzw. Unterrichtsbesprechungen im Zusammenhang von Kontrollen oder Beurteilungen stehen (Vorbereitungen oder Prüfungen für das erste oder zweite staatliche Examen) und schon deshalb nicht den Charakter eines unbelasteten fachlichen Austausches haben können, unterscheiden sich die traditionellen Unterrichtsbesprechungen in Form und Inhalt von dem, was man unter Supervision versteht. Die von den Kandidaten selbst so genannten Vorführ- oder Musterstunden vermitteln in voller Absicht aus Selbstschutz ein verzerrtes Bild, und das oberste Prinzip dieser Stunden ist es, die Schwierigkeiten und Probleme zu verdecken. Vorgeführt und gezeigt wird eine Pseudorealität von Unterricht und Schule, um die zwar alle Beteiligten wissen, dieses Spiel dennoch stets wiederholen, um die Regeln des Rituals einzuhalten. Unterrichtsbesprechungen traditioneller Art gehorchen formalen Regeln und formalen Beurteilungs- bzw. Bewertungskategorien. Aber auch den sogenannten gut gemeinten Hospitationen durch Schulleiter oder Schulaufsichtsbeamte haftet zum einen der Hauch von Kontrolle, Bewertung und Beurteilung an, zum anderen stehen die Unterrichtsbesprechungen unter dem Zeichen der Belehrung oder des Besserwissens. Die sogenannte 'lange Praxiserfahrung' des älteren Kollegen schlägt sich in Ratschlägen und wohlgemeinten Tips nieder, deren Umsetzung man uneingeschränkt erwartet. Hospitationen unter Kollegen mit dem Ziel eines wirklich fachlichen Austausches finden kaum statt. Die bisher gemachten schlechten Erfahrungen schrecken ab, sich unvoreingenommen auf gegenseitige Unterrichtsbesuche einzulassen. Zudem fehlen Lehrern geeignete Modelle für Unterrichtsbesprechungen, die sie selbst erfolgreich anwenden könnten. Wenn sich Lehrer trotzdem, und zwar in zunehmender Zahl, auf freiwilliger Basis Supervisionsgruppen anschließen, dann ist das als Signal für ein Bedürfnis nach fachlicher Auseinandersetzung anzusehen. Daß dabei externe Supervisionsgruppen bevorzugt aufgesucht werden, zeigt an, daß es noch keine oder zu wenige Supervisionsgruppen für die Belange der Lehrer gibt, und es sagt auch aus, daß man sich den eigenen Fachkräften nicht anvertrauen möchte. Offenbar ist noch keine für Lehrer adäquate Form der beruflichen Praxisbegleitung gefunden worden, die die Lehrer für sich annehmen können.
Eine besondere und spezifische Form der pädagogischen Supervision könnte diesem Mißstand begegnen und das initiieren, was auch Lehrer wollen, nämlich eine konstruktive Auseinandersetzung über die unterrichtliche Arbeit, und das heißt auch immer

eine Auseinandersetzung mit methodisch-didaktischen Problem- und Fragestellungen.

(2) *Die Vernachlässigung der methodisch-didaktischen Komponenten*

Wenn soeben von einer besonderen und spezifischen Form der pädagogischen Supervision gesprochen wurde, dann geschieht das mit Blick auf die bisher praktizierten Formen der Supervision für Lehrer - oder genauer: mit Blick auf jene Supervisionsangebote, denen sich Lehrer vornehmlich anschließen. Es ist nämlich - im Gegensatz zu den USA und Australien - festzustellen, daß es für Lehrer im deutschsprachigen Raum, von ganz wenigen Ausnahmen abgesehen, eine Supervision für den methodisch-didaktischen Bereich nicht gibt.

In den USA und in Australien haben sich spezifische Supervisionsformen für den unterrichtlichen Bereich etabliert, die unter den Bezeichnungen 'clinical supervision' und 'instructional supervision' laufen und neben den sozial-emotionalen vor allem eben die methodisch-didaktischen Fragestellungen aufgreifen. "Clinical supervision inherent six key rols that supervisors perform: manager - counselor - instructor - observer - provide of feedback - evaluator" (TURNEY 1985, 4929; vgl. auch: ROTERING-STEINBERG 1988).

Da es diese - unterrichtliche - Supervision in Deutschland für den methodisch-didaktischen Bereich nicht gibt, werden, um überhaupt Hilfe zu erhalten, Supervisionsgruppen aufgesucht, die zumindest im weitesten Sinne den Unterricht oder das Unterrichtsgeschehen thematisieren. Oder anders formuliert: Die bisherigen Supervisionsangebote werden vornehmlich von Psychologen oder psychologisch geschulten Kräften durchgeführt, die keine Fachexperten für Methodik und Didaktik sind, dagegen aber eine bestimmte psychologische Richtung (Schule) meist innerhalb der Humanistischen Psychologie vertreten. Die bereits erwähnten Balintgruppen beweisen dies nachdrücklich.

Um einem Mißverständnis vorzubeugen, sei klargestellt: Natürlich darf und soll der methodisch-didaktische Aspekt des Unterrichts nicht isoliert betrachtet werden, denn: "Unabhängig von der jeweiligen pädagogischen und didaktischen Position eines Lehrers, präsentiert er sich als Gesamtperson den Schülern. Dies mag er wollen oder nicht" (GARLICHS 1984, 44; hierzu ein sehr überzeugendes Beispiel bei MÜNCH 1991). Dem ist uneingeschränkt zuzustimmen. Nur eben das ist auch gleichzeitig das Dilemma. Die bisherigen Supervisionen vernachlässigen zu sehr die methodisch-didaktische Ebene und verschieben und verlagern viele Probleme und Friktionen, die sich aus der Methodik bzw. Didaktik ergeben oder mit methodisch-didaktischen Fragestellungen eng zusammenhängen, auf die personale oder psychologische Ebene. Dies liegt zum einen an der Ausbildung bzw. Schwerpunktsetzung der Supervisoren, die diesen Bereich verständlicherweise aus Unkenntnis vernachlässigen, zum anderen an der Plausibilitätserklärung, daß alle Schwierigkeiten immer mit der Person des Lehrers zusammenhängen.

(3) *Die Störungen und Friktionen im unterrichtlichen Zusammenhang*
Es gibt bereits seit den 50er Jahren genügend empirische Untersuchungen, die das Wechselverhältnis von Methodik bzw. Didaktik und Störungen im Unterricht aufzeigen (vgl. KOUNIN 1976; GAGE/BERLINER 1979 u.a.). Aus diesen Untersuchungen geht eindeutig hervor, daß sich (sehr) viele Störungen und Friktionen im Unterricht mit einem mangelhaften Klassenmanagement des Lehrers erklären lassen. Zum Klassenmanagement gehört, neben der Festlegung und Bestimmung eindeutiger unterrichtlicher und didaktischer Ziele, neben der Analyse der lernpsychologischen Voraussetzungen und neben einer methodisch-didaktischen Planung, vor allem das adäquate (methodisch-didaktische) Lehrverhalten des Lehrers. Das Lehrverhalten ist das professionelle Instrument des Lehrers, das ihn vom Nicht-Lehrer unterscheidet. So wie ein Therapeut oder ein Arzt spezifische Methoden und Techniken beherrschen muß, die sachadäquat und situationsgebunden eingebracht werden müssen, so sollte ein Lehrer über ein methodisch-didaktisches Handwerkszeug verfügen, das ziel- und adressatenadäquat wirksam wird. Zum Management gehören aber ebenso die Fähigkeit, mit der Zeit disponibel umgehen zu können, für die eigene Arbeit über entsprechende Arbeitstechniken bzw. -verfahren zu verfügen oder Organisationspläne aufstellen zu können.
Nun bedarf es keiner empirischen Befunde, um diesen Sachverhalt zu verifizieren. Die mangelhafte methodische und lernpsychologische Strukturierung von Unterricht führt zwangsläufig zu Friktionen, und aus Friktionen entwickeln sich Störungen, die sich zu Disziplinproblemen ausweiten.
"Wie oft hört man Lehrer klagen, sie kriegen in Schulklassen kein Bein auf die Erde, es wolle ihnen einfach nicht gelingen, über längere Zeit einen sach- und aufgabenbezogenen Unterrichtsdialog aufrechtzuerhalten" (MÜNCH 1984, 13).
Disziplinstörungen verändern die Beziehung des Lehrers zu einzelnen Schülern und zur Gruppe. Die Störungen entwickeln eine Eigendynamik, die Beziehungsstörungen werden personalisiert und sind nur noch mühsam auf die originären Ursachen zurückzuführen. Am Ende eines solchen Prozesses wird nur noch die Disziplinstörung oder die gestörte Beziehungsstruktur gesehen - und an ihr gearbeitet. Daß sich viele dieser Störungen und Friktionen

aus der methodisch-didaktischen Inkompetenz ergeben, wird nicht (mehr) gesehen und folglich auch nicht thematisiert. Was also ursprünglich eine Friktion auf der methodisch-didaktischen Ebene war, die nicht beseitigt wurde, verlagert und verselbständigt sich zu einem sozial-emotionalen Problem zwischen den Interaktionspartnern.

Natürlich besteht bei der Betrachtung solcher Sachverhalte die Gefahr einer Simplifizierung, Überzeichnung, Überbewertung oder Überinterpretation. Das eine ist nicht vom anderen zu trennen; beides - der Lehrer als Individuum und Person und seine professionelle Sach- und Fachkompetenz - muß im Zusammenhang gesehen werden. Beide Aspekte sind nur aufeinander bezogen zu sehen und zu analysieren. Trotzdem wird die professionelle Sach- und Fachkompetenz, besonders das spezifische Lehrverhalten, bei der Aufarbeitung von Problemen mit Lehrern vernachlässigt oder übersehen. Das ist so, um ein Bild in drastischen Linien zu zeichnen, als klage jemand darüber, daß er sich in der Fremdsprache nicht richtig ausdrücken könne, weil er Hemmungen verspüre. Aber möglicherweise rühren die Hemmungen schlicht daher, daß er die Vokabeln der Sprache nicht beherrscht.

Soll Supervision für Lehrer eine effiziente berufsbegleitende Praxisberatung werden, dann muß sie um den 'unterrichtlichen Aspekt', das heißt um den methodisch-didaktischen Bereich erweitert werden. Supervision versteht sich immer in erster Linie als eine fachbezogene Praxisbegleitung. Der pädagogische Supervisor sollte daher - möglichst - auch Fachmann für Methodik und Didaktik sein. Dem steht nicht entgegen, daß auch im unterrichtlichen Kontext die einzelne Fallberatung (Schüler oder Lehrer als Problemfall) im Mittelpunkt stehen kann und gegebenenfalls stehen muß, nur muß diese verengende Sichtweise um die professionelle erweitert werden. Die bisher bekannten Supervisionsangebote für Lehrer weisen keine eindeutige Ausrichtung auf, sondern bewegen sich im Ziel- bzw. Problemfeld jener Supervision, die bereits als psychologische Supervision beschrieben wurde. Ausnahmen bilden lediglich jene Formen, die sich einer bestimmten Schule verschrieben haben, zum Beispiel die Balint-Gruppen, die Supervision im Rahmen der Themenzentrierten Interaktion (TZI) oder die Gordon-Schule.

2.3 Supervision im Normengefüge

Supervision ist an ein konkretes Arbeitsfeld gebunden, und die Probleme und Fragen supervisierender Arbeit ergeben sich von daher immer aus einer konkreten Praxis. Jede Praxis ist ihrerseits in ein Normengefüge eingebunden. Die Ziele, Aktivitäten und Handlungen der Supervisanden sind nur zu verstehen, wenn sie in Bezug zu diesem Normengefüge gesehen werden. Der Supervisand kann das Normengefüge seines Praxisfeldes übernehmen, es sogar verinnerlichen, dann wird er weniger Probleme und Schwierigkeiten haben, bestimmte Aufgaben zu erfüllen, oder er kann es partiell oder total ablehnen, dann wird er vereinzelte oder grundsätzliche Probleme mit dem Arbeitgeber und mit sich selbst haben.

Öffentliche Institutionen neigen dazu, ursprünglich sinnvolle Normen, die ja in ihren impliziten Aussagen die Zielstellung oder 'Philosophie' widerspiegeln, in kodifizierte Regeln zu fassen, die sich aus organisationssoziologischer Sicht in festen Strukturen manifestieren. Dahinter steht die gute Idee, auf diese Weise den Beteiligten ein zielorientiertes Handeln zu erleichtern. Solche Strukturen allerdings besitzen die fatale Neigung, sich zu verhärten und ein 'Eigenleben zu führen'. Sie werden auf ihre ursprüngliche Bedeutung und Sinnhaftigkeit nicht mehr befragt, sondern als Regeln, Ordnungen, Verhaltenskataloge oder Vorschriften beibehalten. Nicht der Sinn oder die Bedeutung eines Tuns wird bei Abweichung von der Norm thematisiert, sondern die Abweichung vom Katalog, von der Regel und der Ordnung wird sanktioniert. Die rigide Handhabung überkommener Vorschriften und das Bestehen auf der Einhaltung überholter Regeln macht vielen Supervisanden Schwierigkeiten, in ihrem Praxisfeld die Sinnhaftigkeit ihrer Arbeit oder Tätigkeit zu verstehen oder zu erkennen. Normen wirken nicht nur makrokosmisch, sondern auch mikrokosmisch, d.h. auch die einzelne Tätigkeit oder Handlung ist eingebettet im Gesamtgefüge zu sehen.

Die Entwicklung in den Humanwissenschaften hat in den letzten Jahrzehnten ein neues und anderes Menschenbild entstehen lassen, das nur noch selten mit dem Verständnis vorhandener Strukturen übereinstimmt. Diese Diskrepanzen zwischen den veralteten und verhärteten Strukturen und den neuen Auffassungen vom Menschen werden nicht selten zu Zentralthemen supervisierender Arbeit. JOHN und FALLNER (vgl. 1980) beispielsweise nennen eine Reihe solcher Nicht-Übereinstimmungen von Person und Institution im Praxisfeld, die hier sinngemäß aufgegriffen werden:

- Die allgemeinen und spezifischen Zielvorstellungen der Supervisanden für ihre Praxisarbeit stehen im Gegensatz zu den offenen und verdeckten Zielen oder Normen der Institution oder der Adressaten. Eine Auflösung dieses Konflikts scheitert an den Strukturen und an der Unfähigkeit der Institutionen, auf Innovationsangebote in adäquater Weise zu reagieren.
- Kooperative Teamarbeit im Praxisfeld als Wunsch vieler Supervisanden steht im Gegensatz zu den Vorstellungen in vielen Institutionen, daß die Führungsverantwortung von einem leitenden Mitarbeiter übernommen werden muß.
- Der Wunsch vieler Supervisanden nach einer problemorientierten und interdisziplinären Vorgehensweise im Praxisfeld steht im Widerspruch zu den bisher gehandhabten Sachbearbeitungsformen und zu den erstarrten Strukturen.
- Eine intensive, weiterführende und personenzentrierte Arbeit mit einzelnen Adressaten scheitert am Formalismus und dem damit verbundenen Arbeitsaufwand, der in keiner adäquaten Relation zum angestrebten Ziel steht.
- Das eigene Bedürfnis und die Notwendigkeit nach Regeneration im Privatleben kommt zu kurz, weil die Chance, Aufstiegschancen wahrnehmen zu können, durch zusätzlichen Einsatz gewahrt bleiben muß.

Die ersten Erfahrungen mit pädagogischer, insbesondere unterrichtlicher Supervision haben verdeutlicht, daß gerade die Schule als öffentliche Institution mit ihrem speziellen Normengefüge eine Reihe von Widersprüchen ‘produziert’, die kaum auflösbar erscheinen und mit denen die Lehrkräfte tagtäglich konfrontiert werden (vgl. KÖLLN 1990). Drei Beispiele sollen hier angeführt werden: Der Widerspruch zwischen der von den Lehrkräften gewünschten Förderung von Eigenverantwortlichkeit und Selbstbestimmung der Schüler und der streng hierachischen Struktur und Führung der Institution Schule; die Diskrepanz zwischen ergebnisorientiert und fachspezifisch ausgelegten Lehrplänen und dem Wunsch der Schüler und Lehrer nach freier gestaltetem, fächerübergreifendem und prozeßorientiertem Lernen und Lehren; der Widerspruch zwischen der Bewertungs-, Beurteilungs- und Selektionsfunktion von Schule einerseits und dem oft gewünschten Selbstverständnis der Lehrkräfte für die Schüler auch unterstützend, beratend und individuell unterstützend zu sein, andererseits.

Der Supervisor muß diese schwierigen Gegenheiten im Normengefüge der Institution (hier: Schule) akzeptieren und berücksichtigen - er kann darüber hinaus dem Supervisanden die Möglichkeit eröffnen, die vorhandenen Widersprüchlichkeiten zu thematisieren.

Das Menschenbild und das Wertesystem

Die Frage nach dem Menschenbild ist schon implizit im Verständnis von Supervision enthalten. Weil sich das Menschenbild gewandelt hat, wird nach einer neuen und anderen Form der Praxisbegleitung gefragt - und das ist die Stilform der Supervision! Dies ist einer der Gründe, daß sich die Supervision einer so großen Beliebtheit bei denen erfreut, die das autoritäre und hierarchische Denken im Zusammenhang von Weiter- und Fortbildung ablehnen. Oder anders herum gesagt: Die Supervision in ihrem Grundsetting und ihrer Methodik erlaubt es, dem neuen Verständnis vom Menschen eher Rechnung tragen zu können als die bisher praktizierten Formen.

Diese grundlegende Auffassung bedeutet andererseits nicht, daß sich nicht Fragen zum Menschenbild und zum Werte- bzw. Normensystem innerhalb der Supervision stellen; die Supervision gibt aber den Rahmen ab, in dem unvoreingenommen und angstfrei solche Fragen und Probleme thematisiert und bearbeitet werden können und in dem jedes Menschenbild seinen Platz findet. Die Supervision selbst 'besitzt kein Menschenbild'!

Nun sind Fragen zum Menschenbild, zu Normen und Werten theoretischer Natur. Erst ihre Konkretion in Handlungen, Maßnahmen, Methoden oder Interventionstechniken lassen erkennen, welchem Normengefüge, welcher Theorie oder welchem theoretischen Verständnis sie folgen. Und dabei können sowohl der Supervisor als auch der Supervisand als auch die 'Institution als Praxis' von je unterschiedlichen Vorstellungen ausgehen.

Eine Auseinandersetzung mit diesen Frage- und Problemstellungen kann in diesem Zusammenhang nur sehr verkürzt und auch nur in abstrakt-theoretischer Form geschehen, weil alle praktischen Beispiele immer nur Segmente einer vielfältigen Realität abbilden.

Normen, Werte, Menschenbild, Selbstkonzept, Haltungen und Einstellungen sind lediglich Begriffe, mit deren Hilfe versucht werden kann, das Geflecht ineinanderverwobener Kategorien zu entwirren. In loser Anlehnung an BOMMERT und PLESSEN (vgl. 1978) sind - in reduzierter Fassung - zu nennen:

Das Selbstkonzept

Das Selbstkonzept ist das Bild jedes Individuums von sich selbst. Dieses Selbstkonzept hat es aufgrund seiner Erfahrungen, d.h. seines Sozialisationsprozesses gewonnen, und es steht auch immer in ständiger Rückkoppelung zur unmittelbaren und mittelbaren Umwelt. Seine gewonnenen Einstellungen, Haltungen und Verhaltensweisen sind das Produkt dieses Prozesses; sie sind aufgrund jahrelanger sozialer Prägung relativ starr und rigide, weil auch neue

Erfahrungen durch einen schon vorgeprägten Filter selektiv aufgenommen und verarbeitet werden. Bestimmte Einstellungen, beispielsweise zum Lernen, zur Motivation, zur Angst, zur Partnerschaft oder zu allgemeinen Lebensauffassungen, lassen sich mit dem Selbstkonzept erklären.
So wichtig ein stabiles Selbstkonzept für das Selbstbewußtsein, das Selbstwertgefühl und die Selbstbehauptung einerseits ist, so schwierig ist es anderseits, ein einmal festgefügtes Selbstkonzept im Sinne einer (positiven) Veränderung umzustrukturieren.

Das Menschenbild
Das Menschenbild ist stark abhängig vom Selbstkonzept. Beide sind nicht voneinander getrennt zu sehen. Denn so wie das Individuum sich selbst sieht und einschätzt, so sieht es in analoger Weise den anderen Menschen oder überträgt das Bild in Analogie zu seinen Erfahrungen auf den anderen Menschen. Die über die Zeit gespeicherten Informationen, deren Integration in das Selbst und deren Interpretation bestimmen das Bild des Individuums von der Welt, und somit auch vom Menschen. Und natürlich ist die Qualität der Informationen und der Erfahrungen ausschlaggebend für Urteile, Vorurteile, Einstellungen, Haltungen oder Verhaltensweisen. Bei der Herausbildung des Menschenbildes stehen weniger theoretische Konzepte oder Überlegungen im Vordergrund (sieht man einmal davon ab, daß Alltagstheorien theoretische Konzepte sind), vielmehr wirkt das subjektiv Erfahrene und Erlebte in sich selbst und durch sich selbst. Theorien vermögen Korrekturen anzubringen, Theorien vermögen andere Sichtweisen zu entwickeln und Theorien vermögen bisherige Handlungsweisen in Frage zu stellen, aber dieser Weg einer Veränderung über die kognitive Einsicht ist dornig und mühsam. Und trotzdem bleibt meistens nur dieser Weg, Veränderungen im Menschenbild zu bewirken. Dies ist der neuralgische Punkt, wo die Theorie-Praxis-Problematik virulent wird.

Persönlichkeitstheorie
Die Persönlichkeitstheorie ist quasi als eine Zusammenfassung von Selbstkonzept und Menschenbild zu verstehen. Jedes Individuum entwickelt aufgrund seiner Erfahrungen mit sich selbst und aufgrund der Erfahrungen mit anderen eine Art Theorie vom Menschen, die handlungsleitend für den Umgang mit anderen Menschen ist. Ist diese 'Theorie' naiv entstanden, das heißt, basiert sie lediglich auf persönlichen (Alltags- und Umwelt-)Erfahrungen, dann wird sie als 'Alltagstheorie' bezeichnet. Die Erfahrungen und Erlebnisse werden nur auf sich selbst bezogen oder nur auf die selbsterlebte Umwelt bezogen be- und gewertet. Binnenkriterien haben Vorrang vor Außenkriterien. Die wissenschaftlichen Per-

sönlichkeitstheorien gehen von einem übergeordneten Bezugsrahmen (theoretische Grundannahme) aus, mit dessen Hilfe menschliches Verhalten und menschliches Erleben erklärt werden kann. Ein solcher Bezugsrahmen, also ein System von bestimmten Grundannahmen, erlaubt es, bestimmte Persönlichkeitsdefinitionen abzuleiten. Die Frage ist, welcher Bezugsrahmen bessere Erklärungsmodelle liefert und die Persönlichkeit am besten abbildet und erfaßt. Auch wenn sich gegenwärtig der phänomenologische Ansatz oder die phänomenologische Sichtweise in den Humanwissenschaften (z.B. Rogers' Selbsttheorie: humanistisches Menschenbild) gegenüber dem behavioristischen Ansatz oder der behavioristischen Sichtweise (z.B. Skinners Konditionierungslernen: Reiz-Reaktions-Mechanismus) durchgesetzt hat, kann auch diese Persönlichkeitstheorie nicht als die angesehen werden, die alles menschliche Verhalten theoretisch zu erklären vermag. Als Gegentheorie zum Behaviorismus gewann sie in den letzten Jahrzehnten eine enorme Anhängerschaft, weil sie es war und noch ist, mit deren Grundannahme und Argumentation man die Emanzipationsbestrebungen des Individuums am wirkungsvollsten theoretisch begründen und unterstützen konnte und kann. Sie ist, darüber gibt es keinen Zweifel, ein enormer Fortschritt. Trotzdem besteht die Gefahr, daß sie für bestimmte Ziele und Zwecke überinterpretiert bzw. überstrapaziert wird, und zwar beispielsweise dann, wenn sich das Individuum - gemessen an den Ansprüchen dieser Theorie - aufgrund seiner Persönlichkeitsstruktur überfordert fühlt, im Sinne dieser Theorie bestimmte Annahmen auf sich selbst zu beziehen und daraus praktische Handlungen abzuleiten zu müssen.

Der Kern jeder Persönlichkeitstheorie ist die Frage nach dem Determinismus: Wie bzw. welches sind die Bedingungen, die für das Zustandekommen von persönlichen Strukturen, Gefühlen, Verhalten, Reaktionsweisen usw. verantwortlich zu machen sind? Was macht letztendlich die Persönlichkeitsstruktur (basic personality) aus? Eine befriedigende Antwort liegt bis heute noch nicht vor. Entsprechend unterschiedlich sind die verschiedenen Persönlichkeitsmodelle zu verstehen:

(1) *Das mechanistische Modell:*

Im mechanistischen Modell wird die Umwelt als unveränderliche Konstante angesehen; sie ist die Ursache und die Verursacherin für das Verhalten (und die Entwicklung) einer Person. Der Organismus verändert bzw. entwickelt sich aufgrund der von der Umwelt ausgehenden Reize; er verändert (entwickelt) sich durch seine Reaktionen auf die Umweltbedingungen.

Das mechanistische Modell entspricht weitgehend der (behavioristischen) lerntheoretischen Position.

(2) *Das organismische Modell:*
Auch im organismischen Modell wird die Umwelt als unveränderliche Konstante angesehen, dagegen sieht man im menschlichen Organismus Stufen, Phasen oder Schritte in und zu einer Reife bzw. Entwicklung (Phasen-, Stufenlehre der Entwicklungspsychologie). Die Umwelt mit ihren Reizen kann diese Entwicklung fördern (anregen, beschleunigen) oder hemmen (unterdrücken, verzögern).
Das organismische Modell entspricht weitgehend der psychoanalytischen bzw. der entwicklungspsychologischen Position.

(3) *Das systemische Modell:*
Das systemische Modell geht davon aus, daß sich jedes Individuum in einem funktionierenden System (Umwelt: Familie, Partnerschaft, Landschaft, 'Innere Bezugswelt') befindet, mit dem es ständig - und zwar unauflöslich - interagiert. Zwischen dem Individuum, d.h. der Person, und dem System, d.h. der Umwelt, findet also eine ständige wechselseitige Anpassung bzw. Durchdringung statt, wobei das 'Funktionieren des Systems' unabhängig von der subjektiven Bewertung der Funktion zu verstehen ist.. Dabei versucht das Individuum immer einen Gleichgewichtszustand anzustreben, wobei die optimale Befriedigung persönlicher Bedürfnisse und die Entfaltung optimaler Handlungen die inneren Triebfedern sind (die die Funktion innerhalb eines Systems verändern können).
Das systemische Modell entspricht weitgehend der ökologischen bzw. der systemtheoretischen (faktoren-vernetzten) Position.

(4) *Das interaktive Modell:*
Das interaktive Modell sieht das Individuum als bewußt agierendes, aktives und produktives Subjekt, das in der Lage ist, im Aneignungs- und Auseinandersetzungsprozeß mit der Umwelt das eigene Tun zu reflektieren und dieses antizipierend in Handlungen einzubauen. Die (positive) Entwicklung der Persönlichkeit ist abhängig von der Fähigkeit, sich den Erwerb bestimmter gesellschaftlich-abhängiger sozialer bzw. kultureller Kompetenzen anzueignen, um über diese eine (personale, soziale, psychische, politische) Identität zu erreichen.
Das Individuum und die soziale (gesellschaftliche) bzw. dingliche ('natürliche') Umwelt stehen in einem wechselseitigen Abhängigkeitsprozeß.
Das interaktive Modell entspricht den gegenwärtig vorherrschenden handlungstheoretischen bzw. gesellschaftstheoretischen Positionen (vgl. HAMDEN-TURNER 1986; HURRELMANN 1986).

Normenproblematik

Für die Supervisionsarbeit stellt sich die Normenfrage in doppelter Hinsicht. Zum einen gilt es, die - meist verdeckten - Normen des Arbeitsumfeldes zu erkennen, zum anderen stellt sich die Normenfrage für den Supervisanden selbst. Auf die mögliche Diskrepanz wurde bereits hingewiesen. Betont werden soll hier die Normenfrage deshalb noch einmal, weil in ihr implizit die Zielfrage mitenthalten ist. Jedes Streben nach Veränderung (als Zielperspektive), sei es bei sich selbst oder bei anderen, berührt die Normenfrage. Die Ziel- bzw. Normenfrage stellt sich besonders für den Supervisor.

Wie lautet sein Beratungsziel?

Kann oder muß er ein Ziel der Supervisanden akzeptieren, was er selbst nicht vertreten könnte?

Welches oder wer ist die letzte Instanz, die über die Normen bzw. Ziele entscheidet?

Auch wenn man dem einzelnen Individuum aus der Sicht der Humanistischen Psychologie als selbstverantwortliches und selbstreflektierendes Subjekt die letzte Entscheidung zubilligt, sind damit noch nicht alle ethischen und moralischen Fragen beantwortet. Die Gefahr in einem solchen Entscheidungsprozeß besteht darin, daß der psychologisch oder argumentativ Stärkere seine Ansätze, Vorstellungen oder Meinungen durchsetzt, weil er möglicherweise zutiefst davon überzeugt ist, die bessere Philosophie zu besitzen.

Dieser kurze Problemaufriß von Ansatzpunkten in der Supervisionsarbeit mag den groben Rahmen verdeutlichen, in dem sich Supervisor und Supervisand bewegen. Dieser Rahmen wird in der konkreten Arbeit genauer festgelegt und zwar dann, wenn die Konzeption für eine spezifische Art der Supervision bestimmt wird. So unterscheiden beispielweise PLESSEN/KAATZ (vgl. 1985): Supervision als Lehrprozeß zur Vermittlung sozialer Fertigkeiten, Supervision als Prozeß der Einstellungsveränderung und Supervision als Kontroll- und Korrekturprozeß. Auch diese Zuordnung von Supervision ist noch recht breit angelegt, dennoch gibt sie Orientierungen an.

Aber wie immer auch der Rahmen im einzelnen abgesteckt sein mag, der Supervisor wird mit konkreten Fragen konfrontiert, die sein Verständnis von Supervision verdeutlichen bzw. die sein Vorgehen bestimmen. WEIGAND (1984, 54) hat in diesem Zusammenhang fünf Ebenen herausgestellt, die durch Fragen aufgehellt werden sollen:

“(1) Von welcher *Theorie der Person* wird das Supervisorenhandeln bestimmt? Hier handelt es sich um das Verständnis von

Identität und Entfremdung.

(2) Auf welcher *Theorie von Beziehung* beruht das supervisorische Handeln, also welche Faktoren sind für Kommunikations- und Interaktionsprozesse relevant?

(3) Welche *Theorie der Institution* - Institution auch als Repräsentanz gesellschaftlicher Realität verstanden - steht reflektiert oder unreflektiert hinter den Definitionen von Rolle und Macht?

(4) Mit welcher *Feldtheorie* versuche ich die Arbeitssituation des Supervisanden zu verstehen und zu diagnostizieren? Was verstehe ich von den dort zu erarbeitenden Produkten und Dienstleistungen und den dort herrschenden Produktionsbedingungen?

(5) Welche *Theorie der Beratung* ist Grundlage für meine Diagnose, mein Interventionskonzept und das Setting meiner Beratung?" (Kursives im Original unterstrichen)

Die Beantwortung dieser theoretischen Fragen beschreibt und bestimmt das Arbeitskonzept des Supervisors. Nach WEIGAND ermöglicht erst die innere Konsistenz eines solchen Arbeitskonzepts die berufliche Identitätsentwicklung als Supervisor, die gleichzeitig seine Professionalität begründet (vgl. ebd.).

Es wurde bereits gesagt, daß die Fragen nach dem Menschenbild und nach dem Wertesystem theoretischer Natur sind. Sie werden es auch immer bleiben. Dennoch ist es möglich und notwendig, solche Fragestellungen von ihrer sehr abstrakt-theoretischen auf eine konkret-praktische Ebene zu transformieren. Die supervisierende Praxis liefert die konkreten Daten und Fakten, sie konfrontiert den Supervisor mit dem Erlebtem und Erfahrenem des individuellen Subjekts und verpflichtet ihn dazu, übergreifende Zusammenhänge zu sehen. Dem Supervisanden ist unter einer langfristigen Perspektive nicht damit geholfen, wenn ihm aus praxeologisch-verkürzter Sichtweise Tips für die Bewältigung der praktischen Schwierigkeiten angeboten werden, auch wenn er sie im ersten Moment als hilfreich und entlastend empfinden mag, sondern er muß seine praktischen Schwierigkeiten theoretisch durchdringen und schließlich selbst zu Entscheidungen gelangen, die seinen inneren Wünschen, Bedürfnissen und seiner Persönlichkeitsstruktur gerecht werden. Der Supervisor kann ihm auf diesem Wege (nur) ein wertvoller Helfer sein.

Supervision und Psychohygiene

Supervision wird sehr häufig mit Psychohygiene verwechselt oder mit ihr gleichgestellt. Diese Tatsache erklärt sich damit, daß es zwischen Supervision und Psychohygiene (und auch Therapie)

Berührungspunkte und Überschneidungsbereiche gibt, die nur schwer zu trennen sind. Was Psychohygiene genau ist oder wie sie zu verstehen ist, hängt vom jeweiligen Verständnis ab.

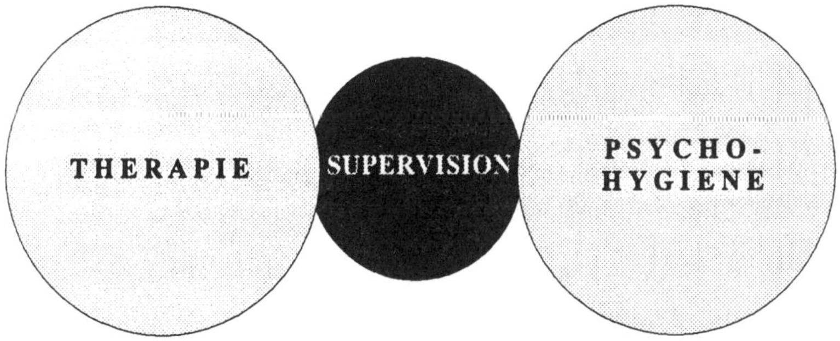

Supervision zwischen Therapie und Psychohygiene

Die Psychohygiene, allgemein verstanden als seelischer Gesundheitsschutz, ist weitaus älter als die wissenschaftliche Psychologie und Pädagogik. Schon die alten Naturvölker praktizierten praktischen Gesundheitsschutz. Viele ihrer Rituale (Tänze, Spiele, Gebete, Beschwörungen) sind unter diesem Gesichtspunkt zu sehen und zu verstehen (vgl. FENGLER 1983, 166). Noch heute, oder besser: gerade heute wieder, sind sie die besten Lehrmeister in Fragen seelischer Gesundheit für den modernen, westlichen Zeitgenossen. Der seelische Gesundheitsschutz in den westlichen Industrieländern ist in Teilen zur puren Sozialtechnologie geworden. Nicht mit Sozialtechnik bewirkt man effektiven und langfristigen Gesundheitsschutz, sondern mit einer 'Philosophie' oder einem 'Glauben' , aus denen sich dann Techniken und Methoden folgerichtig erschließen.
Im Laufe der Geschichte haben sich die Ziele und die Methoden (Praktiken) der Psychohygiene gewandelt; sie wurden für die unterschiedlichsten Zielgruppen unter je spezifischen Aspekten weiter entwickelt bzw. den jeweiligen Zeitströmungen und den damit verbundenen Bedürfnissen der Menschen angepaßt (vgl. FRIEDEMANN 1988). Gegenwärtig ist die psychohygienische Arbeit im

Rahmen der Sozialwissenschaften mit fast allen anderen Präventionsmaßnahmen zu koppeln, so daß es mittlerweise schwer fällt, noch den ursprünglichen Kern der Psychohygiene zu erkennen (vgl. dazu: FITTKAU 1983, Bd. 2, 461 ff.). Man spricht - im psychologisch-pädagogischen Kontext - auch eher von Prävention als von Psychohygiene und unterteilt diese in eine allgemeine und in eine berufsspezifische:
"Die Aufgabe der allgemeinen Prävention ist es (...), die Gesundheit des einzelnen (...) zu erhalten und zu fördern, sowie Störungen (...) vorzubeugen, einzuschränken bzw. in ihren Auswirkungen zu mildern.
Die berufsspezifische Prävention konzentriert sich (...) auf die Analyse, die Vorbeugung und den Abbau berufsbedingter und berufsrelevanter, kurz berufsspezifischer Störungen sowie um die Förderung der Lebens- und Arbeitsqualität einer Berufsgruppe" (SIELAND 1983, 533).
Diese Definition von Prävention legt es nahe, Supervision als eine Variante der Prävention zu begreifen (vgl. ebd., 550).

Bei der Darlegung des allgemeinen Verständnisses von Supervision floß bereits ein, daß die Psychohygiene zur Supervision gehört. Sie ist, wenn man so will, ein integrierter Bestandteil supervisierender Arbeit. Allerdings darf die Supervision von den Supervisanden nicht als Psychohygiene mißverstanden oder mißbraucht werden, um als Entlastung für tägliche Frustrationen herhalten zu müssen (vgl. WEIGAND 1984, 51). Ebenso darf sie nicht mit Therapie oder therapeutischen Interventionen verwechselt werden. Selbst wenn man die Psychohygiene in enger Anlehnung an die Psychologie oder Therapie sieht, ist FENGLER (1983, 172) zuzustimmen: "Psychohygiene operiert im Vorfeld von Therapie, zum Teil auch ergänzend zu therapeutischen Maßnahmen. Ihre Zielgruppe sind in erster Linie durchschnittlich gesunde Personen, die alltäglichen, oft überflüssigen Dauerbelastungen entgegentreten wollen, die - ohne als neurotisch bezeichnet werden zu müssen - eine neurotogene Wirkung haben können. Psychohygiene erweist sich so als Prophylaxe in alltäglichen Erlebnis- und Handlungsabläufen".

Die Ausführungen machen deutlich, wie eng Supervision - Psychohygiene - Therapie miteinander verwandt sind. Für Pädagogen wird beispielsweise von RAHN (vgl. 1983, 468 f.) ein 'Psychohygienekatalog' (in Anlehnung an SIELAND 1981, ebd.) vorgestellt, der folgende Ansatzpunkte psychohygienischer Arbeit nennt:

(1) Selbsterfahrung mit eigenen und fremden positiven und negativen Gefühlen: Gelernt werden soll der sensible Umgang mit den eigenen und fremden Gefühlen. Als individuelle Psychohygiene werden Entspannung, Meditation und Selbsterfahrung angeregt.

(2) Förderung von Selbstakzeptanz: Herausgestellt wird die realistische und positive Selbstwertschätzung sowie eine konstruktive Erlebnisverarbeitung von Erfolgen und Mißerfolgen.

(3) Förderung von Bedürfnisbefriedigung: Herausgestellt und betont wird die regelmäßige, aktive und vielseitige Bedürfnisbefriedigung für eine innere Ausgeglichenheit, die als Gegengewicht zu den täglichen Belastungen gesehen wird.

(4) Förderung sozialer Kompetenz: Verstanden wird darunter das Umgehen-Können mit zwischenmenschlichen Interaktionen, die Förderung allgemeiner Kommunikationsfähigkeit, die Förderung von Konfliktregelungskompetenz und die Förderung sozialer Kompetenz durch Supervision.

(5) Förderung kognitiver Kompetenz: Gemeint sind hier fachliche Erfahrungen, die durch Aneignen von entsprechender Literatur erworben werden sollen. Die Abneigung von Kompetenzaneignung vieler Pädagogen soll durch verschiedene Anregungen überwunden werden[3].

(6) Förderung von Streßbewältigungskompetenz: Über das kognitive Wissen von Streßursachen, Streßindikatoren und streßerzeugenden Situationen hinaus sollen Streßbewältigungsprogramme gelernt oder Trainings besucht werden, um mit Streß besser umgehen zu können.

(7) Förderung von Selbstkontrolle: Förderung der Selbstkontrolle bzw. der Selbstregulation kann über spezifische Programme oder Trainings erreicht werden. Empfohlen werden unterschiedliche Programme, die individuell ausgewählt werden müssen.

(8) Motivierung für Einstellungsveränderung: Durch Einstellungsveränderungen zu bestimmten Bereichen der Praxis soll eine Motivierung, wenn nicht gleich bewirkt, so doch initiiert werden.

---

[3] Es ist erstaunlich, daß diese Feststellung öffentlich ausgesprochen wird. Denn in der Tat kann man sehr häufig bei Pädagogen die Abneigung beobachten, sich fachliche Kompetenz durch mühsames Eigenstudium anzueignen. Viele Diskussionen mit Pädagogen leiden hauptsächlich darunter, daß zuviel Allgemeinplätze ausgetauscht werden, anstatt mit Fakten, Daten oder profunden Kenntnissen aufzuwarten; siehe hierzu auch: PALLASCH/REIMERS 1990, 158.

Eine präzise Abgrenzung zwischen Supervision, Psychohygiene und Therapie ist allenfalls theoretisch möglich, in der praktischen Arbeit werden sich immer Überschneidungen und Überlappungen ergeben. Aber weil eben diese Überschreitung sowohl in die eine als auch in die andere Richtung gegeben ist, muß sich der Supervisor zum ersten darüber bewußt werden, wo und wann die Grenze überschritten ist, und sich zum zweiten fragen, ob diese Grenze überschritten werden darf.
Die eigene Praxiserfahrung zeigt, daß viele Teilnehmer, besonders Lehrer, die Chance suchen und nutzen, sehr persönliche Probleme und Schwierigkeiten anzusprechen, die im Rahmen der Supervision allerdings nicht besprochen und auch nicht bearbeitet werden können und die auch den Rahmen der Psychohygiene eindeutig überschreiten. Es ist überdeutlich, wie stark das individuelle Privatleben in die Berufsarbeit einfließt und sie beeinflußt bzw. beeinträchtigt. Ist einmal die psychische Hemmschwelle überwunden, tut sich ein Berg von Problemen auf, der in vielen Fällen nur therapeutisch abgearbeitet werden kann. Die Supervision kann den Schritt zur therapeutischen Behandlung ebnen; sie kann ein Türöffner zur Therapie sein, sie kann die Hemmungen und Ängste nehmen und versteht sich dann, wenn es notwendig wird, als Vorstufe auf dem Wege zu einer anderen Form der Problem- und Konfliktbearbeitung.

2.4 Praktische Aspekte der Supervisionsarbeit

Die praktischen Aspekte der Supervision lassen sich in zwei grobe Bereiche gliedern, die es einem zunächst ermöglichen, die Vielfalt praktischer Fragen und Probleme in eine vereinfachende Übersicht zu bringen:

(1) der administrativ-formale Bereich;
(2) der curricular-methodische Bereich.

Wenn um Supervision nachgesucht oder wenn Supervision angeboten wird, dann stellen sich viele Fragen, u.a.:
Wer möchte Supervision?
Warum wird Supervision gewünscht?
Wer soll die Supervision durchführen?
Was erwartet man von der Supervision?
Wie sieht das Praxisfeld der potentiellen Supervisanden aus?
Wer ist für welches Praxisfeld als Supervisor geeignet?
Welche zusätzliche Qualifikation erwartet man vom Supervisor?

Wie ist die Supervision in die praktische Arbeit der potentiellen Supervisanden eingebettet?
Welchen Stellenwert besitzt die Supervision im Berufsbild (in der Karriere) der Supervisanden?
Was bedeutet die Supervision für den Supervisor selbst?

(1) Administrativ-formaler Bereich
Es darf nicht übersehen werden, daß soziale Notlagen (Arbeitslosigkeit) zu kreativer Aktivität animieren und sie auch manchmal erzwingen, um selbst überleben zu können. So ist nicht gänzlich auszuschließen, daß Supervisionsangebote gemacht werden, die eher aus der sozialen Notlage der Supervisoren heraus zu erklären sind (Gelderwerb) als aus der praktischen Notwendigkeit eines konkreten Arbeitsfeldes. Sieht man einmal davon ab, daß Supervision in pädagogischen Arbeitsfeldern aus grundsätzlichen Überlegungen als ständige Einrichtung einer praktischen Berufsbegleitung installiert werden sollte, so darf auch bei Würdigung und Anerkennung dieses Zieles nicht übersehen werden, daß künstliche Bedürfnisse zu einem Zeitpunkt geweckt werden könnten, wo zunächst fachspezifische Vorbereitungen oder argumentative Auseinandersetzungen sinnvoller wären. Damit sollen Supervisionsangebote von erwerbssuchenden Supervisoren in keiner Weise diskreditiert werden, wohl aber soll auf die Gefahr einer voreiligen Supervisionsaktivität hingewiesen werden, wo andere Formen der Praxisberatung möglicherweise angebrachter wären. Hinzu kommt der mißliche Umstand, daß viele Studierende der Humanwissenschaften nicht sogleich eine Anstellung finden und diese Zeit nutzen, sich eine Zusatzqualifikation zu erwerben. So vorteilhaft dies unter dem Gesichtspunkt der Qualifikationsverbesserung zu sehen wäre, so nachteilig wirkt sich dieser Umstand aus, weil der Konkurrenzkampf dadurch noch verschärft wird. Neue oder zusätzliche Qualifikationen suggerieren einen höheren Anspruch und wollen entsprechend honoriert werden. Für den pädagogischen Bereich bedeutet diese Gesamtproblematik dreierlei:

Erstens: Abgesehen von den sozialpädagogischen Arbeitsfeldern ist die Supervision in den übrigen pädagogischen Tätigkeitsbereichen noch weitgehend unbekannt. Das gilt in Sonderheit für den schulischen bzw. unterrichtlichen Bereich in öffentlichen Schulen, also für das institutionalisierte Lernen schlechthin. Neue Stilformen des Lehrens, Lernens und Arbeitens, welche Zielsetzung sie auch immer im einzelnen verfolgen, haben es grundsätzlich schwer, unbefangen und vorbehaltlos aufgenommen zu werden.
“Im pädagogischen Bereich wie Schule, Kindergarten und Heim wird Supervision (daher) seltener in Anspruch genommen” (LEHM-

KÜHLER-LEUSCHNER 1984, 5).
Bei der Supervision handelt es sich "um ein Spezialgebiet, mit dem Lehrer in ihrer Ausbildung kaum konfrontiert werden, weder theoretisch noch praktisch" (WEIGAND, 1984, 81).
Die Lehrer in den öffentlichen Schulen haben in den letzten Jahrzehnten mehrere Innovationswellen (Reformen) über sich ergehen lassen müssen, und die Erfahrung mit diesen Innovationswellen rät ihnen, allem Neuen gegenüber mit Skepsis und Vorsicht zu begegnen. Soll also Supervision auch für das institutionalisierte Lernen fruchtbar gemacht werden, so muß damit sehr behutsam und sensibel begonnen werden. Sie darf nicht als eine neue Innovationswelle mißverstanden werden, die nach einer Phase der Euphorie wieder langsam abebbt. Vor allem müssen aus der Sicht der Lehrer 'Unterrichtsspezialisten' den Anfang machen, denen man (auch) die methodisch-didaktische Kompetenz zubilligt.
Dies alles widerspricht nicht der Tatsache, daß sich inzwischen Lehrer Supervisionsgruppen anschließen. Zum einen ist das noch eine verschwindend kleine Minderheit, zum anderen bliebe noch zu klären, aus welcher Motivation heraus die Lehrer diese Supervisionsgruppen aufsuchen. Den vorliegenden Praxisberichten zufolge ist zu entnehmen, daß in erster Linie jene Bedürfnisse befriedigt werden sollen, die eher in die Sparte Psychohygiene und Therapie gehören. Die Supervision übernimmt hier also eher eine Ersatz- oder Stellvertreterfunktion.

Zweitens: Supervision wird immer gleich mit Psychologie im weitesten Sinne assoziiert. Pädagogen haben aber gegenüber der Psychologie und damit gegenüber den Psychologen gewisse Vorbehalte. Die Gründe dafür sind sicherlich vielfältig und erklären sich überwiegend aus einer subjektiven Enttäuschung des Einzelnen. Ein Grund mag darin zu sehen sein, daß die Psychologie für die Praxis - aus der Sicht der Praktiker - nicht das einzulösen vermochte, was sie zur Bewältigung und Veränderung von Praxis verspricht. Und die (Schul)Psychologen sind ihrerseits enttäuscht, ja teilweise frustiert, weil sie entsprechend ihrer Qualifikationen in die Schulwirklichkeit nicht so einwirken können, wie sie sich das wünschten. Die Enttäuschung auf seiten der Lehrerschaft jedenfalls hat sich zu einem Vorurteil entwickelt, das nur schwer abzubauen ist. Da die meisten Supervisoren Psychologen sind oder zumindest eine starke psychologische Ausrichtung und Orientierung aufweisen, stoßen sie von vornherein auf eine vorurteilsvolle Ablehnung. Diese vorurteilsbehaftete Einstellung muß in die Überlegungen einbezogen werden, wenn man die Supervision als eine sinnvolle Alternative für den schulischen Bereich propagiert.
Die Arbeitslosigkeit unter Akademikern ist bei den Psychologen

besonders hoch. Es kommt hinzu, daß die Psychologen mit ihrem Berufsbild größere Schwierigkeiten haben als vergleichsweise andere Berufsgruppen. Ihre Berufsidentität ist in eine Krise geraten (vgl. JAEGGI 1990). Beide, die Arbeitslosigkeit und die Identitätskrise, haben zur Folge, "daß Psychologen nach dem Studium meist nicht 'absolut' arbeitslos sind, sondern sich mit psychologischen oder Psychologie-nahen Stundenjobs über Wasser halten, wobei viele dieser Tätigkeiten ganz allgemein im Bereich des 'Helferischen' angesiedelt sind, aber von anderen Berufsgruppen genauso gut erledigt werden könnten" (ebd., 74).
Hier einen Zusammenhang von Psychologen und Supervision zwingend ableiten zu wollen, ist sicherlich nicht berechtigt. Andererseits sollte aber auch ein möglicher Zusammenhang nicht übersehen werden.

Drittens: Supervision ist nicht immer gleich Supervision. Es wurde eingangs darauf hingewiesen, daß viele Leiter solcher Gruppen sich selbst nicht als 'Supervisoren' bezeichnen und ihre Arbeit nicht mit 'Supervision' betitelt haben möchten. Auf die möglichen Motive für ein solches Verhalten wurde bereits eingegangen. Zum einen möchte man keine Erwartungen auslösen, die man glaubt, nicht erfüllen zu können, zum anderen fehlt vielen Leitern solcher Gruppen offenbar auch die formale Legitimation, ihre Arbeit als Supervision zu bezeichnen. Der Begriff Supervision suggeriert einen hohen Anspruch, und da die Ansprüche sowohl von der Ausbildungsinstitution als auch vom Abnehmer nicht genau und einheitlich zu definieren sind, behilft man sich teilweise mit Pseudobegriffen bzw. -bezeichnungen. Da außerdem das Berufsbild des Supervisors (abgesehen vom therapeutischen Bereich) noch recht unklar und unscharf ist (vgl. hierzu: SCHÜNING 1984), die Studiengänge zum Supervisor recht unterschiedlich aussehen und man - zumindest für den pädagogischen Bereich - nicht ganz sicher ist, wodurch sich die 'pädagogische Supervision' von der therapeutischen unterscheidet, herrscht eine gewisse Unsicherheit in diesem Arbeitsfeld. Diese Unsicherheit schafft administrative und formale Unklarheiten für Anbieter und Nutzer.
SCHÜNING (ebd., 194) geht davon aus, daß es derzeit kein eindeutiges Berufs- und Aufgabenbild für Supervisoren gibt: "Es ist doch wohl so, daß das Supervisionsstudium - analog der Soziologen- oder Psychologenausbildung - nicht auf ein eindeutiges, konkretes Berufsbild hin ausgelegt werden kann, sondern als *Grundlagenausbildung* für Handlungskompetenzen in unterschiedlichsten Arbeitsfeldern gesehen werden muß" (Kursives im Original unterstrichen).

FIESELER und JUNG-DÖRRBECHER (vgl. 1989) weisen außerdem auf juristische Aspekte der Supervision hin, wenn sie auf folgende Fragestellungen hinweisen:

1. Kann ein Anstellungsträger seine Mitarbeiter zur Supervision verpflichten?
2. Ist die Einhaltung des mündlich abgeschlossenen Supervisionsvertrages rechtsverbindlich und einklagbar?
3. Hat der Supervisor Zeugnisverweigerungsrecht?
4. Kann der Anstellungsträger vom Supervisor Auskünfte über den inhaltlichen Verlauf der Supervision verlangen?

(2) Curricular-methodischer Bereich
Der curricular-methodische Bereich umfaßt im weiten Sinne den Kontrakt zwischen dem Supervisor und dem bzw. den Supervisanden. Im Kontrakt wird festlegt, woran gearbeitet werden soll, welches die Zielsetzung ist, wie lange die Supervision dauern soll und auch wie das methodische Design im groben aussieht. Mit anderen Worten: Es geht um die konkrete inhaltliche Supervisionsarbeit!
Da Supervision von vielen Berufsgruppen in Anspruch genommen werden kann (Therapeuten, Sozialarbeiter, Pädagogen, Lehrer, Erzieher, Ärzte, Theologen, Manager, Krankenpflegepersonal, Seelsorger, Trainer, Ausbilder usw.) und von unterschiedlich ausgebildeten Supervisoren durchgeführt wird (Therapeuten, Psychologen, Sozialarbeiter, Pädagogen, Pfarrer usw.), ist es wenig sinnvoll, die Bandbreite und Vielfalt möglicher Vereinbarungen aufzuzeigen. Immerhin lassen sich einige allgemeine Problem- bzw. Fragestellungen benennen, die für die praktische Supervisionsarbeit von Bedeutung sind.

Supervision und Praxis
Mit 'Supervision und Praxis' ist die Problem- bzw. Fragestellung verbunden, wie die konkrete Praxis in die Supervision geholt werden kann, bzw. es wird gefragt, welche Formen und Möglichkeiten es gibt, die praktische Arbeit zur Supervisionsgrundlage zu machen. Von den möglichen Formen seien hier einige genannt:

Hospitation
Obwohl die Hospitation unter dem Gesichtspunkt der Praktikabilität die einfachste Methode zu sein scheint, treten in ihr Begleiteffekte auf, die es zu beachten gilt. Der Supervisor geht in das originäre Praxisfeld, sei es in die Gruppe, sei es in den Unterricht oder sei es, daß er einer Therapiesitzung beiwohnt. Das Kennenlernen und Miterleben der unmittelbaren Praxis hat viele Vorteile, dennoch stellen sich Effekte ein, die der Supervisor durch seine

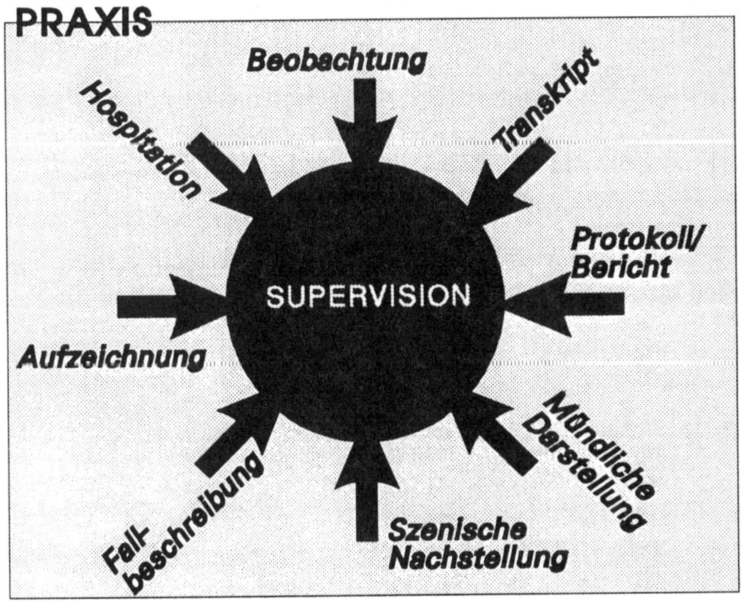

Möglichkeiten, die Praxis in die Supervisionsarbeit zu holen

Anwesenheit auslösen kann. Die Befangenheit des Supervisanden und der Klientel kann das Bild der alltäglichen Realität verfälschen, der Supervisor selbst kann sich befangen fühlen oder wird durch nichtrelevante Reize abgelenkt. Der Klientel muß vor allem eine Begründung dafür gegeben werden, daß 'ein Fremder' anwesend sein darf. Das wirft die Frage auf, ob die Absicht der Hospitation des Supervisors 'verdeckt' oder 'offen' gehalten werden soll. 'Offen' bedeutet, die Klientel wird über Sinn und Zweck der Anwesenheit informiert; 'verdeckt' bedeutet, die Klientel wird über den Sinn und Zweck nicht informiert, weil sonst sehr leicht ein - vermeintlich - 'erwünschtes Verhalten' gezeigt wird. Beide Formen haben ihre Berechtigung. Zwar wird (sollte) man immer darum bemüht sein, die Absicht offenzulegen, aber es ist durchaus vertretbar, im Sinne einer positiven Veränderung die Absicht nicht immer sofort kundzutun.

Hospitationen bieten sich besonders dann an, oder sind sogar notwendig, wenn das 'gesamte Feld' mit allen seinen Nuancen wahrgenommen werden soll oder wenn der Supervisand - bedingt durch seine Verstrickung mit dem Arbeitsfeld - keine klaren Indikatoren für seine Probleme oder Schwierigkeiten angeben kann. In einem solchen Fall kann es sinnvoll sein, die originäre Praxis in ihrer Gesamtheit in Augenschein zu nehmen.

Lehrer beispielsweise, die über Disziplinschwierigkeiten klagen und darunter leiden, können zwar mehr oder weniger angeben, woran

es liegen könnte, sind sich aber bei der Benennung möglicher Ursachen, Zusammenhänge oder Indikatoren nicht ganz sicher. Aber selbst wenn sie in ihrer subjektiven Bewertung (die übrigens bei der Bearbeitung immer den Vorrang behalten soll) genaue Indikatoren angeben, können diese mit völlig anderen Verhaltensweisen gekoppelt sein als von den Lehrern vermutet. Ein geschulter Hospitant versucht dann, im Praxisfeld andere Zusammenhänge zu sehen. So können die störenden Schüler beispielsweise deshalb ein 'undiszipliniertes Verhalten' zeigen, weil die Arbeitsanweisungen des Lehrers zwischen den Unterrichtsschritten nicht klar, nicht deutlich und nicht verständlich sind. Dieses Verhalten des Lehrers produziert Nachfragen bei Mitschülern, Nervosität, Unruhe oder löst 'informierende Aktivitäten' aus, die dann von der Lehrkraft beispielsweise als Disziplinprobleme benannt werden.
Hospitation zeichnet sich zusätzlich dadurch aus, daß immer eine geschlossene Einheit aus einer größeren Ganzheit oder Gesamtheit miterlebt wird. Jede geschlossene Einheit in der Ganzheit ist wie die Perle einer Kette, wobei man von der Annahme ausgeht, daß jede Perle in etwa die gleiche Qualität wie die übrigen besitzt. In der Regel genügt es, wenn man nach dem Randomisierungsverfahren (Zufallsprinzip) eine Einheit auswählt, die dann exemplarisch für die übrigen genommen und bearbeitet werden kann.

Beobachtung

Beobachtungen sind strukturierte und gezielte Wahrnehmungen. Gezielt meint, die Aufgabe und das Ziel der Beobachtung müssen klar und eindeutig festgelegt sein; strukturiert meint, die Beobachtung erfolgt nach bestimmten bzw. mit Hilfe bestimmter Methoden (Beobachtungsformen, Beobachtungssysteme, Beobachtungsinstrumente usw.), die der Aufgabe bzw. dem Ziel gerecht werden (siehe hierzu: KÖHNE/KLIPPSTEIN 1979).
Beobachtungen können direkt, d.h. in der realen Praxis, oder indirekt, d.h. über technische Mittler (z.B. Videoaufzeichnungen), durchgeführt bzw. vorgenommen werden. Beide Formen haben ihre Vor- und Nachteile. Es kommt auf den konkreten Supervisionsaspekt an, welche Beobachtung sich anbietet bzw. welche sich als sinnvoll oder brauchbar erweist. Die Beobachtung im realen Praxisfeld unterliegt jenen Effekten, die bereits bei der Hospitation angemerkt wurden.
Eine Zwischenform von direkter und indirekter Beobachtung ist die 'Teilnahme am Geschehen' durch die sogenannte Einwegscheibe. Der Beobachter sitzt hinter einer Glasscheibe und kann das Geschehen live miterleben, während die Beobachteten den Beobach-

ter nicht sehen. Auch diese Form kann 'offen' oder 'verdeckt' praktiziert werden.
Im Unterschied zur Hospitation wird bei der Beobachtung das Beobachtungsfeld vorher eingegrenzt, um sich nicht durch Reize, die vom gesamten Feld ausgehen, in der Wahrnehmung (Beobachtung) irritieren zu lassen. Die Daten der Beobachtung dienen als Ausgangsbasis für die supervisierende Arbeit; sie sollten nicht überbewertet und überinterpretiert werden, sondern lediglich als Zusatzmaterial genutzt werden.

Transkript
Transkription heißt 'Umschreibung', 'Umarbeitung' oder 'Umwandlung in eine andere Schriftform'. Transkripte sind also in schriftlicher Form abgefaßte Wiedergaben von Tonbandaufzeichnungen (auch Videoaufzeichnungen) aus allen denkbaren Praxisfeldern. Das gehörte Wort wird schriftsprachlich fixiert.
Die Primärinformation wird in eine Sekundärinformation umgewandelt.
Die Qualität der Transkripte ist verständlicherweise sehr unterschiedlich. Das hängt nicht nur von der Qualität der Primärquelle (Tonqualität) ab, sondern natürlich auch davon, welche Qualität das gesprochene Wort selbst besitzt. Schon die Entscheidung, ob ein gesprochener Satz als eine indirekte Frage oder eine Aufforderung zu verstehen ist, deutet die Schwierigkeit an, die richtige Interpunktion bei der Niederschrift zu wählen. Transkripte gleichen daher in Teilen eher 'Übertragungen' als 'Übersetzungen'. Die fehlende Intonation und die kaum zu erfassenden paralinguistischen Begleitreize des Sprechers erschweren zusätzlich eine Auswertung bzw. Interpretation. Aber gerade dieser Nachteil kann auch zum Vorteil werden. Zum einen zwingt er zur Konzentration auf das nur gesprochene Wort (Inhalt), zum anderen sind Assoziationen möglich und - unter bestimmten methodischen Gesichtspunkten - sogar erwünscht, die sonst nicht aufkommen würden. Und oftmals ist das Arbeiten am Detail (ein Wort, ein Satz) aufschlußreicher als das Arbeiten an längeren Sinneinheiten.
Auch wenn man den Transkripten generell eine nur eingeschränkte Möglichkeit einräumen mag, Praxis in die Supervision zu holen, so besitzen sie dennoch unter bestimmten Auswertungskriterien eine spezifische Aussagekraft.

Protokoll / Bericht
Protokolle oder Berichte werden angefertigt, um sie als Gedächtnisstütze für die Supervisionsarbeit parat zu haben. Der Supervisand protokolliert seine Probleme, Schwierigkeiten oder Vorkommnisse unmittelbar nach ihrem Auftreten in der praktischen

Arbeit. Die Art der Abfassungen und die Formen sind dabei sehr variabel; es gibt keine einheitliche Diktion.
Protokoll und Bericht zeichnen sich dadurch aus, daß sie gegenüber anderen schriftsprachlichen Stilformen, etwa der Erzählung oder der Schilderung, neutral und objektiv abgefaßt sind. Dieser Anspruch wird im sozialwissenschaftlichen Kontext kaum eingehalten und auch in dieser Schärfe nicht verlangt. Immerhin zwingen die Begriffe 'Protokoll' bzw. 'Bericht' zu einer gewissen Distanz, zu dem Versuch, einen Sachverhalt möglichst 'neutral' und 'objektiv' wiederzugeben. Der Sinn dieser Praxisdokumentation ist dann erreicht, wenn der Supervisand ein möglichst genaues Bild der Praxis zeichnen kann. Das dabei subjektive Sichtweisen einfließen, wird sich gar nicht verhindern lassen. Aber auch die Art und Weise der Protokollierung bzw. der Berichterstattung können für die Aufarbeitung innerhalb der Supervisionsarbeit hilfreich und aufschlußreich sein.
Mehrere Protokolle oder Berichte, zu bestimmten Zeiten über einen vereinbarten Zeitraum angefertigt, geben möglicherweise doch mehr Informationen als bloße Erinnerungen. Sie haben überdies den Vorteil, daß der Supervisand sein Praxisfeld gezielter und sensibler wahrnimmt bzw. beobachtet.

Mündliche Darstellung

Die leichteste, wenngleich nicht immer die einfachste Form, ist die mündliche Darstellung. Der Supervisand stellt die Probleme oder Schwierigkeiten aus der Erinnerung mündlich dar, oder er 'erzählt' aus der Praxis bzw. über die praktische Arbeit. Diese mündlichen Darstellungen sind natürlich mit den Subjektivismen des Supervisanden durchdrungen, sie sind verzerrt und vorurteilsorientiert gewichtet, und auf den ersten Blick mag man glauben, daß sie wenig wertvoll oder fördernd für die Supervisionsarbeit sind. Das muß nicht so sein! Im Gegenteil! Gerade die Art und Weise der Darstellung gibt Hinweise auf die Denkweise des Supervisanden, läßt Vermutungen über seine Wahrnehmungsverarbeitung aufkommen oder läßt Aspekte seines Verarbeitungsprozesses erkennen. Es ist also die Frage, welchen Stellenwert man der mündlichen Darstellung innerhalb des Supervisionsprozesses einräumt bzw. wie mit ihr methodisch gearbeitet wird.
In einigen Supervisionsschulen, die einem bestimmten Paradigma vom Menschen folgen, wird gerade die Subjektivität betont. Die Subjektivität des Supervisanden wird als ausschließliche Grundlage zur Bearbeitung der Probleme herangezogen, weil sich nur aus seiner subjektiven Sicht die Welt so erschließen läßt, wie sie sich für ihn darstellt.

Die subjektive Darstellung des Supervisanden wird bevorzugt, weil sie nicht die Welt so darstellt, wie sie (vermeintlich objektiv) ist, sondern weil sie vom Supervisanden so wiedergegeben wird, wie sie sich für ihn darstellt. Und diese subjektiv dargestellte Welt ist auch die 'reale Welt des Supervisanden'. Denn entsprechend seinen (subjektiven) Sichtweisen und Sehgewohnheiten, entsprechend seinem (subjektiven) Erleben und entsprechend seinem (subjektiven) Empfinden reagiert er auf diese (seine) Welt, handelt und agiert er in dieser (seiner) Welt subjektadäquat.
Mündliche Darstellungen und Erzählungen sind aus dieser Perspektive betrachtet wahre Fundgruben.

Szenische Nachstellung
Wenn Protokolle und Berichte, mündliche Darstellungen und Erzählungen oder Beobachtungen nicht ausreichen, um die reale Praxis adäquat abzubilden, oder wenn das Wesentliche nicht befriedigend wiedergeben werden kann, sind szenische Nachstellungen bzw. Darstellungen eine gute Alternative. Der Supervisand stellt mit Hilfe von anwesenden Teilnehmern beispielsweise eine typische Situation dar, die die reale Praxis widerspiegelt. An solchen nachgestellten Situationen können Vorkommnisse, Probleme oder Schwierigkeiten deutlicher hervorgehoben werden. Solche nachgestellten Situationen dürfen jedoch nicht mit psychodramatischen Konkretisierungen oder mit dem Psychodrama selbst verwechselt werden. Bei der szenischen Darstellung geht es lediglich um die Verdeutlichung eines Sachverhaltes, es geht um die Skizzierung der Problematik, im Psychodrama hingegen wird an der Situation selbst gearbeitet; sie ist das Schloß in der Tür und nicht der Schlüssel. Szenische Darstellungen sind allerdings nicht nur als Ergänzungen anzusehen, vielmehr stellen sie eigenständige methodische Zugriffsmöglichkeiten für jene Supervisanden dar, die ihre Probleme oder Schwierigkeiten besser 'spielerisch' verdeutlichen können. Die Kombination von verbalen (sprachlichen) und nonverbalen (nichtsprachlichen) Elementen erleichtert ihnen den Zugang zum Nacherleben oder Nachempfinden. Die methodischen Varianten sind sehr zahlreich, sie enthalten Elemente des 'Stummen Theaters', der Gestalttherapie bis hin zu Elementen des Psychodramas.

Fallbeschreibung
Die Bezeichnungen Fallbeschreibung, Fallbericht oder Falldarstellung meinen im Prinzip das gleiche. Sie haben aber nichts zu tun mit der 'Fallstudie' als einer eigenständigen Methode sozialwissenschaftlicher Forschung (siehe hierzu: FISCHER 1982).
Der Supervisand beschreibt oder berichtet aus seiner Sicht über einen konkreten Fall aus der Praxis.

Die 'Arbeit am Fall' kann - idealtypisch betrachtet - unter zwei Gesichtspunkten erfolgen:
(1) Der Fall wird nur für sich selbst betrachtet, das heißt, es wird von den Informationen ausgegangen, die der Supervisand über den Fall gegeben hat. Anhand dieser Informationen wird der Fall besprochen. Der Supervisand bleibt bei dieser Art der Vorgehensweise auch in der Rolle des Außenbetrachters. Seine eigenen Beziehungen zum Fall werden gar nicht oder kaum thematisiert.
(2) Der Fall wird in Beziehung zum Supervisanden gesehen und bearbeitet. Die Art und Weise der Falldarstellung, die Bewertungen durch den Supervisanden, seine eigenen Einschätzungen, seine vorbewußten oder unbewußten Motive oder Einstellungen zum Fall oder seine Handlungen werden bewußt in die Supervisionsarbeit aufgenommen. Erst durch die Fallbeschreibung bzw. -darstellung durch den Supervisanden gewinnt der Fall seine spezifische Qualität. Oft ist der Fall nur der Einstieg in die Problematik des Supervisanden.
Beide Formen der Falldarstellung sind nicht streng voneinander abzugrenzen; in der praktischen Supervisionsarbeit vermischen sie sich. Ebenso gibt es vielfältige Formen, den Fall 'zu beschreiben' bzw. ihn 'darzustellen'.
Häufig wird die Supervision mit Fallbearbeitung gleichgesetzt. Dies ist jedoch eine verkürzte Sichtweise der Supervisionspraxis. Daß die ursprünglich psychoanalytisch ausgerichtete Supervisionsarbeit, besonders zu Beginn dieses Jahrhundert in der psychotherapeutischen Ausbildung, diese Methode favorisierte, darf nicht den Blick für inzwischen entwickelte andere Verfahren verstellen.

Aufzeichnung
Tonband- bzw. Videoaufzeichnungen sind relativ zuverlässige Materialien für die Supervisionsarbeit. Zuverlässig aber nur in dem Sinne, weil sie in ihrer Wiederverwertbarkeit eine ständige Wiederholung, Überprüfung und Kontrolle ermöglichen. Ob sie allerdings auch immer 'unverfälscht' die Praxis wiedergeben, ist eine andere Frage. Abgesehen davon, daß technische Mittler immer einen 'kosmetischen Effekt' bei den Betroffenen auslösen ('Oh Gott, wie sehe ich nur aus!'), der bei der Bearbeitung einbezogen werden sollte, bleibt zu prüfen, inwieweit bei der Aufzeichnung selektiv vorgegangen wurde. Nun kann allerdings gerade die Selektivität erwünscht sein, spiegelt sie doch die gewünschte Subjektivität des Supervisanden wider.
Noch ein Wort zum Umgang mit den 'technischen Mittlern': Technische Mittler (Fotos, Dias, Bilder, Zeichnungen, Videoaufzeichnungen, Tonbandaufnahmen) sollen in erster Linie Sachinformationen

vermitteln, um mit ihnen arbeiten zu können. Es darf aber nicht übersehen - und nicht unterschätzt - werden, daß sie auch immer gleichzeitig für die Rezipienten eine 'Botschaft' enthalten, die sie als Mittler selbst ausstrahlen ('Oh, das ist aber ein schönes Bild.. eine schöne Zeichnung... ein schönes Klassenzimmer!'). Die Botschaft, die der technische Mittler also selbst transportiert bzw. unbeabsichtigt aussendet, verfälscht bzw. verzerrt nicht selten die Wahrnehmung der Beobachter und damit den zu transportierenden Inhalt. Ihr sollte daher eine gesonderte Aufmerksamkeit gewidmet werden, um den Inhalt von der Botschaft zu trennen. Aufzeichnungen haben den Vorteil, Mikroeinheiten einer genauen Beobachtung zugänglich zu machen und erleichtern somit eine Analyse, Interpretation oder Bewertung.

Die aufgezeigten Formen sind in der konkreten Supervisionsarbeit in ihren idealtypischen Ausprägungen kaum anzutreffen. Nach welchen Gesichtspunkten bzw. nach welchen Kriterien diese Formen ausgewählt bzw. miteinander kombiniert werden, richtet sich nach der Zielsetzung bzw. der Praktikabilität in der konkreten Supervisionspraxis. Sieht man einmal davon ab, daß bei der Auswahl die Frage nach der Praktikabilität (Machbarkeit, Durchführbarkeit) eine nicht zu vernachlässigende Größe darstellt, dann scheinen sich zwei übergeordnete Kriterien herauszuschälen: das Zielkriterium und das Methodenkriterium.
Das *Zielkriterium* richtet sich nach den zu bearbeitenden Problemen und Schwierigkeiten, nach den Bedürfnissen, Erwartungen, Wünschen und Vorstellungen des Supervisanden bzw. der Supervisanden. Die Supervisanden möchten ihre Praxis überprüfen, verbessern, bewältigen, gestalten oder verändern; sie möchten ein Feedback über ihre Arbeit erhalten und in einen fachlichen Austausch treten. Also werden sie maßgeblich die Anteile der Praxis bestimmen, benennen und auswählen, von denen sie annehmen, daß sie relevant und repräsentativ sind; und sie werden dabei die Formen der Veranschaulichung bzw. Präsentation wählen, die ihnen angemessen und zumutbar erscheinen.
Das *Methodenkriterium* hat sich immer dem Zielkriterium unterzuordnen. Die Methode darf nie zum Selbstzweck werden, vielmehr hat sie sich an den Zielen auszurichten. Die Wahl der Methode ist demnach nicht beliebig; sie kann sich im konkreten Einzelfall zwingend aus der Zielstellung ableiten.

Methodische Aspekte und Interventionstechniken

Die Ziel- bzw. die mit ihr verbundene Methodenfrage kann zwischen dem Supervisor und dem Supervisanden zu Unvereinbarkeiten, im Extremfall zu Konflikten führen. Wenn der Supervisand oder die Supervisandengruppe dezidierte Zielvorstellungen haben, müssen diese nicht unbedingt mit den Zielvorstellungen des Supervisors konform gehen. Vor allem wird der Supervisor jene Methoden bevorzugen, die er auch beherrscht. Aber diese Methoden müssen ihrerseits wiederum nicht mit den Zielen der Supervisanden in Einklang zu bringen zu sein. Nicht wenige Supervisionsgruppen sind an dieser Problematik gescheitert. Und nicht wenige Supervisionsgruppen sind aus der Sicht der Supervisanden ineffektiv, ja kontraproduktiv, weil die Supervisanden trotz dieser Unvereinbarkeit die Supervisionsgruppe bis zum Ende durchlaufen müssen, um das so dringend benötigte Zertifikat zu erhalten. In provokativer Überspitzung ließe sich die Problematik an folgendem Analogiebild verdeutlichen: Wer Zahnschmerzen hat, geht nicht zum Internisten, sondern zum Zahnarzt, und der Orthopäde wird keinen Herzkranken behandeln; trotzdem sind der Zahnarzt und der Orthopäde Fachexperten einer gemeinsamen, wenngleich breiten Disziplin.

Die Methodenfrage bzw. -präferenz ist stark abhängig von der durchlaufenen Schule des Supervisors. Jede Schule wiederum repräsentiert eine bestimmte Theorie bzw. favorisiert bestimmte theoretische Annahmen und legt damit das Paradigma des Handelns fest.
Im Laufe der letzten Jahrzehnte haben sich, hervorgegangen aus den einzelnen Wissenschaftsdisziplinen, eine Reihe solcher Schulen entwickelt und etabliert, die je unterschiedliche theoretische Schwerpunkte setzen bzw. für spezifische Ausrichtungen stehen, die ihrerseits wiederum die supervisierende Arbeit in ihrer methodischen Grundkonzeption beeinflussen. Diese Schulen decken sich weitgehend mit jenen, die aus den Bereichen der Therapie und des Verhaltenstrainings bekannt sind.
Die folgende Zusammenstellung erfolgt in Anlehnung an die Übersicht von FENGLER (vgl. 1986, 261 f.) und an die Modelle bzw. Konzepte in FATZER/ECK (vgl. 1990), wobei eigene Einfügungen, Ergänzungen und Erweiterungen vorgenommen wurden.
FENGLERs Vorgabe lautet: “Grundlage der Supervision ist in der Regel eine bestimmte Theorie oder ein bestimmtes Paradigma, die oder das Aussagen über das Verhalten von Menschen in bestimmten Lebensumständen und in bestimmten Institutionen macht” (ebd., 261). Entsprechend dieser Theorien bzw. theoretischen Vorgaben und Annahmen können unterschieden werden:

(1) *Psychoanalytisch orientierte Supervision*
Neben der eigenständigen psychoanalytischen Supervision für Therapeuten dieser Schulrichtung sind es vor allem die psycho-

analytisch konzipierte *Balint-Gruppe* und die *Themenzentrierte Interaktion*.
In der psychoanalytisch konzipierten Balint-Gruppe werden die unbewußten Gefühle, Motive und Impulse des Supervisanden seiner Zielgruppe gegenüber verdeutlicht.
In der Themenzentrierten Interaktion geht es um die Wahrung der Balance zwischen dem ICH (Individuum) - dem WIR (Gruppe) - und dem ES (Sachgegenstand).
Die psychoanalytische Supervision selbst kann ihrerseits sehr spezifisch sein, wie beispielsweise RAGUSE (1990, 174) in seinem Supervisionskonzept andeutet: "Man versucht immer wieder, dieses strenge Konzept der Psychoanalyse...so abzuwandeln, daß es auch außerhalb der therapeutischen Standardsituation anwendbar ist. Für uns sind zwei Anwendungen besonders wichtig: die Gruppenpsychoanalyse und die psychoanalytische Supervision. (...) Supervision beschäftigt sich mit beruflicher Arbeit und mit allem anderen nur in Bezug darauf. Weiterhin ist die Beziehung Supervisor - Supervisand nicht das Zentrum der Arbeit, die Interpretationen beziehen sich überwiegend auf das Dann-und-Dort". Psychoanalytische Supervision ist in ihrem Kern doch immer eher Psychoanalyse als Supervision oder fühlt sich zumindest psychoanalytischer Sicht- und Denkweisen stärker verpflichtet als übergreifenden supervisierenden Kategorien.

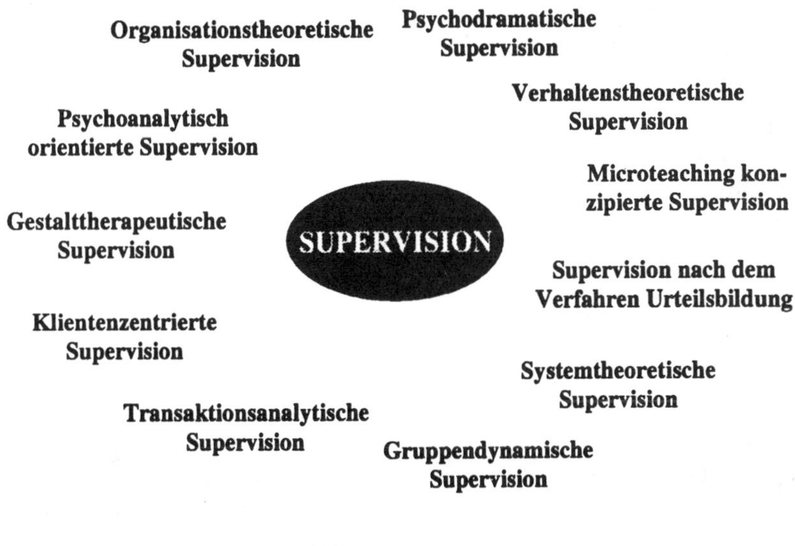

Modelle und Ansätze in der Supervisionsarbeit

(2) *Gruppendynamische Supervision*
Bezugspunkte gruppendynamischer Supervision sind die theoretischen Bezüge gruppendynamischer Gesetzmäßigkeiten und die sich aus der Praxis ergebenden gruppendynamischen Phänomene bzw. Effekte.
Neben gruppenspezifischen Phänomenen (z.B. Kohäsion, Wir-Gefühl, Machtkämpfe) sind die Phasen des Gruppenprozesses von besonderer Bedeutung: Forming - Storming - Norming - Performing. Die Gruppenphänomene bzw. -phasen sollen in Einklang mit der Bearbeitung sachlicher Ziele gebracht werden.
Es lassen sich mindestens drei Bezugspunkte ausmachen, in denen die Gruppendynamik es mit der Supervision zu tun hat (hier in Anlehnung an NELLESSEN 1990, 159 ff.):
(1) In allen Gruppen oder Teams treten unweigerlich gruppendynamische Prozesse auf, die beispielsweise die Rollen, Erwartungen, Normen oder Verhaltensvorschriften zu Themen supervisierender Arbeit werden lassen.
(2) Um das Prozeßhafte in den Gruppen zu verstehen, steht die Gruppendynamik mit ihren Erkenntnissen zur Verfügung. Gruppendynamische bzw. sozialpsychologische Steuerungsmechanismen vermögen Einsichten zu fördern, die der praktischen Arbeit nützlich zugutekommen.
(3) Die Gruppendynamik selbst stellt mit Ihrem bereits entwikkelten und bewährten Methodeninstrumentarium eine Hilfe für den eigentlichen Supervisionsprozeß dar.
Schließlich beugt die gruppendynamische Sichtweise der Gefahr einer zu verengenden, d.h. individualisierenden Sichtweise vor; dazu NELLESSEN (ebd., 161): “Ich schätze [den] biographisch-persönlichkeitspsychologischen Zugang zur Supervision, weil er für viele Supervisanden bitter notwendig ist, überfällige belastende Erfahrungen aufzuarbeiten, zu verstehen und zu integrieren. Allerdings droht doch sehr stark die Gefahr der personalen Attribuierung, wenn Supervision bei der Diagnose und Interpretation aus dem Spektrum - persönlich - interaktionell - gruppal - institutionell - vermehrt die individuelle Dimension wählen”.

(3) *Klientenzentrierte Supervision*
In starker Anlehnung an Rogers' Konzept der Persönlichkeitstheorie und seiner Gesprächspsychotherapie geht es um die Förderung der im Menschen angelegten Tendenzen zur Selbstfindung bzw. zur Selbstaktualisierung.
Eine etwas erweiterte Form stellt die *personenzentrierte Supervision* dar, in der die konstruktiven Potentiale des Menschen in einem wachstums- und entwicklungsfördernden psychologischen Klima freigesetzt werden sollen.

(4) *Psychodramatische Supervision*
Durch die der Realität nachgestellten szenischen Situationen oder Konstellationen werden psychologische bzw. psychische Phänomene sichtbar und deutlich, die über verschiedene Gestaltungsmöglichkeiten bearbeitet werden können.
Die *soziodramatische Supervision* nimmt dabei eine Sonderstellung ein; sie konzentriert sich auf das soziale Bedingungsgefüge innerhalb einer Gruppe.

(5) *Gestalttherapeutische Supervision*
Der Annahme folgend, daß 'jeder Eindruck nach Ausdruck verlangt', werden durch die unterschiedlichsten methodischen Interventionstechniken die psychischen Phänomene (Angst, Blockierungen, bestimmte Reaktionsweisen) verbal und nonverbal in übersteigerter Form sichtbar gemacht. Das Ausagieren (zum 'Ausdruck' bringen) der inneren Befindlichkeiten (gespeicherte 'Eindrücke') bewirkt kathartische Effekte.
Im Unterschied zu anderen Ansätzen ist der Gestaltansatz in der Supervision methodisch sehr breit und weit angelegt. Die Methodenvariabilität der Gestalttherapie bzw. -pädagogik erlaubt eine solche Bandbreite. Entsprechend schwierig ist die Aufgabe, die supervisierende Arbeit unter gestaltpsychologischen Kategorien darzustellen; HINNEN (vgl. 1990) belegt dies bei dem Versuch, den gestaltpsychologischen Ansatz für die Supervision transparent zu machen; er resümiert: "Die Entwicklung der Gestalttherapie, die sich ja bekanntlich zu einem sehr ausgebauten System in Lehre, Ausbildung und Praxis entwickelt hat, läßt leicht vergessen, welch aufmüpfiges, ja anarchistisches Konzept da am Anfang stand: Erlaube dir deine eigene Wahrnehmung deiner selbst und der Welt. (...) Ursprünglich geplant als Artikel über den Gestaltansatz in der Supervision, den ich selbst schon längst nicht mehr rein vertrete und auch nie rein vertreten habe - sind die Zeilen unter der Hand zu einem Plädoyer für eine Supervision zwischen allen Stühlen geworden..." (ebd., 141).

(6) *Transaktionsanalytische Supervision*
Aus der Freud'schen Dreiteilung der menschlichen Psyche in Über-Ich, Ich und Es wurde in der Transaktionsanalyse das Eltern-Ich, das Erwachsenen-Ich und das Kind-Ich als Analyse- bzw. Arbeitsraster entwickelt. Zwischen diesen Instanzen spielen sich unbewußt und vorbewußt die Beziehungen zwischen den Interaktionspartnern ab. Die jeweils ausgesendeten Botschaften werden unter dieser Konfiguration untersucht und transparent gemacht.

(7) *Organisationstheoretische Supervision*
Thematisiert werden die Einbindungen der Personen in institutionalisierten Hierarchien. An Interrollen- und Intrarollenkonflikten werden die Belastungen und Probleme deutlich, es können aber ebenso die Bedürfnisse, die Erwartungen und die Vorstellungen artikuliert und aufgearbeitet werden.
Eine besondere Variante dieser Supervision ist 'Die lernende Organisation' (dazu ausführlich: FATZER 1990, 389 ff.). Das Ziel heißt 'Systemlernen' bzw. 'Organisationslernen'. Wie eine Person lernt, kann man sich noch relativ leicht vorstellen, aber wie lernt eine Organisation? Es gibt mittlerweile verschiedene Ansätze bzw. Modelle des Organisationslernens, die alle in ihrer groben Zielsetzung darauf hinauslaufen, die in jeder Organisation auftretenden Konflikte und Probleme nicht nur als störende Elemente zu sehen, sondern sie auch - aus systemischer bzw. organisationsimmanenter Perspektive - als Motor für die Dynamik eines Systems zu begreifen und sie unter diesem Gesichtspunkt zu analysieren bzw. zu verändern: "Organisationslernen ist der Prozeß, durch den eine Organisation neues Wissen, neue Werkzeuge, Verhaltensweisen und Wertmaßstäbe erhält und gebraucht, und zwar auf allen Stufen: Dem Einzelnen, der Gruppe und dem System" (ebd., 391).

(8) *Systemtheoretische Supervision*
Analysiert werden die gegenseitigen Abhängigkeiten und Steuerungsmechanismen in sozialen Gefügen. Systemimmanente Kommunikationsstörungen können so aufgeklärt und durch neue Kommunikationsformen ersetzt werden.
Eine besondere bzw. erweiterte Form ist die *systemische Supervision*. Lebende Systeme, also auch soziale Gruppen, zeichnen sich dadurch aus, daß sie dem dynamischen Prinzip der Selbstorganisation gehorchen. Der grundlegende Ausgangsgedanke ist, daß jede Störung innerhalb eines Systems - aus der 'Perspektive des Systems' betrachtet - immer eine positive Funktion für das System besitzt und damit das System stabilisiert (Prinzip der Selbstorganisation bzw. -regulation). Will man die Störung - aus der Sicht eines Teilhabers innerhalb des Systems - 'eliminieren', dann muß die positive (systemstabilisierende) Funktion herausgearbeitet werden, um sie einer anderen (nämlich aus der Perspektive des Systems positiven) Bewertung zuzuführen. Die positive Bewertung bzw. die positive Annahme - wiederum aus der Sicht eines Teilhabers innerhalb des Systems - läßt automatisch andere Reaktionen oder Verhaltensweisen zu, die ihrerseits wiederum die an der Störung beteiligten Variablen verändern und somit die Störung 'eliminieren'. Diese Kurzfassung mag zunächst verwirrend anmuten (siehe

hierzu: MENTE 1987). Mit anderen Worten: Jede sogenannte negativ empfundene Störung innerhalb eines Systems (Störung = der schlafende Schüler während des Unterrichts; System = Klasse) besitzt für das System selbst (= die Klasse) eine positive, stabilisierende Funktion (= die übrigen Schüler reagieren darauf so, wie sie reagieren und stabilisieren bzw. bestätigen damit die eingeschliffenen Verhaltensweisen von Mitschülern und Lehrern). Will man die Störung dennoch verändern (umfunktionieren), so muß dieser (aus der Sicht des Lehrers, nicht aus der 'Sicht des Systems'!) negativen Funktion dennoch eine positive Bewertung zugeschrieben werden (= "Es ist gut, daß der Schüler schläft, weil er uns damit zeigt, wie aufmerksam wir anderen sind!"), um mit Hilfe dieser positiven Bewertung (Zuschreibung) eine alternative Handlung einleiten zu können (= "Es ist für Dich gut, daß Du manchmal schläfst, weil Du dann danach besser aufpassen kannst!"). Hält man sich an diese positive Zuschreibung, dann verändert man nicht nur sein eigenes Verhalten (hier der Lehrer), sondern auch der störende Teil (hier der schlafende Schüler) wird sein Verhalten verändern.
Wir haben absichtlich dieser Sichtweise mehrere Zeilen gewidmet, weil die systemische Sichtweise in letzter Zeit an Attraktivität gewinnt und weil sie in der Tat eine sehr ungewöhnliche Sichtweise entwickelt und einen sehr ungewöhnlichen Zugang zu Problemen verschafft. Die Komplexität dieser Betrachtungsweise konnte hier nur angedeutet werden (hierzu sehr ausführlich und praxisnah: MOLNAR/LINDQUIST 1989; ebenso MENTE 1987).

(9) *Verhaltenstherapeutische Supervision*
Thematisiert werden die Methoden hinsichtlich der Verhaltensanalyse bzw. der Verhaltensmodifikation. Fragen nach den Verstärkerprogrammen oder nach den Konsequenzen nehmen breiten Raum ein. Grundlage vieler dieser Ansätze ist die Annahme, daß jedes Verhalten im Laufe der Sozialisation einmal ge- bzw. erlernt worden ist. Was einmal er- bzw. gelernt wurde, kann auch wieder - über eine systematische Anleitung - verlernt (genauer: vernachlässigt) werden.

(10) *Supervision nach dem Verfahren der Urteilsbildung*
Eine im Zusammenhang mit der Supervisionsarbeit interessante Variante stellt die 'Supervision nach dem Verfahren Urteilsbildung' dar. ZELLER (vgl. 1990, 181 ff.) stellt diese etwas eigenwillige Variante ausführlich dar. Im Kern geht diese Supervisionsarbeit von der Erkenntnislehre R. Steiners aus, der die Urteilsbildung als einen Entwicklungsprozeß und diesen wiederum als iterativ (=wiederholend) ansieht. Der Holländer A.H. Boss hat diesen

Denkansatz aufgegriffen und weiterentwickelt. Im Unterschied zu anderen Ansätzen wird nicht von schon vorhandenen Erkenntnissen oder theoretischen Schablonen ausgegangen, sondern von einer 'relativen Offenheit'.
"Zielsetzung ist die Entwicklung des Urteilsvermögens des Supervisanden. Der Supervisor ist ihm auf diesem Weg Begleiter. Er ist Fachmann in der Begleitung und Förderung von Denkprozessen. Er muß erkennen können, wo der Supervisand in seinen Denkschritten steht und ihm aufgrund seines Urteils helfen, diese Denkschritte zu vollziehen. Er muß diesen Weg auch gehen. So wird der Lernprozeß zu einem gegenseitigen Geben und Nehmen, an dem sich beide, Supervisand und Supervisor entwickeln" (ebd., 188).

(11) *Microteaching konzipierte Supervision*
Ausgehend von einzelnen Sequenzen (Mikroeinheiten) eines Unterrichtsgeschehens werden methodische Fertigkeiten und soziale Verhaltensweisen 'mikroskopisch' analysiert und auf ihre Wirkungen hin überprüft. Durch Übungen in Minieinheiten können einzelne Fertigkeiten eingeschliffen werden, die dann in das Gesamtverhalten des Lehrenden integriert werden müssen. Neuere Ansätze verzichten auf einen vorgegebenen Katalog standardisierter Fertigkeiten, vielmehr überlassen sie die Auswahl dem Supervisanden, der nach eigenen pädagogischen Zielsetzungen entscheidet (siehe hierzu ausführlich: STREHLOW 1978).
Das mikroanalytische Verfahren - ursprünglich nur für die schulische Unterrichtsarbeit entwickelt - kann ohne Probleme für andere pädagogische Arbeitsfelder übernommen werden; es ändern sich lediglich die Inhalte und Ziele.

Die Übersicht macht deutlich, wie vielfältig Supervision angelegt sein kann. Sie macht aber auch deutlich, daß Supervision entsprechend diesen Ansätzen sehr unterschiedlich sein kann und wahrscheinlich auch sein muß.
Es ist auch schwer festzulegen, welcher dieser Ansätze für welches Arbeitsfeld zwingend geboten ist. Die weiter oben angeführten Arbeitsbereiche, nämlich der therapeutische, psychologische, sozialpädagogische, pädagogische und unterrichtliche, geben lediglich eine grobe Orientierung an, die allenfalls die Schwerpunkte supervisierender Arbeit andeuten. Dies alles spricht für die eingangs angeführte Diversifikation der Supervision in den sozialen Arbeitsfeldern.
Die oben angesprochene Ziel- bzw. Methodenproblematik gewinnt an Brisanz, wenn zwischen dem Supervisor und den Supervisanden kein Verständnis über die Supervision erzielt werden kann,

das beide Parteien tragen können. Und die Realität sieht eben vielfach so aus, daß mit einem Supervisionsangebot auch immer gleichzeitig ein bestimmter Supervisionsansatz (methodisches Grundsetting) verbunden ist, der jedoch der Problematik und der Zielsetzung nicht immer gerecht werden muß. Deshalb muß immer wieder betont werden:
Das zu bearbeitende Problem hat sich nicht einer bestimmten Methode unterzuordnen, sondern die Methode hat sich an dem Problem auszurichten! Nicht die Methode bestimmt das Problem, sondern das Problem bestimmt die Methode!
In den einzelnen Supervisionsansätzen sind natürlich implizit spezifische Vorgehensweisen und methodische Techniken enthalten. Theoretisch verwandte oder sich nahe stehende Ansätze unterscheiden sich eigentlich nur in ihrem unterschiedlichen Methodeninventar bzw. in ihrer unterschiedlichen Vorgehensweise. Oft werden für die gleichen Techniken oder Interventionen lediglich andere Begriffe gewählt. Damit wird jedoch auch ein theoretisch-akademisches Problem angesprochen: "Das Nebeneinander verschiedener Konzeptionen, Methoden und Schulrichtungen in der Supervision und auch in der Ausbildung zum Supervisor kann zu Interessenkämpfen verschiedener Gruppierungen oder zu einer eklektizistischen Haltung führen. Es kann aber auch Anregung und Herausforderung zur Klärung der inneren und äußeren Beziehungen der Supervisionspraxis und deren theoretischer Grundlage sein, um der gerade in diesem Bereich bestehenden weit verbreiteten Methodenunsicherheit begegnen zu können" (KOECHEL 1984, 251).
Trotz unterschiedlicher theoretischer Schulen bzw. Ausrichtungen sind die methodischen Aspekte und Fragestellungen der Supervision nicht losgelöst von der konkreten Praxis zu sehen. Übergreifende Gesichtspunkte zur Frage der Methodenauswahl lassen sich daher nicht zwingend ableiten; allenfalls können bestimmend sein:
(1) Der jeweilige Ansatz einer theoretischen Ausrichtung, das heißt, die vorfindbare Praxis legt es nahe, ein bestimmtes methodisches Grundsetting zu favorisieren;
(2) die Zielformulierung für das Praxisfeld, die sich aus der Problemlage ergibt bzw. aus den Wünschen und Bedürfnissen der Supervisanden ableiten läßt;
(3) die Zumutbarkeit der Methoden für die Supervisanden, das heißt, welches methodische Vorgehen ist vertraut bzw. nicht vertraut;
(4) die Praktikabilität im konkreten Arbeitsfeld, das heißt, wie kann die Praxis in die Supervision eingebracht werden.

Wie schwierig es ist, einzelne methodische Verfahren oder methodische Interventionstechniken bestimmten 'theoretischen Schulen' oder 'methodischen Grundsettings' eindeutig zuzuordnen, wollen wir an einigen fiktiven, wenngleich sehr vereinfachenden Beispielen verdeutlichen.

Beispiel 1: Der Supervisand wird gebeten, seine Gefühle gegenüber seinem Vorgesetzten nonverbal, d.h. nur durch die Körpersprache, auszudrücken. Er soll eine, seinen Gefühlen entsprechende 'körperliche Position' (Standbild) einnehmen.
Diese Methode der Gefühlsveräußerung ist sowohl im psychodramatischen, im gestalttherapeutischen als auch im transaktionalen Setting üblich.

Beispiel 2: Der Supervisor sagt zum Supervisanden: "Sie sind unehrlich!"
Diese sprachliche Intervention kann unter klientenzentriertem (oder personenzentriertem) Ansatz als sinnvolle 'Konfrontation' und unter dem systemischen Ansatz als notwendige 'Provokation' verstanden werden.

Beispiel 3: Der Supervisor ermutigt den Supervisanden, eindeutig Stellung zu beziehen: "Sagen Sie einfach 'Ich mache das nicht mehr!'"
Diese Äußerung dient unter transaktionsanalytischem Ansatz der Focussierung des Erwachsenen-Ichs, unter organisationstheoretischem Ansatz der Abgrenzung funktionaler Beziehungen und unter gestalttherapeutischem Ansatz der Exploration von Blockierungen.

Beispiel 4: Der Supervisand präsentiert aus einer Videoaufzeichnung, die ihn in seiner Arbeit zeigt, eine Sequenz von 'nur' fünfzehn Minuten. Die Sequenz wird ohne einleitenden Kommentar eingespielt; die Teilnehmer erfahren lediglich, daß sie einen Ausschnitt der konkreten Arbeit wiedergibt.
Eine solche Sequenz kann unter klientenzentrierten (Sprache), unter organisationstheoretischen (Abhängigkeiten), unter gruppendynamischen (Interaktionen), unter transaktionsanalytischen (Beziehungsrolle) oder unter mikro-analytischen (Verknüpfungen) Gesichtspunkten betrachtet werden.

ANDRIESSEN und MIETHNER (vgl. 1985) führen eine Liste ähnlicher Interventionstechniken an, die während der Supervisionsarbeit eingebracht werden können. An dieser Stelle soll lediglich die Liste ohne die Erklärungen bzw. Erläuterungen wiedergegeben werden, um zu verdeutlichen, wie umfangreich und vielfältig die Interventionstechniken sein können:

Anspornen - Rat geben - amplifizieren - appellieren - Konzeptualisierung - bestätigen - beraten - Aufsicht ausüben - korrigieren - diagnostizieren - diskutieren - dosieren - für den Supervisanden eintreten - Erklärung geben - interpretieren - unterschieben - schweigen - Rückkoppelung - einladen - Unterschied feststellen - übersetzen - Beispiele geben - Fragen - warten - scharf einstellen.
Überblickt man nur die Liste, ohne die Erläuterungen der Autoren zu kennen, so wird einsichtig, daß jede einzelne Intervention unter unterschiedlichen methodischen Ausrichtungen auch mit anderen Intentionen eingesetzt werden kann.

Phasen des Supervisionsprozesses
Fast jede Supervisionsarbeit zieht sich in der Regel über einen längeren Zeitraum hin. Nun ist die Frage interessant, ob sich für einen planbaren Zeitraum schwerpunktartige Arbeitsphasen konzipieren lassen, die jedem Supervisionsprozeß als Grundraster zuzuschreiben wären, oder ob sich die zwangsläufig auftretenden gruppendynamischen Prozeßphasen mit den intendierten Arbeitsphasen in Einklang bringen lassen. Viele Autoren geben für ihre Supervisionsarbeit Phasen an; hier einige Beispiele:

KERSTING (vgl. 1975, 79 -81) untergliedert bei der Gruppensupervision fünf Phasen:

1. Phase: Orientierung
2. Phase: Machtkampf und Kontrolle
3. Phase: Vertrautheit und Intimität
4. Phase: Differenzierung
5. Phase: Trennung und Ablösung.

Diese Phasen weisen eine starke Affinität zu den Gruppenprozeßphasen auf, wie sie die Gruppendynamik für alle Gruppen als konstitutive Elemente jeden Gruppengeschehens herausgearbeitet hat (vgl. dazu: SPANGENBERG 1969). Es ist also keine Frage, daß sich auch in Supervisionsgruppen die gleichen und typischen gruppendynamischen Effekte zeigen wie in anderen Gruppen (vgl. SCOBEL 1988, 73 f.) und sie ebenso einem gleichen Verlaufsrhythmus unterliegen, nämlich: Forming - Storming - Norming - Performing. In Kurzfassung seien hier diese Phasen wiedergegeben, wobei sie idealtypische Verläufe skizzieren (vgl. PALLASCH 1986; TUCKMAN 1965):

1. Phase: *Forming*

a) (interpersonal relationship; Beziehungsebene) Einschätzen der Situation und Abhängigkeit (testing and dependence). Es beginnt ein Kennenlernen und Abtasten, eine Suche nach Anhaltspunkten und Hilfen.

b) (task activity: Inhaltsebene) Kennenlernen der Aufgabe (orientation to the task).

2. Phase: *Storming*

a) Es entstehen Konflikte innerhalb der Gruppe (intra-group-conflict). Feindseligkeit und Spannung breiten sich aus, Positionskämpfe beginnen, z. T. mit Untergruppenbildung.

b) Widerstand gegen die Aufgabe (emotional responds to task demands).

3. Phase: *Norming*

a) Entwicklung eines Gruppenzusammenhalts (development of group cohesion). Eine Harmonisierung der Beziehungen setzt ein, die Normen werden festgelegt, die Rollendifferenz ist beendet; eine allgemeine Teilnahme am Gruppengeschehen ist zu verzeichnen.

b) Austausch von Interpretationen (open exchange of relevant interpretations).

4. Phase: *Performing*

a) Funktionelle Rollenbezogenheit (functional rolerelatedness). Die Gruppe hat sich gefestigt und strukturiert, sie arbeitet aufgabenbezogen; Kooperation wird geübt, Konflikte können gelöst werden, und die informelle Kontaktaufnahme nimmt zu.

b) Auftauchen von Lösungen (emergence of solutions).

PLESSEN/KAATZ (vgl. 1985, 71 ff.) entwickeln gleichfalls fünf idealtypische Phasen des Supervisionsprozesses:

1. Phase: *Orientierungsphase*

Sie dient der Entwicklung und Festlegung einer gemeinsamen Handlungsgrundlage sowie der Bestimmung des Supervisionsauftrages.

2. Phase: *Informationsphase*

Sie dient der Datensammlung und Eindrucksbildung und enthält konkrete Beobachtungsaufgaben.

3. Phase: *Gewichtungsphase*

Sie dient der Systematisierung der verschiedenen Eindrücke, dem Ordnen der Beobachtungen und dem Vergleichen mit den Wünschen des Supervisanden.

4. Phase: *Rückmeldephase*

Sie dient dem Austausch und Vergleich von Daten und der Bestimmung der weiteren Lernschritte.

5. Phase: *Kontrollphase*

Sie dient der Entwicklung von Handlungsstrategien und -konsequenzen sowie der Einübung in diese neuen Verhaltensweisen.

Während das erste Phasenmodell (KERSTING) gruppendynamisch-orientierte Gesichtspunkte - zumindest implizit - favorisiert, werden im zweiten Phasenmodell (PLESSEN/KAATZ) die konkreten

Phasen des Supervisionsprozesses

❶ Orientierungsphase

Funktionen:
> Entwicklung und Bestimmung einer gemeinsamen Handlungsgrundlage

Tätigkeiten:
> Klärung des Anliegens [Supervisand; Supervisor]
> Bestimmen des Anlasses

↓

❷ Informationsphase

Funktionen:
> Datensammlung und Eindrucksbildung

Tätigkeiten:
> Interaktionsbeobachtung [Klient/Therapeut/Supervisand]

↓

❸ Gewichtungsphase

Funktionen:
> Systematisierung der Daten und Eindrücke

Tätigkeiten:
> Ordnen der Beobachtungen
> Vergleichen mit dem Ziel/Anliegen
> Auswählen der Informationen für die weitere Arbeit

↓

❹ Rückmeldephase

Funktionen:
> Austausch und Vergleich von Daten / Eindrücken

Tätigkeiten:
> Rückmeldung
> Bestimmen der Lernschritte

↓

❺ Kontrollphase

Funktionen:
> Entwicklung von Handlungskonsequenzen

Tätigkeiten:
> Ergebnis bewerten
> Strategien bestimmen
> neues Verhalten üben

(Idealtypische Darstellung des Supervisionsprozesses in Anlehnung an PLESSEN/KAATZ 1985)

Handlungen (Tätigkeiten) des Arbeitsprozesses benannt.

Die Grobphasen eines Supervisionsprozesses unter pädagogischen Gesichtspunkten (Arbeiten mit Lehrern) sind nach RING (vgl. 1989) beispielsweise:
1. die *Problemdefinition*: Ausgangspunkt ist die Fragestellung, die berufliche Situation;
2. die *Erarbeitungs- und Lösungsphase* in der Gruppe;
3. die *Erweiterungsphase*, die neue Handlungsalternativen ermöglicht.

STRÖMBACH et al. (vgl. 1975, 5 f.) sehen den Prozeß der Supervision unter lernpsychologischen Gesichtspunkten. Lernen wird als prozeßhaftes Geschehen verstanden, entsprechend ist ein Lernprozeßaufbau zu beachten. Sie unterscheiden zwischen:
1. *Initialphase*,
2. *Experimentierphase*,
3. *Generalisierungsphase* für das neu Gelernte bzw. Erworbene.

Dabei gilt es, das Lernen nicht dem 'trial and error-Prinzip' zu überlassen, sondern es soll versucht werden, "dem Lernstil des Supervisanden entsprechende Lernangebote zu machen" (ebd., 6). Hilfreich für die praktische Arbeit sind ihre zehn Grundsätze (vgl. ebd., 177 f.), die vor allem zu Beginn jeder Supervisionsarbeit von Bedeutung sind und die den weiteren Supervisionsprozeß wesentlich beeinflussen können. Sie werden hier in teilweise veränderter und ergänzter Fassung aufgenommen:
(1) Den Supervisanden den Sinn, die Möglichkeiten und Grenzen von Supervision verdeutlichen bzw. aufzeigen;
(2) sie der Vertraulichkeit ihrer Berichte versichern, die aber für die konkrete Supervisionsarbeit unerläßlich sind und im Interesse langfristig angestrebter Ziele genutzt werden dürfen;
(3) den Supervisanden eine angstfreie Atmosphäre schaffen, in der sie sich so geben können, wie sie sind, das heißt auch, sie müssen unvoreingenommen angenommen werden;
(4) den Supervisanden frühzeitig nötige und benötigte Hilfe anbieten;
(5) die Supervisanden ihre Ziele für ihre praktische Tätigkeit entwickeln lassen und sie auf Widerspruch oder Konformität mit den Zielen bzw. Normen ihres Arbeitsfeldes prüfen;
(6) den Supervisanden zunächst die Möglichkeiten einräumen, eher kognitiv-rational vorzugehen, weil das in der Regel den gewohnten Denk- und Handlungsstrukturen eher entspricht bzw. entgegenkommt, bevor sozial-emotionale oder affektive Bereiche angesprochen werden, die zu unbeabsichtigten und unerwünschten Verunsicherungen führen und zu einem Zeitpunkt während des Supervisionsprozesses auftreten, der da-

für noch nicht reif ist;

(7) die jeweiligen Stärken und Schwächen der Supervisanden möglichst frühzeitig erkennen (eine Art Lerndiagnose erstellen), um sie im Lernprozeß entsprechend berücksichtigen zu können;

(8) den Supervisanden ihr eigenes Lerntempo zubilligen und auch die unterschiedlichen Lernstile belassen, denn alternative Angebote werden erst dann angenommen, wenn sie aus der eigenen Überzeugung kommen;

(9) auf Hemmungen, Ängste, Blockierungen oder Verweigerungen achten, die gerade bei nichtvertrauten methodischen Interventionstechniken auftreten können, sie thematisieren und abbauen;

(10) ständig darauf achten, daß die sprachliche Diktion des Supervisors (Begriffe, Formulierungen, aber ebenso inhaltliche Darlegungen) den Supervisanden verständlich bleiben.

Diese Grundsätze, die auch als Prinzipien oder Regeln verstanden werden können, sind nie alle und gleichzeitig anzuwenden, sondern nur dann und dort, wo es sinnvoll oder nötig ist.

MUTZECK (vgl. 1989, 180 f.), der gemeinsam mit Lehrern das Ziel einer kollegialen Supervision anstrebt, die die Lehrer zur selbständigen und eigenverantwortlichen Praxisberatung befähigen soll, unterscheidet unter dieser Zielsetzung vier Phasen:

(1) *Gruppenbildungsphase*: Zusammenstellung der Supervisionsgruppe; Erläuterung der Ziele, Möglichkeiten und Grenzen der Supervision; Klärung der Arbeitsvoraussetzungen bzw. -bedingungen;

(2) *Fortbildungsphase*: Vereinbarungen über Kompaktveranstaltungen oder Einzelveranstaltungen; Schaffen eines Arbeitsklimas; Erarbeitung von Handlungskompetenzen für die selbständige kollegiale Supervision;

(3) *Phase der Praxisberatung mit Supervisor*: Leitung der Supervisionssitzungen von einem Supervisor als Lehr- und Anschauungsmedium; Prozeßanalyse;

(4) *Phase der kollegialen Supervision*: Selbständige Supervisionsarbeit durch die Teilnehmer; Supervisor zieht sich immer mehr aus der beratenden Funktion zurück.

Es ließen sich noch beliebig andere Phasenprozeßmodelle anführen (vgl. u.a. JOHN/FALLNER 1980; GAERTNER 1980; STARK 1988), die die Supervision als ein mehrstufiges Verfahren aufgliedern und je nach Zielsetzung unterschiedliche Gewichtungen vornehmen.

Versucht man aus allen ein Fazit zu ziehen, so läßt sich feststellen: Die Begriffe 'Phase' und 'Prozeß' werden sehr unterschiedlich verstanden und angewendet. Dies ist verständlich, weil sie als formal-sprachliche Instrumente lediglich den Bezugsrahmen abgeben. Erfolgt jedoch keine explizite Definition, dann definieren sich 'Phase' und 'Prozeß' kontextgebunden; das heißt, sie definieren sich durch und über den Gegenstand bzw. den Sachverhalt selbst. So gesehen läßt sich sagen, daß es kein einheitliches oder verbindendes Verständnis von 'Phasigkeit' oder 'Prozeßhaftigkeit' gibt, das die Supervision als eine exponierte praxisbegleitende Stilform originär auszeichnen würde. Die durch die Phasen und Prozesse beschriebenen Sachverhalte unterscheiden sich in keiner Weise von anderen verhaltensorientierten Trainings.

Formen der Supervision
Es gibt zwei Hauptformen der Supervision: die *Einzelsupervision* und die *Gruppensupervision.*

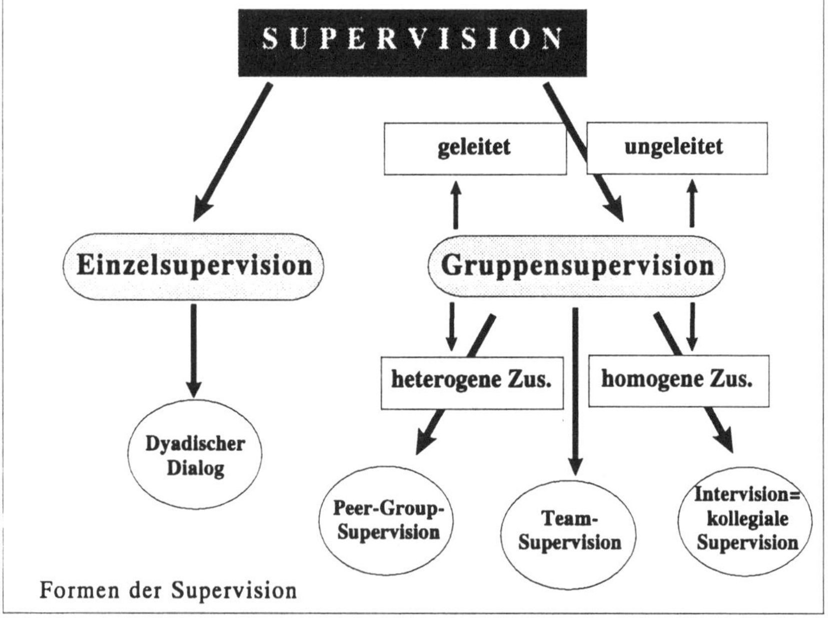

Formen der Supervision

Ohne im einzelnen die jeweiligen Spezifika beider Formen besonders herauszustellen, lassen sich Vor- bzw. Nachteile dieser Supervisionsformen schnell benennen.
In der Einzelsupervision besteht die Möglichkeit, zwischen Supervisor und Supervisand ein enges und persönlich vertrautes Verhältnis aufzubauen. Der Supervisor kann Frage- bzw. Problemstellungen ansprechen, die den individuellen Bedürfnissen und Wün-

schen des Supervisanden entsprechen. Die Supervisionsthematik kann darüber hinaus intensiver und sehr personenzentriert bearbeitet werden, und die durch die Übertragung in die Praxis gemachte Erfahrung kann sofort und direkt wieder vom Supervisor aufgegriffen werden. Einzelsupervision bietet außerdem die Möglichkeit, psychohygienische Aspekte intensiv und kontrolliert zu behandeln.
Von einigen Autoren wird die Einzelsupervision auch als ein '*dyadischer Dialog*' verstanden, der als eine besonders intime und fachliche, aber eben sehr vertraute Auseinandersetzung begriffen wird.
Viele dieser Vorteile der Einzelsupervision können sich natürlich ebenso in ihr Gegenteil verkehren. Die vertraute Nähe läßt die manchmal doch notwendige Distanz zum Thema und zur Person vermissen. Beide, der Supervisor und der Supervisand, laufen Gefahr, in eine wechselseitige emotionale Abhängigkeit zu geraten, die manchmal nur schwer aufzulösen ist. Der Supervisor mag dieses postive Verhältnis als eine Bestätigung seiner Arbeit interpretieren und genießt diese Position, der Supervisand begibt sich in eine - unbewußt - gewollte und gewünschte Abhängigkeit, die ihm Schutz, Anerkennung und Fürsorge zukommen läßt, die er möglicherweise außerhalb dieser Zusammenarbeit nicht erhält. Der Supervisor übernimmt quasi eine Art Alter-Ego-Funktion, ohne daß er sich dieser recht bewußt wird.
Die soeben für die Einzelsupervision angeführten Vorteile kommen in der Gruppensupervision so nicht zum Tragen. Dafür hat sie den Vorteil, daß durch die vielen Teilnehmer (meistens Kollegen des gleichen Arbeitsfeldes) eine bestimmte Vielfalt und Vielschichtigkeit gegeben ist, die unterschiedliche Gesichtspunkte hervorbringen läßt. Unterschiedliche Erfahrungen aus einem gleichen Arbeitsfeld können ausgetauscht werden. Eine gegenseitige Stützung durch mehrere Einzelne oder durch die gesamte Gruppe kann für die praktische Umsetzung neuer Ideen fördernd wirken. Desgleichen kann gegenüber der Einzelsupervision die methodische Vielfalt größer sein (vgl. PELZER 1984).
Innerhalb der Gruppensupervision kann noch die *geleitete* von der *ungeleiteten* Supervision unterschieden werden. Als ungeleitet verstehen sich Supervisionsgruppen ohne einen formalen Supervisor (eine geschlossene Arbeitsgruppe, Peer-Group-Supervision).
Die Gruppen können außerdem *homogen* oder *heterogen* zusammengesetzt sein, d.h. die Teilnehmer gehören einem Arbeitsfeld oder unterschiedlichen Arbeitsfeldern an.
Eine besonders im psychosozialen Arbeitsfeld geschätzte Supervision stellt die *Teamsupervision* dar. Da es in der Supervision nicht nur um sachliche Aspekte (Inhaltsebene), sondern gerade in

solchen Einrichtungen bzw. Institutionen um die Teamfähigkeit (Beziehungsebene) geht, bietet sich diese Form als eine besondere Möglichkeit für die Aufarbeitung von Konflikten bzw. für die Auseinandersetzung mit zwischenmenschlichen Problemen an. Eingebettet aber ist das Team immer in eine Organisationsform bzw. -struktur, die einen direkten Einfluß auf die Teamarbeit bzw. Teamfähigkeit ausüben und daher einer gesonderten bzw. zusätzlichen Aufmerksamkeit bedürfen (vgl. dazu: BARTHE 1985; BUCHINGER 1984; FATZER 1986).

Eine weitere Form der Gruppensupervision ist die *Intervision*, die man auch als *'kollegiale Supervision'* bezeichnen kann. Gemeint sind Gruppen, genauer: Arbeitsteams, die die Supervision in Eigenverantwortung selbst übernehmen. Unter wechselnder Leitung eines Kollegen aus dem eigenen Team wird supervisierende Arbeit geleistet. Von Zeit zu Zeit kann man sich einen externen Supervisor einladen, der die Supervisionsarbeit wiederum supervisiert.

Von den noch anderen Supervisionsformen, wie die 'live-Supervision' oder die 'ex post-Supervision', die alle lediglich Varianten der beiden oben genannten sind, sollen nur die *interne Supervision* und die *externe Supervision* genannt werden.
Die interne Supervision besagt, daß der Supervisor ein Fachmann aus dem gleichen Arbeitsgebiet oder aus der gleichen Berufsbranche ist. Die Vorteile liegen auf der Hand: Die intimen Kenntnisse des Faches bzw. der Tätigkeit, das Vertrautsein mit den Rahmenbedingungen der spezifischen Arbeitswelt oder die eigenen Erfahrungen, die eingebracht werden können. Die Nachteile liegen ohne Frage in eben dieser Nähe und Vertrautheit zum Arbeitsfeld. Die eigenen blinden Flecken werden nicht erkannt, die nötige Distanz fehlt, um andere Gesichtspunkte einbringen zu können, und die eigene lange Erfahrung macht einen solchen Supervisor möglicherweise zum 'Übervater', der wider eigenen Willen von den Supervisanden unkritisch akzeptiert wird.
Die externe Supervision besagt, daß der Supervisor kein direkter Fachmann des Arbeitsfeldes der Supervisanden ist. Nach Möglichkeit sollte er auch nicht aus dem eigenen, erweiterten Feld stammen, sondern tatsächlich 'von außen' kommen. Er muß aber einen indirekten Bezug zum Arbeitsfeld der Supervisanden besitzen, das heißt, er muß Experte für Fragen oder Probleme sein, die im Arbeitsfeld der Supervisanden auftreten, die aber von ihnen selbst nicht gesehen oder wahrgenommen werden.
Die genannten Supervisionsformen lassen sich außerdem bestimmten Anwendungsbereichen zuordnen:

1. *Ausbildungssupervision*

Unter Ausbildungssupervision wird jene Art verstanden, die Auszubildende während ihres Studiums oder während ihrer zweiten Ausbildungsphase (Referendariat) als berufseinführende Schulung erhalten. In den meisten öffentlichen Ausbildungsvorschriften der Institutionen ist die Supervision nicht zwingend vorgesehen, sondern wird vielfach zusätzlich angeboten oder freiwillig von den Auszubildenden angefordert. Denn nicht immer decken sich die offiziellen Ausbildungsinhalte mit den Wünschen und Bedürfnissen der Auszubildenden in ihrer Arbeit vor Ort. Vor allem besitzt die Supervision den Vorteil, daß sie ohne formale Beurteilungen und Bewertungen durchgeführt wird und somit den Lernenden die Chance bietet, wirklich die Probleme zu thematisieren, die ihnen unter den Nägeln brennen.

2. *Fort- und Weiterbildungssupervision*

Die Fort- und Weiterbildungssupervision kann vorgeschrieben werden (Zertifikatsnachweis), oder sie erfolgt freiwillig. Sie wendet sich an schon Berufstätige, die durch die Supervisionsarbeit ihre praktische Arbeit verbessern oder umgestalten wollen. Oft werden bestimmte Themen- oder Problembereiche benannt, die unter spezifischen Gesichtspunkten neu oder anders bearbeitet werden sollen. In der Regel ist diese Supervisionsform durch die Vorgabe zeitlich begrenzt.

3. *Berufsbegleitende Supervision*

Sie deckt sich im wesentlich mit der Fort- und Weiterbildungssupervision. Allerdings geschieht sie mehr aus freiwilliger Überzeugung und dauert in der Regel länger. Es geht auch nicht um spezifische Fragestellungen oder Problembereiche, die vorher festgelegt werden, sondern die Arbeitsschwerpunkte entwickeln oder ergeben sich aus der permanenten Supervisionsarbeit.
In diese Rubrik fallen jene Supervisionsformen, die als kollegiale Supervision oder kollegiale Praxisberatung verstanden werden.

4. *Institutionelle Supervision*

Die institutionelle Supervision ist eine Sonderform der beiden letztgenannten, allerdings mit dem Zusatz, daß sich diese Supervision auf nur eine Institution oder einen Bereich einer Institution begrenzt. So können Mitarbeiter einer öffentlichen Behörde, einer Firma oder nur Mitarbeiter einer Abteilung gesondert Supervision erhalten. Hier geht es in der Regel um bestimmte und eingegrenzte Probleme oder Fragen, die sich auf die konkrete vorfindbare Praxis beziehen bzw. aus ihr erwachsen.

5. *Lehrsupervision*
Unter Lehrsupervision versteht man im allgemeinen den Ausbildungsgang eines künftigen Supervisors. Die Formen und Varianten sind naturgemäß sehr unterschiedlich, weil es für die vielfältigen Arbeitsfelder je unterschiedlicher Qualifikationen bedarf. Da es noch kein einheitliches Berufsbild des Supervisors gibt, sind auch die einzelnen Ausbildungsgänge oder Zusatzausbildungen sehr unterschiedlich. Die profiliertesten Curricula finden sich in den therapeutischen Ausbildungsgängen, da in diesen Arbeitsfeldern die Sachkompetenz relativ eindeutig definiert werden kann. Relativ gut ausgearbeitet sind daneben die Ausbildungsgänge in der Sozialpädagogik, wenngleich die einzelnen Curricula stark voneinander abweichen.

Alle diese Supervisionsformen sind idealtypische Beschreibungen, die in der Praxis nur selten anzutreffen sind. Zwischen ihnen gibt es vielfältige Überschneidungen und Überlappungen.

Das Setting

Unter Setting soll hier das allgemeine Arrangement verstanden werden, daß für jede Supervision getroffen werden muß. Sowohl der Supervisor als auch der Supervisand bzw. die Supervisanden müssen wissen, worauf sie sich einlassen bzw. was auf sie zukommt. Das Setting beinhaltet im weiten Sinne den Kontrakt (die Vereinbarung) zwischen den Parteien, der entweder mündlich vereinbart oder schriftlich abgefaßt wird. Ohne ins Detail zu gehen und ohne spezielle Aspekte näher zu beleuchten, müssen folgende Gesichtspunkte beachtet werden:

Kontrakt:
Zwischen dem Supervisor und dem bzw. den Supervisanden müssen klare und eindeutige Vereinbarungen getroffen werden. Das läßt sich über ein Kontraktgespräch arrangieren. Wichtig in diesem Gespräch ist, daß beide Parteien gleichberechtigt ihre Vorstellungen einbringen können.

Ziele und Erwartungen:
Die Ziele für die Supervision sollten - zumindest als Grobziele - festgelegt werden. Dabei müssen sowohl der Supervisor als auch die Supervisanden ihre Ziele aus ihrer spezifischen Lage heraus formulieren und klären, ob diese Ziele durch die gemeinsame Supervisionsarbeit erreicht werden können. Besonders sind es die Erwartungen der Supervisanden an die Supervision, die als Ziele umformuliert werden sollten. Nicht jede vereinbarte Zielsetzung wird immer einzuhalten sein, denn oftmals stellt sich erst in der

Bestandteile des Settings für die praktische Supervisionsarbeit

konkreten Supervisionsarbeit heraus, daß die Problemlage anders zu bewerten ist und daß sich folglich auch die Ziele ändern müßten. Aber auch diese - schon prozeßorientierte Denkweise - kann im Vorwege mit den potentiellen Supervisanden geklärt werden.

Methodisches Setting:
Zwischen Supervisor und Supervisanden muß eine Verständigung darüber erzielt werden, wie das methodische Grundsetting aussehen könnte. Hier ist vor allem der Supervisor gefragt, der für sich überprüfen und dann entscheiden muß, ob er die angestrebten Ziele mit seinem methodischen Wissen und Können erreichen kann. Da der Supervisor in der Regel aus einer bestimmten 'Schule' kommt bzw. dort seine Aus- bzw. Zusatzausbildung erworben hat, muß geprüft werden, inwieweit 'diese Schule' den Supervisanden gerecht wird bzw. ob sie mit den Vorstellungen der Supervisanden übereinstimmt. Letztlich steht dahinter die Frage nach dem Menschenbild, welches vom Supervisor vertreten wird und welches sich in gewisser Weise im methodischen Setting widerspiegelt.

Zeit, Dauer und Ort:
Es muß vereinbart werden, wie lange die Supervision dauern soll und wie die jeweiligen Zeiteinheiten geplant sind. Abgesehen von vorgeschriebenen Stundenvorgaben, die nur dem formalen Nachweis für eine Zertifikatsberechtigung dienen, ist das eine freie

Vereinbarung, die zwischen den Parteien getroffen wird. Sie wird sich in der Regel aus der Zielvorgabe erschließen lassen.
Nicht zu unterschätzen ist der Ort, wo die Supervision stattfinden soll. Gerade die Räumlichkeiten haben einen großen Einfluß auf die Arbeitsweise und die Arbeitsatmosphäre aller Beteiligten. Ob die Supervisionsarbeit in den eigenen Räumen stattfindet oder außerhalb des Wirkungsbereiches, macht für die Supervisanden einen großen Unterschied aus.

Möglichkeiten und Grenzen:
Im Kontraktgespräch oder in den ersten Sitzungen sollten die Möglichkeiten und Grenzen der konkret durchzuführenden Supervision aufgezeigt werden. Dies wird vornehmlich eine Aufgabe des Supervisors sein, der in Abschätzung und Abwägung aller Gegebenheiten die Arbeitsmöglichkeiten einzuschätzen vermag. Die bereits oben angesprochene Zielproblematik könnte hier aufgegriffen werden, indem man sich nämlich mehrere Optionen für das weitere gemeinsame Vorgehen offen hält. Nicht immer können die jeweiligen Möglichkeiten bzw. Grenzen im voraus genau abgeschätzt wären, aber auch schon diese Vereinbarung einer relativen Offenheit sollte angesprochen werden, weil sie den jeweils Beteiligten einen Ausstieg oder einen Wechsel erleichtern.

Vertraulichkeit:
Über die Frage, was in der Supervision bleiben muß und was nach außen getragen werden darf - und wenn, in welcher Form -, muß ein eindeutiges Einvernehmen erzielt werden. Zwischen dem Supervisor und den Supervisanden und zwischen den Supervisanden untereinander muß ein Vertrauensverhältnis geschaffen werden, das durch klare Absprachen über den Umgang mit den Informationen und Inhalten aus der Supervision eingeleitet werden kann.
Der Supervisor befindet sich nicht selten in einer beruflichen Position, in der er sein Wissen über einzelne Supervisanden nutzen könnte, indem er (manchmal ungewollt) zu einem Berichterstatter für andere wird. Diese Frage des Umgangs mit den Informationen muß in aller Offenheit geklärt werden. Dazu gehört auch die Frage der Evaluation im weitesten Sinne. Es ist nämlich sehr leicht, Material aus der Supervisionsarbeit für eigene (Forschungs-)Zwecke auszuwerten. Dies gilt wohl eher für die Supervisoren als für die Supervisanden. Auch diese Frage sollte angesprochen und geklärt werden.

Frage der Zumutbarkeit:
Unter allen nur denkbaren Gesichtspunkten ist die Frage zu klären und zu prüfen, was dem Supervisor und den Supervisanden

zuzumuten ist. Und unter Zumutbarkeit ist auch zu verstehen, daß die Supervisanden sich einer harten und schmerzvollen Arbeit zu unterziehen haben, die ihnen möglicherweise mißfällt oder gegen die sie sich sträuben, die aber dennoch für den gesamten Prozeß wichtig und notwendig ist. Alle Widerstände sind sehr ernst zu nehmen, aber auch Widerstände haben die unterschiedlichsten Motive, die es genau zu analysieren und zu klären gilt. Eine falsche Rücksichtnahme den Betroffenen gegenüber kann auf lange Sicht nur schaden.
Die Frage der Zumutbarkeit bezieht sich also nicht nur auf die inhaltlichen Fragestellungen und methodischen Interventionen, sondern auch darauf, inwieweit sich die Supervisanden unter Anleitung einem Prozeß zu unterziehen bereit sind, der von der Sache her geboten ist. Im Hintergrund stehen die Erfahrungen vieler Gruppenleiter und Therapeuten anderer Beratungs- oder Therapieformen, die es immer wieder mit den sogenannten 'Psychofreaks' zu tun haben. `Psychofreaks' sind Leute, die zu allen nur möglichen therapeutischen oder quasi-therapeutischen Gruppen laufen, um sich 'gesund sitzen' zu lassen, aber wenn es dann zur eigenen Arbeit an ihrer Persönlichkeit kommt, 'das Feld räumen' (wobei als Grund meistens die Unfähigkeit des Leiters bzw. des Therapeuten angegeben wird), um sich nach einer selbst verordneten Schonfrist wieder einer neuen Gruppe anzuschließen.

Finanzielle Regelung:
Wie immer die finanzielle Regelung und Absprache im einzelnen aussehen mag, sie muß auf jeden Fall angesprochen und geklärt werden. Gratisleistungen wie überhöhte Honorarforderungen werden der Arbeit wohl kaum gerecht werden, andererseits spielt die materielle Vereinbarung eine nicht zu unterschätzende Rolle in den Erwartungen, Einstellungen und Haltungen beider Parteien zueinander.

Probleminduzierende Faktoren
Aus dem oben Gesagten lassen sich summarisch die Faktoren herausfiltern, die zu Problemen in der Supervision führen können, es aber nicht zwangsläufig müssen:

> Das Kontraktgespräch war nicht eindeutig. Zwischen Supervisor und den Supervisanden kommt es aufgrund unklarer Vereinbarungen zu Mißverständnissen. Das kostet viel Zeit und Energie, um wieder in Ordnung gebracht zu werden.
> Der Supervisand kommt nicht freiwillig in die Supervision, sondern wurde aufgrund von Ausbildungsvorschriften dazu gezwungen. Passives Verhalten und Widerstände könnten die Folge sein.

- > Der Supervisor ist auch gleichzeitig der Ausbilder oder Vorgesetzte der Supervisanden. Das fachliche und persönliche Vertrauensverhältnis könnte darunter leiden oder kann erst gar nicht aufgebaut werden.
- > Der Supervisor ist ein gleichgestellter Kollege oder Partner aus dem gleichen Arbeitsfeld. Das könnte zu unterschwelligen Konkurrenzkämpfen führen, die die eigentliche Arbeit in der Supervision beeinträchtigen.
- > Der (persönliche oder fachliche) Abstand zum Supervisor ist zu groß. Der Supervisor wird als eine omnipotente Macht angesehen. Es könnte schwer fallen, intime Informationen preiszugeben oder kritische Einwände einzubringen. Das Arbeiten könnte sich eher rezeptiv als aktiv-konstruktiv gestalten.
- > Die Grenzen der Supervision, besonders zur Therapie oder zur Psychohygiene, werden überschritten. Das führt zur Verschleierung der Ziele, und die Supervision läuft Gefahr, umfunktioniert zu werden.
- > Die Feedback-Regeln bzw. -Vereinbarungen sind nicht deutlich oder werden nicht eingehalten. Das könnte zu unerwünschten und unergiebigen Abschweifungen oder Auseinandersetzungen führen.
- > Die Kompetenz des Supervisors wird generell oder für speziel- le Aspekte angezweifelt. Das könnte zu Unsicherheiten und zu unnötigen Auseinandersetzungen führen.
- > Zwischen der Sach- und der Beziehungsebene kommt es zu unzulässigen Vermischungen oder Unvereinbarkeiten, die der Arbeit insgesamt und einzelnen Supervisanden schaden könnte.
- > Durch die Supervisionsarbeit wird bei einzelnen Supervisanden eine berufliche Identitätskrise ausgelöst, die durch die Supervision nicht aufgehoben werden kann (und vielleicht auch nicht aufgehoben werden sollte), die sie schließlich zweifeln läßt, in ihrem Arbeitsfeld weiterhin zu tätig zu sein.

3 Pädagogische und unterrichtliche Supervision

Die bisherigen Ausführungen haben gezeigt, daß es nicht nur schwierig ist, die unterschiedlichen Supervisionsformen einzelnen Arbeitsfeldern eindeutig zuzuordnen, sondern es ist ebenso schwierig, von einer eindeutigen *therapeutischen*, *psychologischen* oder *pädagogischen* Supervision zu sprechen. Allenfalls läßt sich sagen, daß es Schwerpunkte oder spezifische Ausrichtungen innerhalb der Supervisionspraxis gibt. Erschwerend kommt die zu beobachtende Tendenz hinzu, daß sich auch im pädagogischen bzw. unterrichtlichen Zusammenhang die Verwendung des Begriffes 'Supervision' immer stärker ausbreitet, die, insgesamt gesehen, nicht gerade zur Vereinheitlichung des unter Supervision zu verstehenden Sachverhalts beiträgt. Entweder wird der Begriff sehr eindeutig, klar und präzise erklärt, was man bei vielen Kursangeboten zur Supervision antrifft (etwa bei: GARLICH 1984; ROTERING-STEINBERG 1988 u.a.), oder er wird als summativer Arbeitsbegriff allgemein und unkommentiert verwendet, weil man davon ausgeht, daß der Adressat weiß, was darunter zu verstehen sei (etwa bei: BECKER 1986, 122; BUROW 1988; KOHLS 1990, 42 u.a.). Die häufige Verwendung des Begriffes im Sinne eines allgemeinen Arbeitsterminus trägt jedoch nicht immer zur Klarheit und Klärung bei.

Je schwieriger, komplizierter oder differenzierter die Realität (Praxis) wahrgenommen, gesehen oder empfunden wird, je abstrakter und theoretischer versucht die jeweilige Bezugswissenschaft das Differenzierte im Komplexen wiederzugeben. Dies ist ein normaler Abbildungsprozeß in jeder Wissenschaft und gilt für die Sozial- und Handlungswissenschaften in besonderer Weise. Er darf jedoch nicht dazu führen, daß durch Abstraktion und Begriffsbildung die Praxis aus den Augen verloren wird.

Supervision: Eine pädagogische Herausforderung

Die dargelegte Problematik reizt zu dem Versuch, für den pädagogischen - besonders für den unterrichtlichen - Bereich eine Idealformel für die Supervision zu erarbeiten, die als Zielperspektive supervisierender Arbeit dienen kann. Eine Sonderstellung im Rahmen

pädagogischer Supervision nimmt dabei die Supervision im sozialpädagogischen Kontext ein, die aus historisch gewachsenen Gründen der pädagogischen (besonders der unterrichtlichen) Supervision gegenüber sowohl in dem Bemühen um eine Theoriebildung als auch in der Praxis um einiges voraus ist. "Wohl in keinem Bereich ist soviel über und mit Supervision gearbeitet worden, wie in der Sozialarbeit. Zugleich ist aber auch in diesem Anwendungsbereich die vielschichtige Problematik des Begriffs und der Methode(n) herausgearbeitet worden. Diese Diskussion scheint für andere Praxisfelder, in denen mit Supervisionsmethoden gearbeitet wird oder werden sollte, bisher noch nicht geleistet zu sein. Der Zugang ist meist ein sehr praktischer - man tut einfach etwas, ohne sich theoretisch darum zu bemühen" (JAHNKE 1986, 103).
Für Sozialpädagogen ist die Supervision fast unverzichtbar geworden. "Supervision ist im sozialen Bereich (...) inzwischen zur Selbstverständlichkeit geworden. Supervision ist hier anerkannt als notwendiges Reflexionsinstrument beim Erlernen und Vertiefen einer neuen Berufsrolle" (LEHMKÜHLER-LEUSCHNER 1984, 5). In Anlehnung an therapeutische Modelle bzw. Vorgehensweisen hat es die Sozialpädagogik überdies leichter, das notwendige Instrumentarium zu entwickeln und bereitzustellen.

Wenn hier von *pädagogischer Supervision* gesprochen wird, dann sind zusammenfassend all jene Tätigkeitsbereiche gemeint, die bereits weiter oben im Abschnitt *Supervision im pädagogischen Kontext* umrissen worden sind. Den größten Anteil wird dabei ohne Frage die Supervision im *unterrichtlichen Kontext* einnehmen, also die Supervision in jenen Arbeitsfeldern, in denen im klassischen Sinne gelehrt und gelernt wird. Die Supervisionsproblematik im sozialpädagogischen Kontext klammern wir daher bei den folgenden Überlegungen weitgehend aus.

Nun wäre zu fragen, ob es überhaupt eine eigenständige pädagogische Supervision geben muß?
Ist es überhaupt sinnvoll und lohnend, sich mit dieser Frage theoretisch und praktisch auseinanderzusetzen?
Genügt es nicht, sich mit den bereits vorliegenden Modellen und Konzepten zufriedenzugeben?

Um Antworten auf diese Fragen zu erhalten, ist es nützlich, sich die derzeitige pädagogische Praxis genauer anzuschauen. Dabei stellen wir fest:

(1) Die Supervision als eine alternative berufsbegleitende Beratungsform wird in zunehmendem Maße auch von Pädagogen gewünscht und in Anspruch genommen, so daß sich die Frage

nach ihrer Notwendigkeit oder Berechtigung eigentlich gar nicht stellt. Sie wird durch das Faktische beantwortet. Mehr noch: Die Supervision als eine alternative Form der Praxisberatung fordert die Pädagogik geradezu heraus, sich dieser Thematik systematisch anzunehmen. Gegenüber den benachbarten Wissenschaftsdisziplinen liegt hier ein Nachholbedarf vor.

(2) Die Supervision als eine für die Pädagogik neue Art und Form der Auseinandersetzung mit beruflichen und persönlichen Problemen besitzt eine hohe Attraktivität für Pädagogen. Ob diese Attraktivität auch über einen längeren Zeitraum beibehalten werden kann, ist zur Zeit noch eine offene Frage. Offenbar befriedigt aber die Supervision die Wünsche und Bedürfnisse professioneller Pädagogen besser als die bisher praktizierten berufsbegleitenden Beratungsformen. Inwieweit die Supervision ihre Attraktivität aufrechterhalten kann, ist demnach auch eine Frage ihrer pädagogisch-konzeptionellen Weiterentwicklung.

(3) Unter den professionellen Pädagogen nimmt die Gruppe der Lehrer eine herausragende Rolle ein. Daß viele Lehrer von sich aus Supervisionsgruppen aufsuchen, ist als Beleg dafür anzusehen, daß engagierte Lehrer nach Möglichkeiten suchen, sich über ihre berufliche Tätigkeit in einer Weise auszutauschen, die es offenbar vorher in dem gewünschten Sinne nicht gab. Dabei darf nicht übersehen werden, wie bereits weiter oben ausgeführt, daß die Supervision oft als Vehikel zur Überwindung des persönlichen Leidens in Anspruch genommen wird. Beispielhaft sei hier nur auf Erfahrungen von Balintgruppenleitern hingewiesen. GARLICHS (1984, 60), die über Erfahrungen aus der Balintgruppenarbeit mit Lehrern berichtet, weist auf solche Gefahren hin: “Es gab wenig Themen, die keine Verbindung zwischen Selbsterfahrung und Berufsorientierung zugelassen hätten. Allerdings bestand zwischendurch bei einigen Teilnehmern die Neigung, die ‘lästige Schule’ ganz auszublenden, weil es offensichtlich angenehmer und bequemer war, sich mit anderen Themen, die ja auch wichtig waren, zu befassen. Von erfahrenen Balintgruppenleitern wird nicht umsonst vor der schleichenden Umwandlung einer Balintgruppe a) in eine Selbsterfahrungs- bzw. Therapiegruppe oder b) in eine rein kognitive Problemlösegruppe gewarnt”.

(4) Die pädagogische Supervisionsarbeit wird derzeit von Supervisoren durchgeführt, die in den meisten Fällen keine pädagogische Grundausbildung besitzen. Um aber *pädagogisch sehen,*

denken und verstehen zu können, bedarf es eines soliden pädagogischen Fundaments. Pädagogen haben andere Fragen zu stellen und haben andere Perspektiven einzubringen als beispielsweise Vertreter benachbarter Wissenschaftsdisziplinen.

Idealformel und Merkmale pädagogischer Supervision

Im Bemühen, die pädagogische Supervision konzeptionell weiterzuentwickeln, rücken zunächst zwei Fragestellungen in den Vordergrund:

(1) Wie könnte eine Idealformel für eine pädagogische Supervision lauten?
Wie könnte eine pädagogische Supervision definiert werden?

(2) Worin müßte sich eine pädagogische Supervision von anderen Supervisionsformen unterscheiden?
Welche charakteristischen Merkmale oder Elemente müßte eine pädagogische Supervision aufweisen?

Beide Fragestellungen sind eng miteinander verbunden, entsprechend verknüpft werden die Antworten sein.

Zur ersten Fragestellung: Idealformel - Definition

Idealformel - Definition: Pädagogische Supervision

Unter pädagogischer Supervision verstehen wir die vorurteilsfreie und wert-offene Reflexion über das berufliche Tun auf der Basis symmetrischer Kommunikation.

Supervision heißt und bedeutet Reflexion über das berufliche Sehen, Denken, Fühlen und Handeln des Supervisanden. Dabei kann das berufliche Sehen, Denken, Fühlen und Handeln mit persönlichen, das heißt auch immer biographischen Anteilen korrespondieren. Das Ziel der Supervision ist die Reflexion selbst, aus der sich für den Supervisanden bestätigende, korrigierende oder alternative Sichtweisen, Denk- oder Handlungsstrategien ergeben können.

Reflexion als Prozeß bedeutet im Konkreten das Nachdenken über Frage- und Problemstellungen, das Austauschen von Daten, Informationen, Gedanken, Eindrücken und Ideen, das Wahrnehmen anderer Sachverhalte oder Zusammenhänge, das Paraphrasieren und Verbalisieren er- und durchlebter Ereignisse und Probleme, das In-Beziehung-Setzen verschiedener Daten zueinander, das Ausschöpfen des kreativen Potentials für alternative Möglichkeiten und das gegenseitige Stützen und Begleiten in der praktischen Umsetzung.

Durch und über Supervision sollen zwei praxisbezogene Zielsetzungen deutlicher voneinander erkannt und bearbeitet werden:

Erstens: *Praxis bewältigen*!
Dem Supervisanden soll geholfen werden, seine Praxis besser bewältigen zu können. Dies bedeutet in erster Linie die Konzentration auf jene Bereiche, in denen der Supervisand seine aktuellen Probleme und Schwierigkeiten sieht, mit dem Ziel, diese zu überwinden.

Zweitens: *Praxis verändern*!
Der Supervisand möchte im Sinne (s)einer expliziten pädagogischen Zielsetzung seine Arbeitsweise überprüfen und notfalls umstellen, um die Praxis zu verändern. Dies bedeutet in erster Linie das Überprüfen bisheriger pädagogischer Zielsetzungen bzw. das Herausarbeiten neuer Zielvorstellungen und die Abstimmung bzw. Umsetzung alternativer Methoden oder Techniken auf bzw. in die Praxis.

Diese Idealformel für eine pädagogische Supervision besitzt einen sehr hohen theoretischen Anspruch, der in der Praxis schwer einzulösen sein wird. Dieser hohe Anspruch muß dennoch - als ständige Zielvorgabe - aufrechterhalten werden, wenn die Supervision einerseits von den Ängsten und den Befürchtungen und andererseits von den Kontrollmechanismen und Beurteilungsformen frei gehalten werden soll, die sonst üblicherweise die beruflichen Beratungen begleiten.

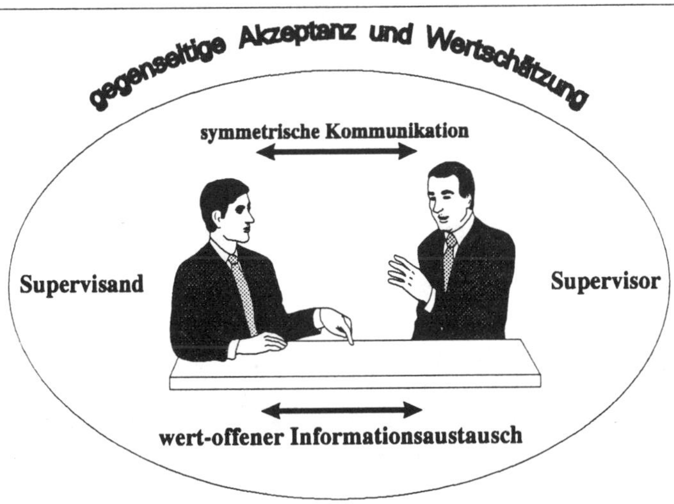

Verhältnis von Supervisor und Supervisand in der päd. Supervision

Vorurteilsfrei und *wert-offen* sind als *arbeitsleitende Hilfskategorien* zu verstehen, die besonders für den Supervisor von Bedeutung sind. Natürlich ist kein Supervisor frei von Vorurteilen und Wertmaßstäben, aber er muß sich dieser Vorurteile und Wertmaßstäbe sehr bewußt sein, um sie kontrollieren und bewußt steuern zu können. Das explizite Offenlegen der Vorurteile bzw. Wertmaßstäbe sollte daher zu einem konstitutiven Element supervisierender Arbeit werden. Vorurteile beziehen sich meist auf Einstellungen und Haltungen und auf Personen und deren Habitus, Wertmaßstäbe beziehen sich meist auf Ergebnisse, Zusammenhänge, Vorgänge oder Prozesse.
Bestehen starke Vorurteile auf seiten des Supervisors oder auf seiten des Supervisanden dem jeweils anderen gegenüber, dann wäre zu prüfen, ob eine gemeinsame Supervisionsarbeit begonnen werden sollte.
Wertmaßstäbe sind hingegen sehr wertvoll, hilfreich, ja notwendig, wenn sie als Grundlage, als Leitfaden oder als Taxonomie für Betrachtungsweisen konstruktiv genutzt werden. *Wertfrei* meint in diesem Zusammenhang also nicht, keine Wertmaßstäbe zu besitzen (was ohnehin nicht möglich ist), sondern es meint, diese Werte bzw. Wertmaßstäbe explizit in den Supervisionsprozeß einzubringen. Dabei muß gefragt und geprüft werden, ob sich diese Wertmaßstäbe auf wissenschaftliche Erkenntnisse zurückführen lassen oder ob sie das Ergebnis persönlicher Erfahrungen sind. Weder die ersten noch die zweiten sind von vornherein 'besser', 'richtiger' oder 'gültiger' , aber das Benennen ihrer jeweiligen Bezugspunkte erleichtert das gegenseitige Verstehen und Verständnis. Das Offenlegen der Wertmaßstäbe beugt der Gefahr vor, sie zur verdeckten, heimlich-machtvollen Richtschnur oder zum Dogma der Supervisionsarbeit werden zu lassen.
Symmetrische Kommunikation bedeutet das Bemühen um gegenseitige Anerkennung und Wertschätzung. Vor allem gilt es, dem Supervisanden eine angstfreie Supervisionsatmosphäre zu schaffen. Erst eine angstfreie Atmosphäre bietet die Chance zu einer freien und offenen Kommunikation, erst sie ermöglicht einen gleichberechtigten Austausch der Gedanken, Ideen und Vorstellungen wie ebenso das Äußern von Befürchtungen und Sorgen. Obwohl das Ziel, eine totale symmetrische Kommunikation zu schaffen, realiter nie vollends erreicht werden wird, weil es immer institutionelle oder psychologische (und damit einhergehend: psychische) Abhängigkeiten geben wird, sollte dieses Ziel als ideelle Vorgabe nie aufgegeben werden. Dabei läßt sich eine institutionelle Abhängigkeit (Supervisor ist Ausbilder oder Vorgesetzter des Supervisanden) noch eher überwinden als eine psychologische Abhängigkeit. Ein älterer und erfahrener Supervisor beispielsweise

mag schon durch seine Persönlichkeit den Supervisanden in eine kognitive oder emotionale Abhängigkeit bringen, die es ihm kaum ermöglicht, mit einem quasi omnipotenten Supervisor symmetrisch zu kommunizieren.

Eine *pädagogische Supervision* unter diesen ideellen Zielvorgaben, die gleichsam als Prämissen für eine fruchtbare Arbeit angesehen werden können, kann nicht verordnet werden. Sie hat freiwillig zu erfolgen. Von daher wäre auch zu überlegen, ob sie zum obligaten Bestandteil einer Berufsausbildung gemacht werden sollte. Für spezifische Berufsfelder mag es hier begründete Ausnahmen geben, wie PÜHL (vgl. 1991, 7) dies beispielsweise für die psychoanalytische Supervision sieht. Er unterscheidet zwischen einer *Fortbildungs-* und *Ausbildungssupervision*. Die Fortbildungssupervision ist für bereits praktizierende Therapeuten, die Ausbildungssupervision für noch in der Ausbildung Befindliche gedacht. Ausbildung und Supervision vertragen sich schlecht, wenn man zwischen beiden einen Unterschied sieht. Sieht man zwischen beiden keinen Unterschied, wie es an einigen Supervisionskonzepten im Rahmen von grundständigen Ausbildungsgängen deutlich wird, dann gibt es auch keinen Grund, sich um die Supervision als eine eigenständige Stil- oder Beratungsform zu bemühen. Der Versuch vieler Ausbildungsinstitutionen, die Supervision als einen separaten und eigenständigen Anteil innerhalb einer grundständigen Berufsausbildung einzubauen, ist bisher nur selten zur Zufriedenheit aller Beteiligten geglückt. Es bereitet fachliche und psychologische Schwierigkeiten, zwischen beiden eine eindeutige Grenze zu ziehen. Eine Ausnahme mag die Supervision im Rahmen beruflicher Zusatzqualifikationen sein (z.B. Zusatzausbildung zum Therapeuten), wenngleich hinzugefügt werden muß, daß diese Formen von Supervision anderen Zielen unterworfen sind. WEISBACH (vgl. 1988, 139 ff.) nutzt beispielsweise die Supervision im Rahmen der 'Ausbildung der Tutorenausbilder', wobei er sich auf ältere Konzepte der Supervision stützt (vgl. ebd., 46) und daher das Verhältnis von Supervisand und Supervisor als "eine ähnliche Beziehung wie zwischen Ratsuchendem und Berater" versteht (ebd., 142).
Ein Auszubildender steht immer in einer gewissen Abhängigkeit zu seiner Ausbildungsinstitution und unterliegt bestimmten Lern- und Leistungsanforderungen, die erfüllt werden müssen. Es ist daher berechtigt und mitunter notwendig, den Auszubildenden mit seinen Defiziten zu konfrontieren, die im Sinne eines Curriculums ausgeglichen werden müssen. Das gehört zur Ausbildung, ist aber keine Supervision!
Die Reflexion - als eine gesonderte Form der wissenschaftlichen Auseinandersetzung mit Sachverhalten - büßt dabei ihren metho-

dischen Eigenwert, nämlich das Erlernen einer kognitiven Aufarbeitungsform, nicht ein.
Eine Ausbildung sollte daher als Ausbildung, eine Supervision als Supervision verstanden werden!

Anmerkung:
Die bisherigen Erfahrungen mit unterrichtlicher Supervision haben ergeben, daß eine Vereinbarkeit zwischen Ausbildung und Supervision dennoch denkbar wäre. Detlef KÖLLN hat die Erfahrung gemacht, daß pädagogische Inhalte der Lehrerausbildung auf der Grundlage einer supervisierenden Vorgehensweise vermittelt, reflektiert und für die Praxis umgesetzt werden können (siehe interne Arbeitskonzeption: Supervision und Lehrertraining, 1990). Dafür ist es allerdings unabdingbar, diese Ausbildungsteile bzw. -veranstaltungen als einen eigenständigen - wenn möglich kontinuierlich angelegten - Strang im bewertungsfreien Raum zu konzipieren und personell neutral zu besetzen.

Die *pädagogische Supervision* versteht sich als eine berufsbegleitende Arbeitsform, die dem bereits Ausgebildeten den Raum und die Möglichkeit schafft, über sein berufliches Tun mit einem fachlichen Experten zu reflektieren:
Der Supervisand tritt mit sich selbst in Kontakt; der Supervisor dient dabei als Klärungskatalysator!

Wenn die pädagogische Supervision folglich kein inhärenter Bestandteil der Ausbildung im engen Sinne ist, dann stellt sich die Frage, wann Supervision in Anspruch genommen werden kann. Drei Ausgangssituationen sind denkbar:

(1) Die mit dem Supervisanden durch seine berufliche Tätigkeit direkt oder indirekt betroffenen Personen (direkt Betroffene wären beispielsweise die Schüler eines Lehrers, der Supervisand ist; indirekt Betroffene wären beispielsweise die Eltern dieser Schüler) geben ihm direkt (über primäres Feedback) oder indirekt (über sekundäres Feedback) zu verstehen, daß sie mit seiner Arbeit nicht zufrieden sind, daß sie Probleme sehen oder Defizite feststellen, die den Arbeits(Lern-)prozeß auf Dauer behindern oder beeinträchtigen. Völlig unabhängig davon, ob sich diese Beschwerden, Klagen oder Kritiken als berechtigt herausstellen sollten, sollte ihnen nachgegangen werden. Im Extremfall kann das Ergebnis einer Supervision durchaus darin bestehen, in der bisherigen Weise weiterzuarbeiten, weil die negativen Äußerungen (Daten, Kritiken, Klagen usw.) im Sinne einer zu erreichenden Zielsetzung positiv zu werten und als notwendige Zwischenschritte anzusehen sind.

(2) Der Supervisand stellt selbst fest, daß er in seinem beruflichen Tun Schwierigkeiten oder Probleme hat. Oft sind es nur Ahnungen oder Gefühle, die gewisse Zweifel aufkommen lassen, ohne daß diese immer konkret belegt werden können.

(3) Der Supervisand stellt in seinem beruflichen Tun keine Defizite fest, hat aber das Gefühl, daß eine Supervision sinnvoll wäre, weil man sehr schnell einer Selbsttäuschung in seinem Tun unterliegt. Oder einfach ausgedrückt: Es ist der schlichte Wunsch oder das Bedürfnis nach einer beruflichen Auseinandersetzung, ohne das ein konkreter Anlaß gegeben sein muß.

Diese drei Ausgangssituationen lassen sich unter zwei Kriterien zusammenfassen: das Außenkriterium als Außenkonsistenz (1) und das Binnenkriterium als Binnenkonsistenz (2).

(1) *Das Außenkriterium wird von Außenstehenden bestimmt.*
Das Außenkriterium wird von den Interaktionspartnern bestimmt, die mit der beruflichen Tätigkeit des Supervisanden direkt oder indirekt zu tun haben. Direkt Betroffene sind jene, die mit dem Supervisanden zusammen arbeiten oder ihm beruflich zugeordnet (meist untergeordnet) sind. Indirekt Betroffene sind jene, die durch die berufliche Tätigkeit des Supervisanden mittelbar tangiert werden. Defizite, Probleme, Konflikte oder Schwierigkeiten in der beruflichen Tätigkeit des Supervisanden veranlassen Außenstehende, Supervision zu empfehlen.
Die äußere Konsistenz des sozialen Gefüges (Schule, Heim, Behörde) ist destabilisiert.

(2) *Das Binnenkriterium wird vom Supervisanden selbst bestimmt.*
Der Supervisand selbst bemerkt in seiner praktischen Arbeit Defizite, bemerkt eine Diskrepanz von Theorie und Praxis, begreift sein praktisches Handeln im Gegensatz zu seinem theoretischen oder humanen Verständnis, sieht sich Problemen oder Schwierigkeiten gegenüber, für deren Bewältigung er keine ihm persönlich zusagende und damit befriedigende Lösung findet; oder es ist schlicht das Bedürfnis vorhanden, ohne konkreten Anlaß oder konkreten Leidensdruck über seine berufliche Arbeit zu reflektieren.
Die innere Konsistenz im Denken, Fühlen oder Handeln ist nicht mehr stabil.

Zur zweiten Fragestellung: Unterscheidungsmerkmale - Charakteristika

Die pädagogische Supervision kann nur dann ein eigenes Profil gewinnen, wenn sie das *Pädagogische* immer wieder in den Mittelpunkt stellt.

> **Unterscheidungsmerkmale - Charakteristika der pädagogischen Supervision**
> Die bedeutendsten Kennzeichen der pädagogischen Supervision, die sie von anderen Supervisionsformen unterscheidet, sind:
> 1. Im Zentrum steht das pädagogisch Gemeinte und Gewollte;
> 2. das Ziel ist die Auflösung verknoteter Zusammenhänge;
> 3. instrumentelle Methoden dienen lediglich als Hilfen.

Im einzelnen bedeuten diese Unterscheidungsmerkmale bzw. Charakteristika:

1. *Im Zentrum steht das pädagogisch Gemeinte und Gewollte*

Die pädagogische Supervision hat das genuin pädagogisch Gemeinte und Gewollte herauszuarbeiten und zu focussieren. Die arbeitsleitenden Fragen innerhalb des Supervisionsprozesses werden folglich die pädagogische Intention der pädagogischen Arbeit und die Intuition des Supervisanden zu erfassen versuchen. Solche Fragestellungen werden demnach abstrakter und ideeller Natur sein und auf die Langfristigkeit des pädagogischen Prozesses abgestellt sein müssen, um sie sodann als Verifikationsinstrument auf die konkrete Handlungsebene zu transformieren. Die Diskrepanz zwischen den pädagogischen Idealen und Zielen und der Realität (Praxis) muß aus pädagogischer Sicht in einem übergeordneten Rahmen gesehen und bearbeitet werden. Die sofortige und unmittelbare Praxisbewältigung kann immer nur als Zwischenschritt in bezug auf das übergeordnete Ziel angesehen werden.

2. *Das Ziel ist die Auflösung verknoteter Zusammenhänge*

Die pädagogische Supervision ist nicht primär auf sofortige Lösungen programmiert, sondern bemüht sich um die Auflösung verknoteter Zusammenhänge im Denken, Wahrnehmen und Handeln des Supervisanden. Was dem Pädagogen Schwierigkeiten bereitet und was sich in der täglichen Praxis als Probleme, Konflikte oder Friktionen niederschlägt, ist das Ergebnis der Unvereinbarkeit oder Unverträglichkeit pädagogischer Zielvorstellungen oder Absichten mit dem pädagogischen Handeln, also mit der konkret vorfindbaren Praxis. Diese Diskrepanz oder Unverträglichkeit, die sehr oft das tägliche Dilemma ausmachen, ist in erster Linie ein

kognitives und emotionales Problem des Supervisanden und erst in zweiter Linie ein praktisches Problem:
Das Denken, Wahrnehmen und Handeln stimmen mit der Praxis nicht überein!
Das schließt selbstverständlich nicht aus, daß auch kurzfristige Lösungen zur konkreten Alltagsbewältigung und zur Entlastung des Supervisanden notwendig werden, doch darf dabei die länger angelegte pädagogische Perspektive nie aus den Augen verloren werden. Es ist ohne Frage leichter und verführerisch, immer und sofort die konkrete Praxis zu sehen, um sich von einem Leidensdruck zu befreien, aber dieser Weg bleibt unter einer langfristigen Perspektive kurzatmig und daher relativ wirkungslos.

3. *Instrumentelle Methoden dienen lediglich als Hilfen*
Die pädagogische Supervision ist auf Methoden, Techniken und Verfahrensweisen anderer Wissenschaftsdisziplinen angewiesen. Diese fachfremden Instrumente müssen für die pädagogische Supervision adaptiert und sinnvoll in das pädagogische Setting eingepaßt werden. Der Gefahr, daß disziplinfremde Methoden und Techniken als Selbstzweck eingesetzt werden, kann dadurch begegnet werden, indem die pädagogische Supervisionsarbeit im Laufe der Zeit ein eigenes Instrumentarium entwickelt.

Trotz der Hervorhebung und Betonung des pädagogisch Ideellen (Ziele, Perspektiven, Absichten, Intentionen) muß die pädagogische Supervisionsarbeit von der konkreten Praxis ausgehen. Sie ist die Ebene, auf der die Ziele und Absichten des Supervisanden mit seinem Tun und Handeln konfrontiert werden. Überdies bringt sich der Supervisand auch mit seiner Persönlichkeit, d.h. mit seinen charakterlichen Stärken und Schwächen und mit seiner Biographie in diesen Umsetzungsprozeß ein.
Die pädagogische Supervision wird sich demnach - aus methodisch-praktischer Sicht - idealtypisch auf drei Ebenen zu konzentrieren haben:
1. *die Ebene des praktischen Tuns*;
2. *die Ebene der Ziele und Absichten*;
3. *die Ebene der Persönlichkeit.*
Am Beispiel der unterrichtlichen Supervision wird das weiter unten (Abschnitt 3.1) verdeutlicht werden.

Anmerkung:
Wird die Supervision - in einer Phase des Übergangs - noch als ein Teil der Ausbildung verstanden (wie auf Seite 124 angemerkt), dann ist es legitim und manchmal notwendig, der konkreten Supervisionsarbeit eine

vierte Ebenen hinzuzufügen, die als *thematische Ebene* bezeichnet werden könnte.
Auf dieser thematischen Ebene wäre noch das zu leisten, was curricular zur Ausbildung gehört, nämlich das Ausgleichen von Defiziten im Fachwissen oder das Vermitteln von Informationen, die beruflich unabdingbar sind.
Der Supervisor würde dann phasenweise die Rolle eines fachwissenschaftlichen Experten übernehmen, der dem Supervisanden die Lücken seines Fachwissen zu schliessen hilft. Diese Vermittlung muß dennoch nicht in herkömmlicher Diktion erfolgen, vielmehr kann das Grundsetting der Supervision beibehalten werden, wenngleich sich phasenweise eine andere Arbeitsweise anbietet bzw. ergibt.

Schwierigkeiten im schulischen Arbeitsfeld: Vorurteile und Vorbehalte

Es wurde bereits mehrfach hervorgehoben, daß Lehrer sich freiwillig Supervisionsgruppen anschließen bzw. diese aufsuchen. Auch wenn die Motive dieser Lehrer, Supervisionsgruppen aufzusuchen, eher aus einer persönlich-privaten Motivationslage heraus zu begründen sind, haben diese Lehrkräfte die Supervision als eine alternative Stilform in einem begrenzten Umfang in den Schulen ins Gespräch gebracht. Und wenngleich langsam und zögerlich, so scheint die Frage nach Supervision auch öffentlich zu werden, wie RUX (1984) mit seiner Überschrift *Supervision - ein Modell auch für die Schule?* in einer Lehrerzeitung deutlich macht.
Trotz dieser (positiven) Entwicklung darf nicht übersehen werden, daß "dieses Instrument nicht bekannt ist. Ich erlebe, wenn ich mit Lehrern zusammen bin und das Gespräch auf Supervision kommt, daß ich dann erst mal erklären muß, worum es sich handelt und dann hört man manchmal, daß man so etwas auch für Lehrer haben müßte" (KERSTING im Gespräch mit Fachkollegen, in: WEIGAND 1984, 80). Ähnlich äußert sich BISPINCK: "Supervision ist keine Einrichtung, die im Schul- und Lehrerbereich als bekannt vorausgesetzt werden kann. Lehrer sind damit nicht vertraut bzw. im Rahmen ihrer Ausbildung vertraut gemacht worden, wie es bei Sozialarbeitern und Sozialpädagogen der Fall ist" (1987, 83).
Und wenn die Supervision unter Pädagogen, besonders unter Lehrern, bekannt ist, wird ihr mit Vorurteilen bzw. mit Vorbehalten begegnet. Dies erklärt sich möglicherweise eben gerade damit, daß die Lehrer, die an Supervisionsgruppen teilgenommen haben, eher eine einseitige, nämlich eine selbsterfahrungsbezogene- bzw. therapeutische Arbeitsweise kennenlernten und diese Sichtweise von und über Supervision wiedergeben. Eine angeleitete psychologische Selbsterfahrung und Therapie wird aber, wenn es um einen

selbst geht, eher mit Skepsis und Unbehagen betrachtet. Die Supervision rückt also in die Nähe von Selbsterfahrung und Therapie und löst damit Ängste und Befürchtungen aus. "Supervision wird nämlich bei Lehrern weniger als Kontrolle, sondern mehr als Therapie befürchtet, etwa so: aber bei mir stimmt doch alles; was muß ich denn zu einer Beratung gehen? Zu einem Psychologen, das sieht ja nach Störungen aus, die behandelt werden müssen" (BISPINCK in WEIGAND 1984, 83). Eine angeleitete psychologische Selbsterfahrung oder eine präventiv therapeutische Grundausbildung passen nicht in das Berufsbild und auch nicht in das Berufsverständnis von Lehrern. Aus dieser Perspektive hält man es demgegenüber für legitim und nützlich, das andere soziale Berufsgruppen eine Supervision durchlaufen. Hier schleicht sich offenbar auch ein Statusunterschied zu anderen sozialen Berufen ein, auf den KERSTING hinweist: "Vielleicht hängt es auch damit zusammen, daß in Deutschland tatsächlich ein ziemlicher Statusunterschied besteht zwischen Sozialarbeitern und Lehrern. Die Literatur zur Supervision kann man noch zählen; sie ist noch gut überschaubar im Regal einer Bibliothek. Es handelt sich um ein Spezialgebiet, mit dem Lehrer in ihrer Ausbildung kaum konfrontiert werden, weder theoretisch noch praktisch" (ebd., 81). Dabei wäre angesichts zunehmender und sich verschärfender sozialer Probleme und Konflikte in bestimmten Schultypen eine (sozialpädagogische) Supervision für Lehrer besonders hilfreich und nützlich.
Insgesamt lassen sich die Schwierigkeiten, die Supervision im Arbeitsfeld Schule sinnvoll zu installieren, wie folgt zusammenfassen:

1. Die Supervision als eine alternative praxisbegleitende Beratungsform ist unter Lehrern weitgehend unbekannt. Die Allgemeine (Schul-) Didaktik hat diese pädagogisch-psychologische Möglichkeit als eine besondere Stilform für sich noch nicht entdeckt und aufgearbeitet. Dabei böte sich gerade in der Allgemeinen und Unterrichtsdidaktik die Möglichkeit an, die Supervision als eine alternative Form von Praxisberatung aufzubereiten.

2. Die Supervision wird dort, wo man ihr indirekt begegnet, mit Vorurteilen und Vorbehalten betrachtet und bewertet, weil sie in die Nähe zur Selbsterfahrung und Therapie gerückt bzw. mit beiden gleichgesetzt wird. Daß auch für Lehrer eine angeleitete psychologische Selbsterfahrung nützlich sein kann, wird noch nicht gesehen.

3. Supervision für Pädagogen wird in den meisten Fällen von Psychologen durchgeführt, die bei Lehrern, die lediglich eine unter-

richtliche Hilfe als ihr Zielmotiv für eine Beratung angeben, Ängste und Befürchtungen auslösen. Psychologen werden überdies nur in sehr seltenen Fällen als fachlich kompetent für Fragen des Unterrichts angesehen. “Ein Schulpsychologe befindet sich in einer ‘paradoxen Rolle’, er wird oft nicht als Experte akzeptiert und ist seinerseits wieder in hierarchische Bindungen eingeordnet (Schulbehörde) - oft in für seine Kollegen an den Schulen schwer durchschaubarer Weise. Seine kollegiale Qualifikation als Lehrer wird oft angezweifelt, zumindest aktuell ist er nicht Lehrer” (JAHNKE 1986, 107).

4. Die bisherigen Formen der Supervision für Lehrer vernachlässigen aus deren Sicht zu sehr die methodisch-didaktische Komponente und werden daher als fachlich nicht effektiv bzw. hilfreich angesehen. Die Verbindung zwischen Methodik und Didaktik und den damit einhergehenden pädagogischen (unterrichtlichen) Zielsetzungen auf der einen Seite mit den persönlich biographischen Daten des Lehrers auf der anderen Seite ist noch nicht befriedigend gelöst. Oder anders ausgedrückt: Die Absprache zwischen dem Supervisor und den Lehrern als Supervisanden, was in der Supervision geleistet werden soll und kann, müssen deutlich sein. Hierzu beispielhaft RING (1989, 11): “Neben der Beziehungs- und Interaktionsebene bezieht sich die Reflexion professionellen Handelns in der Schule auf

> Schülerprobleme und die Frage, wie der Lehrer bzw. die Lehrerin weiterhelfen kann
> die konkreten institutionellen und organisatorischen Rahmenbedingungen, in denen der Lehrer/ die Lehrerin unterrichtet
> die Analyse der unaufhebbaren Widersprüche im Arbeitsfeld Schule
> sowie den Bereich der identitätsbezogenen, biografischen Fragen und Vorstellungen, die durch die Tätigkeit in der Schule beim Einzelnen virulent werden.

Inwieweit dies Gegenstand der Supervision wird, hängt von Absprachen der am Supervisionsprozeß Beteiligten ab. Die Lehrer und Lehrerinnen begeben sich als Professionelle in diesen Reflexions- und Lernprozeß (im Gegensatz zu therapeutischen oder didaktischen Lernprozessen, in denen die Teilnehmer Patienten bzw. Schüler sind), der von einem Außenstehenden - dem Supervisor/der Supervisorin - begleitet und geleitet wird”.

Aus methodenkritischer Sicht ist SCHÖNIG (vgl. 1990a, 216) zuzustimmen, der im Grundsatz allen zentralen Supervisionskonzepten für die Schule das Fehlen des Einbezugs von Unterrichtsbeobachtung und Unterrichtsanalyse anlastet.

5. Es gibt unterrichtliche Beratungsformen, die als Supervision gekennzeichnet sind, die sich aber von ihrem konzeptionellen Aufbau und in ihrer praktischen Durchführung nicht von den herkömmlichen Unterrichtsbesprechungen unterscheiden und von daher auch nicht als eine Alternative erkannt bzw. angesehen werden können.

6. Die unterschiedlichen Supervisionsformen (etwa im Rahmen der Therapieausbildung oder in der Sozialpädagogik) werden nicht als spezifische Supervisionen mit den unterschiedlichen Zielsetzungen für spezifische Berufsfelder erkannt und unterschieden - und können es auch nicht! Das Bild von Supervision ist also eher verschwommen und unscharf als klar und eindeutig.

7. Die an bestimmte wissenschaftliche Schulen angelehnten bzw. bestimmten Theorieansätzen folgenden Supervisionsformen und -methoden (etwa die Balintsupervision oder die Supervision nach der Themenzentrierten Interaktion) verwirren das Bild von einer einheitlichen Supervision, das eher zur Verunsicherung beiträgt.

Supervisor versus Beratungslehrer

Supervision wird vielfach als eine Beratungsform verstanden, wenngleich als eine 'besondere Form der Beratung'. Der Zusatz 'besondere Form' sagt ohne nähere Erläuterung noch nichts aus. Es obliegt dem Supervisor, wie diese besondere Form der Beratung konzipiert wird. Nun gibt es in den Schulen mittlerweile schon eine 'spezifische Beratung', für die dafür besonders ausgebildete Beratungslehrer zuständig sind. Der Beratungslehrer hat die Aufgabe, seine Kollegen in den vielfältigsten Belangen und Angelegenheiten zu beraten und an der Ausführung bestimmter Vorhaben teilweise mitzuwirken.

Kollidiert nun diese Beratungstätigkeit mit der des Supervisors? Machen sich Supervisor und Beratungslehrer gegenseitig Konkurrenz?

Nachdem der Deutsche Bildungsrat (1970) festschrieb, daß der Lehrer neben dem *Lehren*, *Erziehen*, *Beurteilen* und *Innovieren* auch *Beraten* soll, hat sich eine neue Gruppe von Beratungsexperten herausgebildet, die den Lehrern das Beraten lehren soll. Die Auffassungen jedoch darüber, welche Beratungsaufgaben der Beratungslehrer im einzelnen wahrnehmen soll, gehen noch weit auseinander und dementsprechend unterschiedlich sind auch die Ausbildungskonzepte bzw. -anforderungen für die angehenden Beratungslehrer (zur Beraterproblematik und -ausbildung generell siehe: BOETTCHER/BREMERICH-VOS 1987; WEISBACH 1988).

Auf dem Kongreß 1989 in Heidelberg, der sich ausführlich mit der Ausbildung und dem Einsatz von Beratungslehrern beschäftigte, wurde die Vielfalt der Arbeitsfelder, der Anforderungen und Aufgaben, der Probleme und Schwierigkeiten und der unterschiedlichen Ausbildungskonzepte deutlich (vgl. GREWE 1990). Die übergeordnete Zielsetzung lautet nach wie vor, die allgemeine Beratungskompetenz aller Lehrer auszubauen. Diese Beratungskompetenz bezieht sich auf fast alle schulischen, unterrichtlichen, psychologischen und teilweise administrativen Belange. Die Erwartungen und Anforderungen an einen Beratungslehrer sind nicht nur sehr breit gefächert, sondern sie sind auch sehr hoch; er kann ihnen realiter kaum gerecht werden. Die zwischen den beiden Polen Psychologie und Fachdidaktik angesiedelten Beratungsaufgaben rufen auch Bedenken hervor: "Was mir am Thema Beratung in der Schule, insbesondere der Lehrerberatung, unter anderem bedenklich erscheint (...), ist die Vorstellung eines möglicherweise psychologistischen Bezugsrahmens dieser Beratung, bei der die fachlich-inhaltliche Eigenart der Lehrarbeit (...) vernachlässigt werden könnte" (COMBE 1987, 37).

SCHÖNIG (1990) faßt die Problematik der gesamten Beratungspraxis anschaulich zusammen, danach

> wird der Beratungslehrer mit dem Problem mangelnder Akzeptanz seiner Rolle durch die Kollegen konfrontiert;
> wird dem Beratungslehrer mit Desinteresse begegnet;
> leidet er unter Isolation im eigenen Kollegium;
> fühlt sich der Beratungslehrer in erster Linie als Psychologe in einem diagnostischen und therapeutischen Tätigkeitsfeld;
> führt die mangelnde verbindliche Definition seiner Beratungskompetenz zu Schwierigkeiten mit dem Schulpsychologen;
> kann er die Spannung zwischen der Beratung als einer genuin pädagogischen Aufgabe und der Therapie als einem Heilverfahren nicht auflösen;
> wirkt sich die unheilige Allianz von Beratung und Kontrolle in der Person des Schulrats auf die Beratungsaufgaben des Beratungslehrers negativ aus, weil die Angst des Lehrers vor dem Schulrat überwiegt und dies andere didaktische und fachliche Konsequenzen nach sich zieht;
> benötigt der Beratungslehrer für seine Arbeit die Unterstützung durch einen Supervisor.

SCHÖNIG (ebd., 3) stellt aus theoretischer Sicht zusammenfassend fest: "Zwar ist immer wieder gefordert worden, Beratungsaktivitäten in der Schule müßten sich in eine pädagogische Gesamtkonzeption einordnen lassen, müßten also als edukative Aufgaben verstanden werden, eine pädagogische Beratungstheorie steht aber immer noch aus".

JAHNKE (1986, 107) resümiert aus praktischer Sicht: "Ein Beratungslehrer ist zugleich und in erster Linie Lehrer, er ist keineswegs primus inter pares, sondern gleichgestellter Kollege - und selten allerseits anerkannter Experte".

Unabhängig davon, daß sich sowohl der Supervisor als auch der Beratungslehrer je spezifischen Widerständen und Schwierigkeiten gegenübergestellt sehen, werden die unterschiedlichen Aufgabenfelder sichtbar. Der Unterschied zur pädagogischen bzw. unterrichtlichen Supervision zeigt sich darin: Die Beratung durch einen Beratungslehrer hat die 'gesamte Schule mit ihrem breiten Umfeld' im Blick: "Die Aufgabe ist demnach nicht, primär einzelne Personen zu beraten, sondern die Schule als ganze weiterzuentwickeln und ihr ein individuelles pädagogisches Gepräge zu geben" (ebd., 7). Die pädagogische Supervision schließt in einem weiten Sinne diese Zielsetzung nicht gänzlich aus, aber sie ist von ihrem Ansatz her bescheidener, eingegrenzter und konkreter; sie konzentriert sich in erster Linie auf die einzelne Person.

Beratungslehrer und Supervisoren müssen sich also in ihrer Tätigkeit nicht gegenseitig blockieren; eher ist das Gegenteil vorstellbar: Beide könnten durch einen konstruktiven Informationsaustausch voneinander profitieren und sich gegenseitig stützen. Beide Aufgabenbereiche allerdings in einer Person vereinigen zu wollen, führt unweigerlich zu Ziel- und Rollenkonflikten.

Supervision und Unterricht

'Supervision und Unterricht' ist in deutschen Schulen und Hochschulen noch keine gebräuchliche Formel; die Gründe dafür haben wir dargelegt. Es ist daher sinnvoll, den Blick über den eigenen Zaun zu lenken, um zu sehen, ob nicht andernorts bereits Vorlagen existieren, die uns weiterhelfen könnten.

In den USA, wo es mittlerweile eine jahrzehntelange unterrichtliche Supervision gibt (vgl. GLATTHORN 1986; siehe vor allem die Ausgabe: ACTION IN TEACHER EDUCATION 1988, VOL. X) und wo inzwischen die unterschiedlichsten Supervisionsmodelle bzw. -konzepte über Jahre erprobt worden sind, wird die Frage, welches Supervisionskonzept oder -setting das beste sei, unterschiedlich beantwortet. Abgesehen davon, daß der Begriff Supervision teilweise in einem erweiterten Sinne verwendet wird, als wir es hier tun (z.B. im Sinne einer administrativen Überprüfung oder im Sinne einer Curriculumplanung bzw. -entwicklung), focussieren die meisten Supervisionsmodelle bzw. -konzepte den Lehrer als professionellen Pädagogen in seinem unterrichtlichen Können. Und so unterschiedlich die Supervisionsansätze auch im einzelnen sein mögen, über die Frage, ob Supervision für Lehrer (d.h. hier unterrichtliche Supervision) sinnvoll ist oder nicht, wird nicht gestritten. Im Gegenteil: Der unterrichtlichen Supervision wird uneingeschränkt eine große Bedeutung und positive Bewertung zugeschrieben; ihr wird in der Lehrerweiter- und -fortbildung ein großer Stellenwert zugeschrieben.

Anmerkung:
Die neuerliche Krise im öffentlichen Schulwesen der USA, deren Hauptursache man in der mangelhaften Ausbildung der Lehrer durch die Universitäten sieht, hat in einigen Bundesstaaten zu drastischen Maßnahmen geführt: Talentierte Bewerber für den Lehrerberuf werden, vorbei an der Hochschule, direkt in der Schule theoretisch und praktisch ausgebildet. Und das Erlernen der unterrichtlichen (methodisch-didaktischen) Fertigkeiten geschieht verstärkt über die Supervision: "They also get extensive on-the-job supervision and evaluation by a professional support team organized by the school district" (NEWSWEEK 1990, 59). Die Universitäten haben in der Lehrerausbildung versagt; das Fazit faßt der Präsident der University of Boston J. SILBER in dem Satz zusammen: "The best thing that could happen to most schools of education would be closing them" (zit. n. ebd., 58).

In Deutschland stehen wir, was die Bedeutung und den Stellenwert der unterrichtlichen Supervision im Rahmen der Lehreraus- bzw. -fortbildung betrifft, erst am Anfang einer solchen Entwicklung. Zwar wird die unterrichtliche Supervision als 'didaktisch-methodische Lehrerberatung' schon seit über zehn Jahren angemahnt (vgl. MARTIN 1977, 119), aber die Allgemeine Didaktik hat davon bisher kaum Kenntnis genommen. Erst muß sich die unterrichtliche Supervision ihren Weg durch Vorurteile und Mißverständnisse bahnen. Die bisher vereinzelt anzutreffenden unterrichtlichen Supervisionen sind allerdings erste ermutigende Schritte auf diesem Weg, der weiter beschritten werden muß. Wenn die bisher spärlich vorliegenden Beiträge zur schulischen (d.h. auch unterrichtlichen) Supervision überhaupt schon eine Übersicht erlauben, dann die, daß sie sich in zwei Rubriken einordnen lassen. In der ersten Rubrik sind alle jene unterrichtlichen Supervisionskonzepte zusammenzufassen, die einer bestimmten wissenschaftlichen Schule, also einem bestimmten theoretischen Ansatz oder einer (Welt-)Anschauungsrichtung verpflichtet sind, die also übergeordneten Prinzipien folgen (z.B. Supervision nach der Themenzentrierten Interaktion oder nach gestaltpädagogischen Prinzipien), in die zweite Rubrik gehören alle jene Supervisionskonzepte, die keiner festen Schule oder Philosophie unterliegen, die also noch offen im Sinne von trial

and error sind. Zwischen beiden Supervisionsarten hat noch kein hinreichender Austausch stattgefunden, so daß eine intensive Diskussion über Ziele und Methoden noch aussteht.
Im folgenden sollen die bisher praktizierten Supervisionformen, die die unterrichtlichen Aspekte zu berücksichtigen versuchen, skizziert werden:

Kollegiale Beratung und Supervision
Es ist nicht immer leicht herauszufinden, ob die *kollegiale Beratung, kollegiale Praxisberatung, kooperative Praxisberatung* oder *kollegiale Supervision* besondere Formen von Supervision darstellen oder ob diese kollegialen Beratungen selbst als Supervision verstanden werden. Meist werden die Begriffe gleichwertig und wechselweise benutzt, ohne das je Spezifische genauer herauszuarbeiten. Neben diesen theoretischen und definitorischen Unklarheiten gibt auch die praktische Arbeit keinen Aufschluß darüber, wie sich diese offenbar unterschiedlichen Formen zueinander verhalten bzw. voneinander abgrenzen, oder ob sie identisch zu verstehen sind. Hier kann die bereits eingangs (vgl. Kap. 2) geäußerte Vermutung wieder aufgegriffen werden, daß viele pädagogische Fachexperten, Studienleiter, Dozenten oder Berater sich scheuen, den Begriff *Supervision* zu verwenden, weil ihnen entweder der theoretische Anspruch an Supervision zu hoch erscheint, weil sie nicht sicher sind, 'wirkliche Supervision zu leisten' oder weil sie den Begriff in seiner Ausschließlichkeit und als vorbelastet ablehnen.
Die Verwendung des Begriffes *Supervision* gleicht mitunter einem Balanceakt auf dem Hochseil. Wir stimmen mit WEIGAND (1987, 81) überein, der feststellt: "Kollegiale Beratung kann mit den Reflexions-, Verstehens- und Lernmöglichkeiten, die Supervision bietet, nicht verglichen werden; sie kann daher Supervision nicht ersetzen; gleichwohl ist sie ein erster Schritt zur Entwicklung einer Beratungskultur in Systemen, denen Beratung als Problemlösung bisher kaum bekannt war". Kollegiale Beratung kann als eine "Vorstufe zum Problemlösungsverhalten im Sinne professioneller Beratungsarbeit (Supervision)" begriffen werden (ebd., 79), es sei denn, die kollegiale Praxisberatung wird ausdrücklich als "eine Art gruppenunterstützter Selbstreflexion" (ROTERING-STEINBERG 1988, 75) angesehen. Zudem ist bei kollegialen Beratungen der Berater oder Supervisor oft noch Mitglied des eigenen Kollegiums, was besondere Anforderungen verlangt. MÜLLER-BÜLOW (vgl. 1987, 71) zeigt anhand ihrer eigenen Erfahrungen diese Problematik anschaulich auf, in dem die kollegiale Beratung "das Feld der Praxisberatung und Supervision wie auch auf längere Sicht das Feld der Therapie" entideologisieren soll.

Trotz dieser terminologischen und theoretischen Schwierigkeiten kann insgesamt festgestellt werden, daß viele Konzepte und Modelle eine Richtung von permanenter Praxisbegleitung vorgeben, die sich von den bisherigen Beratungspraktiken qualitativ unterscheiden und die es lohnt, weiter zu verfolgen (so etwa: GUDJONS 1977 u. 1983; BISPINCK 1987; MÜLLER-BÜLOW 1987; PEININGER 1987; MEIERKORD 1987; WEIGAND 1987; ROTERING-STEINBERG 1988; RING 1989; MUTZECK 1990 u.a.).

Balint-Gruppen
Die originäre Balint-Gruppenarbeit mit Supervision, gar mit unterrichtlicher Supervision, gleichzusetzen, ist völlig abwegig. Balintarbeit richtet sich nach einem festen Konzept mit einer spezifischen Sicht- bzw. Betrachtungsweise und folgt einer eigenen Methodik, auch wenn es innerhalb der Balint-Gruppenarbeit unterschiedliche Schwerpunkte gibt. Auf die Attraktivität der Balintgruppen für Lehrer wurde bereits hingewiesen, und deshalb sei hier kurz der Frage nachgegangen, ob die Balint-Gruppenarbeit auch eine Hilfe für den Unterricht im Sinne einer Supervision sein kann, denn mittlerweile verstehen sich viele Angebote von Balint-Gruppen als Supervisionsgruppen. Bei diesen Angeboten ist für den Außenstehenden allerdings eine Schwierigkeit nicht zu übersehen: Einige dieser Angebote geben vor, 'nach der Balintmethode Supervision zu leisten', wobei manchmal allerdings Zweifel angebracht sind, ob dies auch immer im seriösen Sinne geschieht.
Im engen Sinne kann die Balintgruppen-Arbeit keine unterrichtliche Supervision sein, aber sie spart in ihrem Vorgehen unterrichtliche Situationen bzw. Probleme nicht prinzipiell aus: "In einer regelmäßig tagenden Gesprächsgruppe berichtet jeweils ein Teilnehmer über seine berufliche Schwierigkeit oder Konfliktsituation. Die übrigen Teilnehmer achten dabei auf die Gefühle, Eindrücke, Assoziationen, die der Bericht in ihnen auslöst, und 'spiegeln' diese dem Berichtenden zurück. Die vielfältige Wahrnehmung der Beteiligten hilft dabei, daß auch solche Aspekte des Problems deutlich werden, die der Berichtende selber vergessen, übersehen oder verdrängt hat. Es entsteht ein komplexes Bild des Problems, das die innere Dynamik des 'Falles' sichtbar werden läßt und dadurch der/dem Betroffenen hilft, ihren/seinen eigenen Anteil an dem Problem besser zu erkennen. Dies ist oft der erste Schritt, um zu verstehen, wie und warum sie/er in die Konfliktsituation verwickelt ist, und Handlungsalternativen zu sehen" (GARLICHS 1987, 95). Der Hauptfokus ist nicht die unterrichtliche Ebene, sondern der Lehrer als Person im gesamten Beziehungsgefüge seiner beruflichen

Arbeit, wobei die unterrichtliche Perspektive nicht ausgeblendet wird.
Dennoch macht GARLICHS (vgl. auch 1984) deutlich, daß der Schwerpunkt in der Bearbeitung von Problemen bzw. Konflikten im personalen, sozialen bzw. psychologischen Bereich liegt.

Themenzentrierte Interaktion
Die wohl dem Unterricht im engen Sinne nächststehende Form der Supervision ist die Arbeits- und Vorgehensweise nach der Themenzentrierten Interaktion (TZI), die neben der Gestaltpädagogik und dem Personenzentrierten Lernen eine wichtige Säule der Humanistischen Psychologie verkörpert (vgl. BUROW 1988). Die Konzeption der TZI, die die dynamische Balance zwischen dem ES (Stoff/Inhalt), dem WIR (Gruppe/Schüler) und dem ICH (Lehrer) im GLOBE (Umfeld) wahren will, ist geradezu geeignet, die unterrichtliche Ebene in den Mittelpunkt zu stellen, ohne dabei auf dieser Ebene ausschließlich verharren zu müssen. Supervision im Sinne der Themenzentrierten Interaktion setzt allerdings voraus, daß die Lehrer sich selbst diesem Konzept (dieser Haltung im Sinne des Menschenbildes der Humanistischen Psychologie) verschrieben haben müssen und von vornherein ihren Unterricht im Sinne der TZI planen, aufbauen und durchführen. Auch die Unterrichtsbesprechungen mit den Kollegen unterliegen diesen Postulaten, und: "Der Leiter in der TZI ist ein partizipierender Leiter. Das bedeutet, er leitet als Person, als ICH, als ein Mitglied der Gruppe, und er trägt zusätzlich Verantwortung für die Funktion der 'dynamischen Balance'. Ich als Leiter nehme also wie ein Gruppenmitglied am Gruppengeschehen teil und habe dadurch besseren Kontakt zu den einzelnen Teilnehmern. Daher erkenne ich eher, was sie bezogen auf unsere gemeinsame Arbeit erwarten" (HOßFELD 1990, 218).
Stärker als die Balintarbeit läuft die TZI Gefahr, von nicht dafür speziell Ausgebildeten mißinterpretiert zu werden, da sie zum einen fast schon zum pädagogischen Allgemeingut geworden ist und zum anderen durch ihre scheinbar leicht handbare 'Methode' in ihrer Anwendung sehr verführerisch wirkt.
Supervision im Sinne der TZI bedarf eines gewissen Vorlaufs, denn sowohl der Supervisor als auch die Supervisanden müssen ein gleiches humanistisches Grundverständnis mitbringen, das erst die Basis für die formalen Strukturen der konkreten Arbeit legt (zur Supervision nach dem TZI-Modell siehe: RAGUSE-STAUFFER/RAGUSE 1980).

Clinical Supervision
Es ist hilfreich und problematisch zugleich, auf schon erprobte

ausländische Supervisionsmodelle bzw. -konzepte im Detail zurückzugreifen, weil sie zum einen in ihrem Standard unseren um Jahre voraus sind und weil sie zum anderen nicht ohne weiteres auf deutsche Verhältnisse zu übertragen sind. Aber die andernorts gemachten Erfahrungen können den Blick für die eigene Betrachtungs- und Vorgehensweise schärfen. Wir tun dies in der Weise, indem wir die Erfahrungen, d.h. die Ergebnisse, Methoden, Techniken und Verfahrensweisen der sogenannten *clinical supervision* implizit in unsere Überlegungen einfließen lassen.
"Clinical supervision (...) describes a type of supervision that encourages teachers to take an active role in improving their own instruction"
Clinical supervision ist definiert als "that phase of instructional supervision that draws its data first hand observation of actual teaching events and involves face-to-face interaction between the supervisor and the teacher in the analysis of teaching behavior and activities for instructional improvement (...) It involves three elements: (1) client relatednes, in this case with students in the classroom, (2) manipulation of instructional variables, and (3) databased observation (SPELLMAN/JACKO 1988, 25).
"The clinical supervision model is a flexible process. It may be used with just one teacher working with one supervisor or it may be employed by a group of teachers working in teams with a supervisor (...) It seeks to stimulate some change in teaching, to show that a change did, in fact, take place, and to compare the old and new patterns of instruction in ways that will given teachers useful insights into the instructional process" (BUTTERY/WELLER, 1988, 61).
Die clinical supervision ist eine offene Supervisionsform, sie ist an keine Wissenschaftsschule oder bestimmte Weltanschauung gebunden, sondern geht von der konkreten Praxis im Sinne einer pragmatisch-orientierten Erziehungswissenschaft aus, die an einer Umsetzung von Theorie in die Praxis interessiert ist. Natürlich kann auch die clinical supervision keine eindeutigen empirisch belegbaren Beweise vorweisen, dennoch: "Clinical supervision, despite the lack of evidence for its value, can potentially help improve instruction and promote educators' professional growth" (DUFFY 1985, 24).
Die in der nordamerikanischen Lehrerausbildung klassischen Supervisionsformen waren noch vor wenigen Jahren die '*instructional supervision*' und die '*clinical supervision*'. Die erste Form betonte die *methodisch-didaktischen* Aspekte des Unterrichts, die zweite Form richtete ihre Aufmerksamkeit auf die *personalen Aspekte*, also auf die *subjektiv erfahrenen Erlebnisse und Gefühle* des Lehrers. SCHÖNIG (vgl. 1990a, 212 ff.) gibt in einem instruktiven Re-

kurs Auskunft über beide Formen und zeichnet die wissenschaftliche Auseinandersetzung für das Pro und Contra beider Positionen nach. Inzwischen fließen beide Formen ineinander über, so daß es eigentlich weniger darauf ankommt, wie nun die Supervisionsform bezeichnet wird, als vielmehr darauf, was in ihr geleistet werden kann. Hoffte man, über die 'instructional supervision' auch die personale Dimension des Lehrers anzusprechen, so versuchte man, über die 'clinical supervision' die methodischen bzw. didaktischen Aspekte des Unterrichts einzubeziehen, denn wenn sich die Einstellungen oder Haltungen oder gar partiell Persönlichkeitsstrukturen des Lehrers (ver-)ändern, denn hätte dies auch automatisch positive Konsequenzen für den methodischen bzw. didaktischen Bereich des Unterrichts. Die Auseinandersetzung darum, ob nun der 'instructional' oder der 'clinical supervision' der Vorzug gegeben werden sollte, erinnert im Kern auch an die Frage hierzulande, welcher wissenschaftlichen Schule (kognitionspsychologischer, psychoanalytischer, themenzentierter od. ähnl.) oder Disziplin der Vorzug eingeräumt werden soll; und dies ist natürlich wieder abhängig von der jeweiligen primären Zielsetzung. Insgesamt können die Erfahrungen aus den USA dahingehend zusammengefaßt werden, daß die Supervision zwar als ein konstitutiver Bestandteil der Lehrerbildung angesehen wird, daß man andererseits jedoch nicht in eine Art Euphorie verfallen dürfe, so als seien mit oder durch Supervision alle Probleme zu lösen. Der Autor hatte selbst Gelegenheit, an Supervisionssitzungen teilnehmen zu können, und war über die Pragmatik der Vorgehensweise etwas überrascht. Offenbar ist eine sehr einfühlsame, dennoch nüchterne und gleichzeitig pragmatische Vorgehensweise, die zwischen den sehr hohen und anspruchsvollen Zielsetzungen und der konkreten Wirklichkeit eine Brücke zu schlagen versucht, die rechte Balance.

Im Bemühen, die unterrichtliche Supervision für Lehrer in den Schulen als eine alternative berufsbegleitende Praxisbetreuung zu etablieren, bietet die clinical supervision als ein relativ neutraler Ansatz die besten Möglichkeiten; ihre Bezugspunkte sind die Ergebnisse und Erkenntnisse der pragmatisch orientierten Erziehungswissenschaft.

3.1 Die Ebenen unterrichtlicher Supervision

Den Unterricht als Ganzes bzw. in seiner Gesamtheit in Ebenen aufzugliedern, ist an sich schon problematisch. Jeder Versuch einer Aufgliederung läuft Gefahr, das Gesamtgefüge von Unterricht aus den Augen zu verlieren. Und in einer Zeit, in der der Ganz-

heitscharakter wieder stärker betont wird, muß ein solcher Versuch von vornherein Skepsis hervorrufen.
Dennoch, um systematisch vorgehen zu können und um nicht einer gewissen Willkürlichkeit in der Betrachtungs- und Vorgehensweise anheimzufallen, ist ein sachadäquates Arbeitsraster sinnvoll und notwendig. Den unterrichtlichen Supervisionsprozeß auf drei Ebenen zu betrachten, ist also keine willkürliche, sondern eine sachbezogene Überlegung und Entscheidung mit dem Ziel, sich einen systematischen Zugriff für die praktische Supervisionsarbeit zu ermöglichen. Es wird hoffentlich deutlich werden, daß die drei Ebenen (*die Ebene des praktischen Tuns; die Ebene der Ziele und Absichten und die Ebene der Persönlichkeit*) miteinander eng verwoben und verzahnt sind; mehr noch: sie sind nur verständlich, weil sie untrennbar zusammengehören und hier nur künstlich getrennt werden.
Unterrichtliche Supervision assoziiert das Stichwort *Unterrichtsbesprechung*. Ein Exkurs in die bisherige Praxis soll aufzeigen, wo die unterrichtliche Supervision im Rahmen von Unterrichtsbesprechungen einzuordnen wäre, wenn man einmal die Annahme billigt, daß eine Supervision unter der Kategorie 'Unterrichtsbesprechungen' überhaupt zu rubrizieren wäre.

Exkurs: Unterrichtsbesprechungen

Die bisherige Überprüfungs- bzw. Kontrollpraxis und auch die administrativ nicht vorgeschriebene Beratungs- bzw. Betreuungspraxis der Lehrer in den öffentlichen Schulen läuft unter der allgemeinen Vokabel 'Unterrichtsbesuch' bzw. 'Unterrichtsbesprechung'.
Wir wissen heute recht genau, daß die meisten Unterrichtsbesprechungen aus der Sicht der Unterrichtenden als wenig hilfreich und wenig effektiv angesehen werden.
Grundlage von Unterrichtsbesprechungen sind Hospitationen, die von den dafür zuständigen Funktionsträgern (Schulräten, Schulleitern, Studienleitern, Dozenten, Schulpsychologen oder Beratungslehrern) wahrgenommen werden. Die theoretischen Bezugspunkte und die methodischen Verfahren bzw. Muster dieser Unterrichtsbesprechungen sind sehr unterschiedlich; es gibt kein einheitliches Paradigma bzw. keine einheitliche Methode. Grobschlächtig betrachtet lassen sich die Unterrichtsbesuche bzw. Unterrichtsbesprechungen zunächst in zwei Hauptkategorien unterteilen:

Hauptkategorie 1: **Unterrichtsbesprechungen mit dem Ziel einer Überprüfung bzw. Kontrolle**
Die Lehrkraft (Student, Lehramtsanwärter, Lehrer auf Probe) wird in ihrem Unterricht und in ihrem Unterrichten (genauer: Unterrichten-Können) daraufhin überprüft, ob sie den Anforderungen des Lehrerberufes gerecht wird. Didaktische (curriculare), methodische (un-

terrichtliche Fertigkeiten) oder pädagogische (erzieherische) Ist-Werte werden unter der Zielsetzung der offiziellen Soll-Werte (Lehrpläne, pädagogischer Anforderungs- bzw. Erwartungskatalog) überprüft. Die Defizite zum Soll-Wert können zum einen im curricularen (Lehrplan wird nicht oder nur unzureichend erfüllt), sie können aber auch im methodisch-didaktischen bzw. educativem Bereich liegen. Liegen Defizite vor, ist die Lehrkraft verpflichtet, diese auszugleichen. Die Überprüfung und Kontrolle in diesem Sinne ist meistens mit dem Erwerb von Berechtigungen gekoppelt (Praktikum bestanden; Ernennung zum Lehrer; Verbeamtung).

Hauptkategorie 2: **Unterrichtsbesprechungen mit dem Ziel einer Betreuung bzw. Beratung**
Die Lehrkraft hat Probleme oder Schwierigkeiten im Unterricht, die behoben werden sollen. Diese Probleme oder Schwierigkeiten werden von ihr selbst erkannt oder sie werden ihr von anderen (Schülern, Eltern, Schulleiter, Kollegen) signalisiert. Unterrichtsbesuche (Hospitationen) und die sich daran anschließenden Besprechungen dienen dem Ziel, diese Probleme bzw. Schwierigkeiten zu beheben.

Die bisherige Praxis der Unterrichtsbesprechungen unterscheidet - aus der Sicht der Lehrkräfte - zwischen diesen beiden Kategorien nicht deutlich. Die Lehrer wissen meistens nicht, welche Ziele bzw. Absichten mit dem Unterrichtsbesuch (Hospitation) verfolgt werden. Entsprechend ängstlich bzw. verunsichert reagieren sie; auch eine vom Hospitanten angestrebte, pädagogisch konstruktive Besprechung leidet schon im Vorfeld bei den Betroffenen unter dieser Unklarheit, die ihrerseits Verunsicherung auslöst und Hemmungen bzw. Blockaden aufbaut. Dies gilt besonders für angekündigte Unterrichtsbesuche von amtlichen Funktionsträgern (Schulrat, Schulleiter, Studienleiter, Schulpsychologe), die bei den Lehrkräften automatisch die Gefühle der Überprüfung bzw. Beurteilung auslösen. Zudem werden meistens - zwar in guter Absicht - die Ziele beider Hauptkategorien miteinander verbunden, was aber aus lernpsychologischer Sicht nicht förderlich sein kann.
Untersucht man die derzeitige Praxis der Unterrichtsbesprechungen, dann lassen sich schwerpunktartig fünf Arten bzw. Formen unterscheiden (wobei die Zielsetzungen der beiden obengenannten Hauptkategorien ineinander übergehen):

(1) Besprechung nach traditionellem Muster

1. *Hospitant*:
Amtliche Funktionsträger, (selten) Kollegen

2. *Ziel*:
Das Ziel der Besprechung ist nicht explizit festgelegt. Es wird das aufgegriffen, was sich aus dem Unterricht ergibt bzw. anbietet; das

sind beispielsweise: die Unterrichtsziele bezogen auf den Lehrplan bzw. auf die Altersgemäßheit der Schüler, besondere Unterrichtsphasen bezogen auf die Unterrichtsplanung oder ihre Gestaltung, problematische Situationen im Kommunikations- bzw. Interaktionsverhalten zwischen Lehrer und Schüler, methodische bzw. didaktische Schritte und deren Varianten bezogen auf die Unterrichtsziele, einzelne Problemschüler und deren Behandlung, die Klassensituation insgesamt u.a.
Es sind also Wahrnehmungen, Beobachtungen, Ereignisse oder Vorkommnisse, die aus der (subjektiven) Sicht des Hospitanten 'besprechenswert' erscheinen. Die Bezugspunkte ergeben sich häufig aus den Unterrichtsentwürfen bzw. -planungen, soweit sie vorliegen; Planung und Durchführung werden verglichen.

3. *Grundlage/ theoretischer Bezug*:
Die Bezugspunkte für die angesprochenen unterrichtlichen Fragen oder für die erzieherischen Probleme bilden die Positionen erziehungswissenschaftlicher Theorien (z.B. Hermeneutik/Geisteswissenschaft - Kritischer Rationalismus/Empirismus/Positivismus - Kritische Theorie - Humanistische Pädagogik/Humanistische Psychologie), die Erkenntnisse der pragmatisch orientierten Erziehungswissenschaft (z.B. Erziehungslehre, Entwicklungspsychologie), der Allgemeinen Didaktik (z.B. didaktische Modelle bzw. Prinzipien) bzw. der Fachdidaktik (z.B. fachsystematisch begründete Methoden bzw. Vorgehensweisen). Meistens jedoch werden die unterrichtspraktische Alltagstheorie (d.h. die eigene praktische Unterrichtserfahrung) und die implizite Persönlichkeitstheorie (d.h. das aus der Erfahrung entstandene Menschenbild) des Hospitanten zur Richtschnur der Besprechung.

4. *Verfahren*:
Ein spezifisches Verfahren oder eine spezifische Methode wird weder für die Hospitation noch für die Unterrichtsbesprechung festgelegt. Als Grundmuster für die Unterrichtsbesprechung können folgende Kriterien, die je unterschiedlich gewichtet werden können, angesehen werden (hier als Kriterien für eine Protokollierung des Unterrichts wiedergegeben):

Ziele / Unterrichtsphase	Stoff / Inhalt	Meth.- didaktische Umsetzung	Lehr- bzw. Lehrerverhalten	Besonderheiten

In der Regel entscheidet der Hospitant - oft während des Hospitierens - was und wie er 'beobachten' und ansprechen will. (Wenn der Begriff 'Beobachtung' hier in Anführungszeichen gesetzt wird, dann soll auf die Praxis hingewiesen werden, daß die Hospitanten zwar von 'Beobachtungen' sprechen, aber eigentlich 'Wahrnehmungen' meinen'; 'Beobachtungen' im Sinne einer empirischen oder quasi-empirischen Erfassung von Daten sind diese während der Hospitation gemachten 'Daten' nicht; siehe hierzu: KÖHNE/KLIPPSTEIN 1979; PALLASCH 1979). Diese sogenannte 'Alles-und-Nichts-Methode' läßt jede Form der 'Beobachtung' und jede Fragestellung zu. Entsprechend 'offen' oder 'zufällig' verläuft die Unterrichtsbesprechung.

5. *Umsetzung*:
Unterrichtsbesprechungen haben ja nur dann einen Sinn, wenn das Besprochene in irgendeiner Weise für die Praxis von Nutzen ist. Der Unterrichtende erhält viele Ideen, Vorschläge, Ratschläge, Tips oder Hinweise, die für die Praxis hilfreich sein können. Die Umsetzung bleibt allerdings relativ unüberprüft und ohne eine dialogische Hilfe; meistens ist der Unterrichtende wieder auf sich allein gestellt.
Die 'Alles-und-Nichts-Besprechungen' frustieren nicht selten die Unterrichtenden; die Frustation schlägt sich als Lähmung nieder, weil die Unterrichtenden entweder möglichst 'alles' und sofort umsetzen sollen oder weil sie 'nichts Konkretes' als konstruktive Handlungsstrategie erhalten.

6. *Kritische Anmerkung*:
Da das Ziel sehr allgemein bzw. offen gehalten ist, wird diese Art der Unterrichtsbesprechung auch häufig als die 'Alles-und-Nichts-Besprechung' bezeichnet, weil man nämlich alles ansprechen kann und dennoch - aus handlungstheoretischer Perspektive - wenig oder nichts bewirkt wird. Die Fülle und Vielfalt hinterläßt ein diffuses Wahrnehmungsbild, welches ohne konkrete Strukturierung nach kurzer Zeit verblaßt. Oder anders formuliert: Zwar wird dem Unterrichtenden viel (oder alles) gesagt, aber das Viele verwirrt eher, als daß es konstruktiv bearbeitet werden könnte.
Neben den durchaus positiven Aspekten solcher offener Zugangsmöglichkeiten verbirgt sich hinter dieser Art Unterrichtsbesprechung überdies nicht selten die verschleierte Macht des Hospitanten, nämlich nur das zu thematisieren, was er für wichtig hält. Zwar wird dem Unterrichtenden häufig zuerst die Möglichkeit eingeräumt, sich selbst über seinen Unterricht zu äußern, aber dies erfolgt zumeist nur aus psychohygienischen Überlegungen heraus. Im Grunde erwartet man vom Unterrichtenden, daß er das Gesagte akzeptiert.

(2) Besprechung nach bestimmten theoretischen Ansätzen

1. *Hospitant*:
Experte bzw. Vertreter einer bestimmten (unterrichts-) wissenschaftlichen oder weltanschaulichen (philosophischen) Schule

2. *Ziel*:
Beide, die Lehrkraft als auch der Hospitant, sind einem bestimmten

theoretischen Ansatz oder einer bestimmten weltanschaulichen (philosophischen) Richtung verpflichtet. Das Ziel der Unterrichtsbesprechung ist die Frage, ob der Unterricht den Zielen des theoretischen Ansatzes bzw. der weltanschaulichen Richtung entspricht bzw. wo sich Fragen ergeben, die im Sinne dieser Zielsetzungen besprochen werden müssen.

3. *Grundlage/ theoretischer Bezug*:
Als wissenschaftliche Ansätze innerhalb der Unterrichtswissenschaft (Unterrichtslehre) können beispielsweise die verschiedenen Positionen innerhalb der Erziehungswissenschaft angesehen werden; so etwa die Ausprägungen der Humanistischen Psychologie (Humanistischen Pädagogik), die sich wiederum als spezifische Formen des Lehrens und Lernens voneinander unterscheiden. Beispielhaft seien genannt: Lehren und Lernen nach der Themenzentierten Interaktionellen Methode (TZI), Gestalten und Umsetzen nach den Prinzipien der Gestaltpädagogik, Planen und Unterrichten im Sinne der 'Confluent Education' oder Kommunizieren und Interagieren im Sinne der 'Affective-Education`.
Ebenso gehören dazu bestimmte 'Methodische Schulen', die nach einer bestimmten Lerntheorie bzw. nach bestimmten lerntheoretischen Prinzipien je unterschiedliche Formen des Lehrens und Lernens favorisieren, etwa die 'Glasgow-Methode', die 'Projektmethode', die 'Montessori-Pädagogik' oder die 'Freinet-Methode'.
Viele Zielsetzungen des neuerdings populären 'Offenen Unterrichts' fühlen sich entweder bestimmten pädagogischen Konzepten verpflichtet (unterrichtswissenschaftliche Ansätze) oder favorisieren bestimmte methodische Schulen.
Als weltanschaulich (philosophisch) ausgerichtetes Lehren und Lernen können die Anthroposophie (Waldorf-Pädagogik), die Katholische Morallehre (Jesuiten-Schule) oder die verschiedenen Richtungen der 'Freien Schulen' angesehen werden.

4. *Verfahren*:
Entsprechend den theoretischen Ansätzen bzw. weltanschaulichen Richtungen sind die Kategorien und Kriterien und damit die Methoden und Vorgehensweisen relativ fest vorgegeben. Die Ergebnisse bzw. Daten werden unter der spezifischen Zielsetzung erhoben, ausgewertet und bearbeitet.

5. *Umsetzung*:
Da der Unterrichtende sich - in der Regel - seiner Ziele bzw. seiner Weltanschauung sehr bewußt ist, wird er die erkannten Schwächen oder Mängel in seine Unterrichtstheorie relativ leicht plazieren können, um sie dann in sein Unterrichtshandeln zu übernehmen.

6. *Kritische Anmerkung*:
Die Gefahr, das bestimmte (unterrichts-) wissenschaftliche Ansätze zum Dogma werden, darf nicht übersehen werden. So werden auch

bestimmte axiomatische Ableitungen (zum Beispiel über das Menschenbild) nicht mehr in Frage gestellt.
Die ausschließliche Ausrichtung auf bestimmte Ansätze und Methoden oder philosophische Grundsätze verschließt Zugangsmöglichkeiten für andere Ansätze bzw. Sichtweisen.

(3) Besprechung nach bestimmten Kriterien bzw. Kategorien

1. *Hospitant*:
Experte für spezifische Bereiche, Trainer, Berater

2. *Ziel*:
Der Unterricht wird vom Hospitanten unter einer bestimmten Fragestellung beobachtet. Die Fragestellung verfolgt eine bestimmte Problematik oder ein bestimmtes Ziel und ist mit dem Unterrichtenden vorher abgesprochen. Beobachtet und besprochen wird ein Problem bzw. eine Fragestellung, die aus der Sicht des Unterrichtenden oder aus der Sicht des Hospitanten nützlich ist, um bestimmte Lehr- oder Lehrerverhaltensweisen zu überprüfen, aufzudecken oder alternativ zu realisieren. So können beispielsweise unterrichtsmethodische Einzelschritte (als methodisch-didaktische Lehrfertigkeiten) oder sozialemotionale-/ disziplin-orientierte Handlungsmuster (als Lehrerverhaltensweisen) im Mittelpunkt stehen. Das Ziel ist, mit Hilfe spezifischer Handlungsstrategien (z.B. durch ein Training) die gewünschten Handlungsmöglichkeiten umzusetzen.

3. *Grundlage/ theoretischer Bezug*:
Grundlage sind erziehungswissenschaftliche Theorieansätze bzw. handlungstheoretische Annahmen, von denen man vermuten kann, daß sie zur Bewältigung bzw. zur Veränderung der Praxis hilfreich sein können (z.B. Microteaching, Problem-orientiertes Training, Konflikttraining, pädagogisch-diagnostische Gesprächsführung, Gruppendynamik usw.).

4. *Verfahren*:
Der Hospitant entwirft für diese je spezifischen Zielsetzungen geeignete Beobachtungsinstrumente, um anhand der gewonnenen Ergebnisse bzw. Daten Analysen und Auswertungen vornehmen zu können, die zum Entwurf erster konkreter Handlungsstrategien führen. In einem der Zielsetzung adäquaten Training (er-)lernt und übt der Unterrichtende die angestrebten Verhaltensweisen.

5. *Umsetzung*:
Die aus dem Training gewonnenen Einsichten bzw. gelernten Verhaltensweisen werden in der Praxis erprobt, um sie einer erneuten Revision zu unterziehen.

6. *Kritische Anmerkung*:
Es besteht die Gefahr, daß nur Einzelaspekte aus dem Gesamtgefüge

von Unterricht gesehen werden. Hinter jedem Einzelaspekt verbirgt sich aber immer die gesamte Persönlichkeit des Unterrichtenden, die vernachlässigt werden könnte.
Das Training von einzelnen Lehr- oder Lehrerverhaltensweisen könnte Gefahr laufen, lediglich als Sozialtechnologie mißverstanden zu werden, weil dann nur künstlich angelernte Muster geübt werden, die nicht in die Persönlichkeitsstruktur des Unterrichtenden zu integrieren sind und auf Dauer wirkungslos bleiben müssen.

(4) **Besprechung im diagnostischen Sinne**

1. *Hospitant*:
Beratungslehrer, Fachexperte

2. *Ziel*:
Der Unterrichtende hat das diffuse Gefühl, in seinem pädagogischen Tun (Unterrichten, Erziehen) stimme etwas nicht; er ist mit sich selbst nicht zufrieden oder verspürt ein 'professionelles' Unbehagen. Er selbst hat entweder schon konkrete Hypothesen oder nur vage Vorstellungen. Der Hospitant versucht anhand mehrerer Unterrichtsbesuche die Ursache für diese Friktionen, Probleme oder Schwierigkeiten zu diagnostizieren. Gemeinsam mit dem Unterrichtenden werden die Ergebnisse und Daten besprochen und ein Plan entworfen, wie das 'Problem' behoben werden könnte.

3. *Grundlage/ theoretischer Bezug*:
Die Grundlage bzw. der theoretische Bezug einer solchen Unterrichtsbesprechung bleibt notgedrungen offen, da erst die Ergebnisse der Hospitationen zeigen, auf welcher theoretischen Basis die angesprochene Problematik behandelt werden kann oder muß.

4. *Verfahren*:
Je nach Problemlage wird in Absprache mit dem Unterrichtenden das geeignete Verfahren gewählt werden müssen. Das Spektrum reicht von grundsätzlichen 'pädagogischen Gesprächen' (z.B. beim Burnout-Syndrom) bis hin zu gezielten Einzelmaßnahmen (z.B. Training).

5. *Umsetzung*:
Hospitant und Unterrichtender arbeiten gemeinsam einen Plan aus, wie, wann und wo das Ergebnis umgesetzt werden kann.

6. *Kritische Anmerkung*:
Es besteht die Gefahr, daß der Unterrichtende sich 'in seinem pädagogischen Unbehagen' an einen Gleichgesinnten wendet. Gleichgesinnte neigen dazu, wohlmeinende Unterstützung im Sinne einer Hilfe zu gewähren. Aber Gleichgesinnte betrachten die Welt aus der gleichen Brille wie der Betroffene und können selten alternative Sichtweisen einbringen.

(5) **Besprechung im Sinne von Supervision**

1. *Hospitant*:
Supervisor

2. *Ziel*:
(siehe Ziel '(4) Besprechung im diagnostischen Sinne')
Unterrichtender und Supervisor betrachten sich beide als Experten, die in einen symmetrischen und wert-offenen Dialog treten.
Das genaue Ziel wird vor der Supervision, in der Regel vom Unterrichtenden (Supervisanden), benannt; das Ziel kann sich jedoch im Laufe der Supervisionsarbeit ändern.

3. *Grundlage/ theoretischer Bezug*:
(im Prinzip siehe Grundlage/theoretischer Bezug '(3) Besprechung nach bestimmten Kriterien bzw. Kategorien')

4. *Verfahren*:
(im Prinzip siehe Verfahren '(3) Besprechung nach bestimmten Kriterien bzw. Kategorien' und '(4) Besprechung im diagnostischen Sinne')

5. *Umsetzung*:
Der Unterrichtende entscheidet selbst über die für ihn beste Möglichkeit der Umsetzung in die Praxis. Der Supervisor bietet seine direkte oder indirekte Begleitung an.

6. *Kritische Anmerkung*:
Supervisand und Supervisor verstehen sich als gleichberechtige Partner. Trotzdem bleibt die latente Gefahr einer Abhängigkeit des Supervisanden vom Supervisor. Der Supervisor muß äußerst behutsam vorgehen, um den Supervisanden in seiner Eigenständigkeit zu stärken.

Hier beenden wir den Exkurs und kehren wieder zu den Ebenen der unterrichtlichen Supervision zurück.

Die unterrichtliche Supervision auf den drei oben genannten Ebenen (die Ebene des praktischen Tuns; die Ebene der Ziele und Absichten; die Ebene der Persönlichkeit) anzusiedeln, ist das Ergebnis einer theoretisch-analytischen Auseinandersetzung mit dem Gegenstand selbst. Der Unterricht als Faktorenkomplexion ist ein kompliziertes wechselseitiges Interaktionsgeschehen. Für das unterrichtliche Interaktionsgeschehen im Rahmen einer unterrichtlichen Supervisionsarbeit gilt es, eine möglichst optimale Zugriffsmöglichkeit zu finden, die einerseits das komplexe Gefüge nicht aus den Augen verliert, die andererseits aber auch eine analytisch-systematische Supervisionsarbeit erlaubt. Die drei Ebenen als

Denkkategorien dienen also als instrumentelle Hilfen, dem Supervisionsprozeß eine sinnvolle Vorgehensweise und Ordnung zu geben. Sie dienen dem Supervisor als ein analytisches Arbeitsraster, das zweierlei bewirken soll:

(1) Es soll helfen, den Unterricht (die Unterrichtspraxis) unter bestimmten Leitgedanken zu sehen, und es soll helfen, an den Unterricht mit bestimmten Fragestellungen heranzugehen.

(2) Es soll helfen, die mit dem Unterricht implizit verwobenen fachlichen, sachlichen und personalen Aspekte wahrzunehmen und damit der Gefahr vorbeugen, lediglich 'in der Praxis stecken zu bleiben' (Praxeologie).

Ebenen der unterrichtlichen Supervision
Für die unterrichtliche Supervision bieten sich die drei folgenden Ebenen an:
1. Die methodisch-didaktische Ebene
(das praktische Tun des Lehrers als Supervisand);
2. die ziel- und berufsperspektivische Ebene
(Ziele und Absichten des Lehrers als Supervisand);
3. die persönlichkeitsorientierte/individualpsychologische Ebene
(der Lehrer/ Supervisand als individuelle Persönlichkeit).

Um sich die Verzahnung bzw. die wechselseitige Bedingtheit der drei Ebenen besser vorstellen zu können, sei hier ein Bild als Anschauungshilfe bemüht: das Bild eines Laufbandes!
Die methodisch-didaktische Ebene entspricht dem eigentlichen unterrichtlichen Geschehen, also dem originären täglichen Unterricht. Sie steht im Fokus der unterrichtlichen Supervision. Diese Ebene ist aber zugleich die Ausgangsbasis für die beiden anderen Ebenen. Die methodisch-didaktische Ebene ist quasi das Laufband, auf dem sich alles abspielt und auf dem alles sichtbar wird. Aber die Richtung des Laufbandes wird von der ersten Ebene, also den Zielen und Perspektiven bestimmt. Die Lauffähigkeit des Bandes wird schließlich von der dritten Ebene, also den Persönlichkeitsvariablen, bestimmt.
Ausgangspunkt jeder unterrichtlichen Supervision ist der konkrete Unterricht, also das alltägliche unterrichtliche Geschehen. Diese Aussage mag auf den ersten Blick sehr simpel und banal klingen; sie ist es aber bei weitem nicht, wenn man sich die bisherige Supervisionsarbeit für Lehrer noch einmal vergegenwärtigt.

Supervision auf der methodisch-didaktischen Ebene

Die methodisch-didaktische Ebene, die man auch als die praktische Handlungsebene bezeichnen kann, ist den unterrichtskundigen Hospitanten wohl die vertrauteste. Es ist die Ebene, auf der der alltägliche Unterricht stattfindet: Es ist die Ebene, auf der der Lehrer die meiste Kraft und Energie aufwendet, um in seinem beruflichen Tun erfolgreich zu sein. Und obwohl der Lehrer selbst als auch der Außenstehende (Hospitant) - in welcher Funktion auch immer - dieser Ebene die größte Bedeutung beimessen und ihr die meiste Zeit widmen, ist sie doch im Gesamtspektrum der Unterrichts- und Erziehungsarbeit die untergeordnetste.

Das mag zunächst widersprüchlich klingen und bedarf einer Erläuterung.

Um Mißverständnissen vorzubeugen: Damit wird und soll nicht gesagt werden, die alltägliche Unterrichtsarbeit sei zu vernachlässigen oder besäße einen geringen Stellenwert. Im Gegenteil: Auf der methodisch-didaktischen Ebene (Unterrichtsebene als praktisches Handeln) zeigt sich, wie 'gut' oder wie 'schlecht' ein Lehrer ist. Auf ihr werden die pädagogischen Qualifikationen deutlich, auf ihr zeigen sich die Fähigkeiten und Fertigkeiten des Lehrers, Unterrichtsziele (Lern- und Erziehungsziele) unter lernpsychologischen und methodisch-didaktischen Gesichtspunkten adäquat umzusetzen, auf ihr zeigen sich die Stärken und Schwächen des Lehrers. Nur: Bei der Betrachtung und Bewertung dieser unterrichtlichen Ebene läuft man Gefahr, sich (nur) auf das unmittelbar Geschriebene, sich (nur) auf das unmittelbar Gesehene oder sich (nur) auf das unmittelbar Gehörte zu konzentrieren und vernachlässigt dabei den Hintergrund, das Dahinterstehende - die, so kann man es vereinfachend ausdrücken, 'Philosophie des Lehrers'.

Der Unterricht ist 'ja nur' das nach außen Sichtbare; er repräsentiert die innere Welt des Lehrers, seine Gedanken und Gefühle, seine momentanen Stimmungen und seine impliziten Einstellungen; er spiegelt sozusagen die Gedankenwelt und die Innerlichkeit des Lehrers wider.

An und in den Mikroeinheiten des Unterrichts zeigt sich die Philosophie des Lehrers. Die Art und Weise des Umgangs mit den Schülern, die mikrofeinen Kommunikations- und Interaktionsformen und die methodisch-didaktischen Arrangements geben bei geschulter Beobachtungsfähigkeit Aufschluß darüber, was und wie der Lehrer denkt. Sie geben dem Beobachter Hinweise darauf, wie das 'Bild des Menschen' (implizite Persönlichkeitstheorie), welches der Lehrer im Laufe der Zeit für sich gewonnen hat, aussehen mag - und das ihn ständig bewußt, vorbewußt oder unbewußt so und nicht anders handeln bzw. agieren läßt.

Jede methodisch-didaktische Kritik, Beurteilung oder Bewertung von außen verfehlt ihr Ziel, wenn nicht versucht wird, das Menschenbild des Lehrers, und sei es nur in Ansätzen, in die (unterrichts-)theoretischen und praktischen Überlegungen mit einzubeziehen.
Diese Problematik ist aus dem Microteaching bekannt. Das Microteaching als ein sehr effizientes unterrichtspraktisches Lehrertraining verzichtet mittlerweile darauf, dem Lehrer zu sagen, was erzieherisch oder unterrichtspraktisch gut oder schlecht ist; es gibt ihm lediglich ein methodisches Instrumentarium an die Hand, mit dem er selbst seine methodisch-didaktischen Lehrfertigkeiten bzw. seine sozial-emotionalen Verhaltensweisen verändern bzw. verbessern kann (vgl. STREHLOW 1978; ZIFREUND 1983; PALLASCH 1987). Das heißt andererseits natürlich nicht, pädagogische Fragen oder Auseinandersetzungen würden im Rahmen eines solchen Trainings ausgeklammert, wohl aber, daß sie einen anderen Stellenwert im Bezugssystem des Lehrers einnehmen. Er hat vielmehr seine eigenen pädagogischen (unterrichtlichen) Zielsetzungen zu artikulieren, zu begründen und zu hinterfragen und sie in ihrer Beziehung zu seinem handwerklichen Tun zu reflektieren. Die Stimmigkeit zwischen den Zielen und den Methoden ist das entscheidende Kriterium; die Methode des Microteaching ist nur das Vehikel, beides in Einklang zu bringen.
Für die Supervisionsarbeit auf der methodisch-didaktischen Ebene gilt es, an exemplarisch ausgewählten Unterrichtssituationen das Kategoriale des Lehrens und Lernens zu exemplifizieren; es gilt, fundamentale Fragen und Probleme des Unterrichts aufzuwerfen und anzusprechen, die zum einen das handwerkliche Geschick des Lehrers thematisieren, die aber zum anderen auch Rückschlüsse auf die Ziele und Perspektiven bzw. auf die Persönlichkeit des Lehrers zulassen. Natürlich wird der fachlich versierte Supervisor dem Lehrer auch unterrichtspraktische Tips, Hinweise, Alternativen, Ideen oder Vorschläge anbieten, wenn diese vom Lehrer akzeptiert werden können.

Die Supervision auf der methodisch-didaktischen Ebene kann aus einem *engen* (1) und aus einem *weiten Blickwinkel* (2) erfolgen.

(1) Unter dem *engen Blickwinkel* beschränkt sich die Supervision auf das Nachvollziehen der angestrebten Unterrichtsziele und deren angemessene Transformation auf die Lerngruppe (Schulklasse).
Sind die gewählten methodischen Schritte unter lernpsychologischen und klassenspezifischen Gesichtspunkten angemessen?

Steht das gesamte methodische Arrangement in Einklang zu den Unterrichtszielen?
Welche methodischen Varianten böten sich an?
Welche methodisch-didaktischen Lehrfertigkeiten könnten die angestrebten Ziele wirkungsvoller unterstützen?
Welche sozial-emotionalen Lehrerverhaltensweisen könnten optimiert werden?
Daß hierbei allgemeindidaktische, fachdidaktische, methodische oder lernpsychologische Hinweise und Ideen für die unmittelbare Umsetzung hilfreich sein können, wurde bereits gesagt. Aber es geht hier nicht primär darum, was 'besser' oder 'schlechter' ist, sondern um die Frage, ob und inwieweit die gesteckten Ziele sach- und altersadäquat auch anders erreicht werden können.

(2) Unter dem *weiten Blickwinkel* behandelt die Supervision methodische, didaktische, erzieherische, soziologische und lernpsychologische Fragestellungen, die sich zwar aus dem konkreten Unterricht ergeben, aber über einen übergreifenden, also den konkreten Unterricht hinausgreifenden Stellenwert einnehmen.
Welche methodischen Hilfen bieten die neuen Technologien für den Unterricht? Wo liegen ihre Vorteile, wo ihre Nachteile?
Welche didaktischen Positionen (Modelle) werden derzeit favorisiert, und wie grenzen sie sich zu den bisherigen ab?
Wie hat sich die Kindheit verändert? Welche Faktoren bestimmen heute das Kinddasein?
Was ist von neuen Lernpsychologien bzw. lernpsychologischen Annahmen zu erwarten? Welche Möglichkeiten bieten sie für das schulische Lernen?
Zwischen dem Supervisor und dem Lehrer findet ein fachlicher und theoretischer Austausch statt, von dem beide profitieren. Dem Lehrer wird bei gelungener Supervision die Möglichkeit gegeben, sich wieder und erneut mit grundlegenden pädagogischen, psychologischen oder soziologischen Fragestellungen zu beschäftigen. Die Beschäftigung mit neuen Fragestellungen eröffnet ihm neue Sichtweisen, und diese verändern zwangsläufig die alltägliche Arbeit.

Die Supervision auf der methodisch-didaktischen Ebene, also auf der Handlungsebene, wäre aus der Sicht des Supervisors relativ problemlos, wenn die beiden anderen Ebenen davon unberührt blieben. Die Praxis zeigt jedoch, daß die methodisch-didaktische Ebene erst den Schlüssel zu den beiden anderen Ebenen liefert.

Supervision auf der ziel- und berufsperspektivischen Ebene

Angesprochen und betrachtet werden die Ziele und Perspektiven des Lehrers, wenn sie sich aus der methodisch-didaktischen Aufarbeitung ergeben und anbieten.

Welche pädagogischen Ziele verfolgt der Lehrer in seiner beruflichen Tätigkeit?

Welche pädagogischen Perspektiven sind für den Lehrer bestimmend und richtungweisend?

Welche Erwartungen und Hoffnungen verbindet er mit seinem beruflichen Tun?

Was schwebt ihm - vereinfachend und zusammenfassend formuliert - in seiner beruflichen Arbeit bewußt, vorbewußt oder unbewußt vor?

Nun sollte man davon ausgehen können, daß jeder Lehrer eine pädagogische Zielperspektive entwickelt hat. Schon seine Entscheidung für diesen Beruf müßte mit Zielvorstellungen und Absichten verknüpft gewesen sein, sind sie auch zunächst noch sehr diffus und illusionistisch. Auch wenn das nicht als gegeben angenommen werden kann, dann sollte die Zielperspektive durch die erste bzw. zweite Ausbildungsphase Konturen erhalten haben. Dieses als gegeben vorausgesetzt, muß dennoch nicht bedeuten, die Ziele und Absichten des Lehrers seien immer klar oder stetig. Die schulische Realität, und hier besonders die tägliche Unterrichtsarbeit, läßt nicht nur viele Zielvorstellungen und Absichten verblassen, weil sie zu idealistisch angesiedelt oder zu hoch gesteckt sind, sondern weil sich auch im Laufe der Zeit einige Ziele und Absichten durch neue Einsichten oder Erkenntnisse verschieben oder verändern. Gemeint sind hier nicht (oder besser: weniger) die karriereorientierten Ziele im Sinne eines Aufstiegs innerhalb der formalen Beamtenlaufbahn zum Schulleiter, Schulrat oder Ministerialbeamten, sondern gemeint sind die genuin pädagogischen, die moralisch-ethischen oder die sozialen Ziele und Vorstellungen im Rahmen von Unterricht und Erziehung. (Der Klammereinschub 'weniger' weist auf die Beobachtung hin, daß nicht wenige 'gute' Lehrer sich durch pädagogisch modellhafte Arbeit zielgerichtet wegqualifizieren wollen und so häufig eine 'pädagogische Lücke' in einem Kollegium hinterlassen). Die Freude am Beruf und an den Kindern, die indirekte und direkte Bestätigung für die geleistete Arbeit durch die Schüler, Vorgesetzten oder Eltern und die Entdeckung von eigenen Fähigkeiten und Fertigkeiten tragen dazu bei, die eigenen pädagogischen Ziele zu bestätigen bzw. bestätigt zu erhalten. Das Gegenteil ist jedoch ebenso zutreffend. Enttäuschung im Beruf, Mißerfolge bei Schülern und Kollegen oder das Gefühl, den beruflichen Anforderungen nicht gewachsen zu sein oder die sich sukzessiv anbahnende Resignation verändern in starkem

Maße die eigenen pädagogischen Zielsetzungen und das Engagement.
Periodische Schwankungen zwischen Euphorie und Resignation sind im beruflichen Leben etwas Normales; sie gehören zum beruflichen Alltag. Anders sieht das Bild jedoch aus, wenn die Ausschläge in die negative Richtung nicht aufgefangen werden können, wenn sie quasi zu einem Dauerzustand werden. Lehrer, die solches über Jahre er- und durchlebt haben, sind nur noch mit viel Mühe zu einem konstruktiven pädagogischen Gespräch bereit.

Exkurs: Kritisches Bewußtsein zur Widersprüchlichkeit
Für die heutige Lehrergeneration kommt noch ein anderes Moment hinzu; man kann es das *kritische Bewußtsein zur Widersprüchlichkeit* nennen. Die junge Generation lebt mit größeren Widersprüchen 'in sich selbst' als es die ältere Generation tat.
Nun mag sofort der Einwand erhoben werden, daß auch die ältere Generation mit Widersprüchlichkeiten gelebt habe und mit ihnen fertig geworden sei. Das ist mit Sicherheit so und soll auch keineswegs bestritten werden! Aber die Widersprüche der heutigen Zeit sind gesellschaftspolitisch transparenter, sie werden öffentlich zum Thema, sie werden stärker und differenzierter artikuliert, sie werden diskutiert, und sie werden vom einzelnen Individuum stärker in das Konzept der eigenen Handlungsmöglichkeiten einbezogen.
Wir haben es heute mit widersprüchlichen Ansprüchen zu tun oder zumindest doch mit dem subjektiven Gefühl der Betroffenen, die Ansprüche als widersprüchlich zu erleben. Wer dem geforderten Anspruch gerecht wird, hochspezialisiert zu sein, aber dennoch arbeitslos ist, sieht den Widerspruch in der Behauptung, hochspezialisierte Kräfte hätten auf dem Arbeitsmarkt eine gute oder gar bessere Chance; wer selbst zur Kritik aufgefordert wird, erlebt den Widerspruch darin, daß ihm seine geäußerte Kritik mögliche Nachteile in der Beurteilung einbringt; wer selbst zur innovativ-kreativen Arbeit ermuntert wird, wird mit dem Widerspruch konfrontiert, daß Neuerungen an bürokratischen Grenzen scheitern.
Die Beispiele ließen sich beliebig fortsetzen. Das Umgehen mit solchen gesellschaftspolitischen Widersprüchen in unserer Zeit führt zu zeittypischen funktional bedingten Verhaltensweisen besonders bei den heutigen Jugendlichen. H.E. RICHTER (vgl. 1989: *Die hohe Kunst der Korruption*) faßt dieses funktionale Verhalten mit dem Satz zusammen: *Junge Leute taktieren ihre Probleme weg!*

Resignation und Enttäuschung sind natürlich auf dem Hintergrund der eigenen Ziele und Vorstellungen zu sehen, bzw. sie sind mit diesen in Beziehung zu setzen.
Viele Lehrer haben sich aufgrund ihrer Ausbildung und Zielsetzung eine pädagogische Welt geschaffen bzw. vorgestellt, die sie in der Praxis nicht einlösen können. Nun kann man sagen, die

theoretische Ausbildung der Ersten Phase (Hochschule) sei zu optimistisch oder zu praxisfern angelegt. Das mag in Teilen zutreffen. Der zu hohe Theorieanspruch an die Praxis kann allenfalls durch das Postulat erklärt werden: Man muß die anzustrebenden Ideale sehr hoch ansetzen, um zumindest das Mögliche und Machbare zu erreichen!

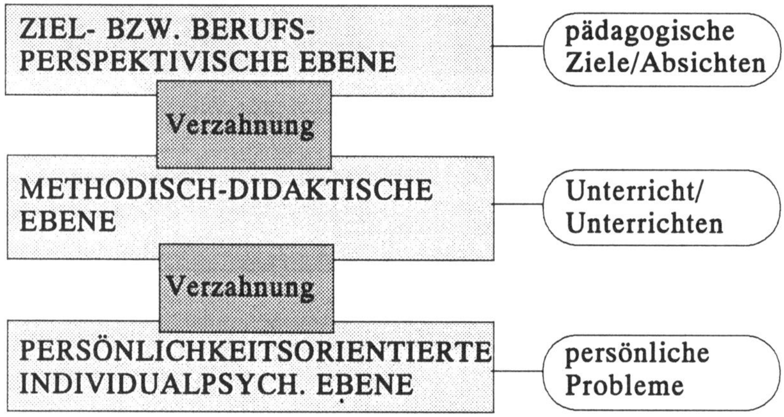

Die drei Arbeitsebenen der unterrichtlichen Supervision

Aber diese schroffe Diskrepanz zwischen den idealen Vorstellungen und den praktischen Möglichkeiten muß gar nicht gemeint sein, wenn Resignation und Enttäuschung auftreten. Sie treten schon auf, wenn es um die Realisierung der in den Lehrplänen niedergeschriebenen Ziele geht. Gemeint sind beispielsweise die pädagogischen Zielvorstellungen in den Präambeln der Lehrpläne oder Curricula, die viel mehr fordern, erlauben und anregen, als es die derzeitige Schulpraxis zuläßt. Wer diese Zielsetzungen aufmerksam liest, wird erstaunt sein, wieviel Spielraum den Lehrern in ihrer Arbeit eingeräumt wird. Jüngere Lehrer sind allerdings bei ihrem Bemühen, diese Ziele in die Praxis umzusetzen, nach einer relativ kurzen Zeit enttäuscht, verlieren den Mut und ihr Engagement und bewerten ihren Beruf nur noch als Job. Es soll an dieser Stelle darauf verzichtet werden, die Gründe dafür zu benennen; hier genügt es, diesen Tatbestand festzuhalten.
Die Diskrepanz zwischen den pädagogischen Zielvorstellungen bzw. zwischen den persönlichen berufsspezifischen Perspektiven und den konkreten Umsetzungsmöglichkeiten in der Praxis wird für viele Lehrer zur Gretchenfrage ihrer Berufsauffassung bzw. Berufseinstellung. Sie wird, in ihren jeweiligen Extremen, entweder mit einer Kampfansage gegen das etablierte System oder mit Rückzug

- und das heißt Resignation oder Gleichgültigkeit - beantwortet. Supervision auf dieser Ebene hat das Ziel, nicht nur diese Diskrepanz aufzudecken, sie hat vornehmlich die Aufgabe, die persönlich-pädagogischen Ziele wieder zum Thema zu machen. Sie möchte und soll dem Lehrer die Möglichkeit bieten, sich wieder - und erneut - mit fundamentalen pädagogischen Grundsatz- und Zielfragen auseinanderzusetzen. Die Supervision soll ihm einen geschützten Freiraum anbieten und schaffen, in dem er sich wieder 'pädagogisch regenerieren' kann. Der Supervisor wird in diesem Kontext nicht zum pädagogischen Guru, sondern zum aufmerksamen Zuhörer und sensiblen, aber fachkundigen Gesprächspartner.

Verändern sich im Laufe der Berufsjahre die fundamentalen pädagogischen Ziele, dann hat das auch gravierende Auswirkungen auf die Einstellung, die Haltung und die pädagogischen Verhaltensweisen des Lehrers.

Veränderungen auf der Zielebene wirken sich unweigerlich auf die tägliche Unterrichtsarbeit aus.

Sie werden auf der methodisch-didaktischen Ebene oft nur in den Mikroeinheiten (z.B. in einzelnen Verhaltensweisen, in bestimmten Sprachmustern oder in der Körpersprache) deutlich. Diese Veränderungen zeigen sich in der Diskrepanz zwischen den ehemals pädagogisch beabsichtigten Zielen und der realen Praxis. Die reale Praxis wird vom Lehrer selbst - und auch von anderen - als defizitär empfunden. Versucht man nun, diese Unausgewogenheit und diese als Defizite empfundenen Situationen lediglich auf der Ebene der Unterrichtspraxis zu verändern, also nur auf der methodisch-didaktischen Ebene, dann wird das mit größter Wahrscheinlichkeit unter einer langfristigen Perspektive ohne Erfolg bleiben, wenn die beabsichtigten Veränderungen nicht gleichzeitig mit einer inneren Einstellungsänderung einhergehen.

Der Supervisor hätte herauszufinden, inwieweit methodisch-didaktische Defizite mit der Veränderung pädagogischer Zielvorstellungen bzw. mit berufsspezifischen Einstellungsveränderungen zu erklären sind. Er könnte hier durch seine Arbeit wie ein Katalysator wirken, der dem Lehrer hilft, diese Diskrepanz bzw. Unausgewogenheit zu erkennen mit dem Ziel, ihm wieder zu einem inneren Gleichgewicht zu verhelfen.

Supervision auf der persönlichkeitsorientierten/individualpsychologischen Ebene

Die Supervisionsarbeit auf der persönlichkeitsorientierten oder individualpsychologischen Ebene kann auch thematisch eingegrenzter als die 'Arbeit an der Persönlichkeit' des Supervisanden bezeichnet werden. Sie ist sowohl aus der Sicht des Supervisors als auch der

Sicht des Supervisanden die schwierigste und die sensibelste, zugleich aber auch, im nachhinein betrachtet, die effektivste.
Es geht auf dieser Ebene um die Aufdeckung der Verzahnung bzw. der Verflechtung von individueller Privatheit mit der beruflichen Tätigkeit. Diese Verzahnung bzw. Verflechtung des Privaten mit dem Beruflichen wird vom Supervisanden häufig nicht gesehen, oder sie wird bewußt verschwiegen oder geleugnet, bzw. ein Gespräch darüber wird nicht selten abgeblockt.
Eine solche Verweigerung bzw. Ablehnung ist durchaus verständlich. Denn wer möchte schon seine privat-persönlichen Probleme, Gefühle oder Motive im Kontext beruflicher Fragestellungen ansprechen, diskutieren oder gar aufarbeiten. Wer ist - auch von uns - fähig und bereit zu sehen, daß es zwischen dem Privatleben und dem Berufsleben mehr Korrespondenzen gibt, als wir gemeinhin bereit sind zuzugeben?
Daß es jedoch zwischen dem Privatleben und dem Berufsleben wechselseitige Bedingtheiten gibt, ist nicht zu leugnen. Dies ist sowohl theoretisch als auch praktisch leicht nachzuvollziehen. Es gibt eine Fülle empirischer Untersuchungen und Studien, die das hinreichend belegen; überdies läßt sich dieser Zusammenhang an fast allen biographischen Bekenntnissen ablesen. In allen sozialen Berufen ist diese Verzahnung von individueller Privatheit mit beruflichen Tätigkeiten gegeben. In jeder sozialen Beratung, in jeder Therapie, in jedem erzieherischen Akt spielen immer bestimmte biographische Anteile des Beraters, des Therapeuten bzw. des Erziehers (des Lehrers) eine bestimmende Rolle.

Die Frage allerdings ist: Wie stark wirkt dieser persönliche Anteil in die berufliche Tätigkeit ein?
Oder anders gefragt: Wie bewußt ist dem Berater, dem Therapeuten bzw. dem Erzieher (dem Lehrer) dieser Selbstanteil in seiner beruflichen Tätigkeit?
Und schließlich stellt sich die Frage: Wie intensiv soll der privatpersönliche Anteil im Rahmen der unterrichtlichen Supervision thematisiert werden?

Auch hier soll sogleich einem möglichen Mißverständnis vorgebeugt werden. Natürlich soll sich jeder Lehrer als individuelles Subjekt in die Arbeit einbringen. Er soll sich so geben, wie er ist! Die moderne Sprachfloskel ‘Echt sein!’ hat hier durchaus ihren Sinn und ihre Berechtigung. Aber das ist es nicht, worauf es hier ankommt!
Gemeint sind jene Selbstanteile des Lehrers, die unbearbeitet oder unverarbeitet die Persönlichkeitsstruktur des Lehrers verändern. Es ist ja eben das Fatale, daß viele Lehrer während ihrer beruflichen

Tätigkeit ihre Persönlichkeit zu verleugnen suchen; es ist ein Prozeß der Verleugnung und Unterdrückung, der sich über Jahre hinziehen kann und dessen Auswirkungen und Folgen das Individuum selbst kaum bemerkt. Unbewältigte Konflikte, emotionale Defizite oder private Schicksalsschläge zeitigen ihre Auswirkungen, wenn sie ständig unterdrückt werden - oder unterdrückt werden müssen.

Nun mögen schon diese wenigen Hinweise auf diesen Problembereich den Anschein erwecken, als solle durch die Supervision den Lehrern doch eine Art Therapie angeboten werden. Es geht hier nicht um Therapie, sondern es geht darum, persönliche Probleme, Sorgen oder Bedrückungen, die in die Berufsarbeit einfließen, anzusprechen und - wenn vom Supervisanden gewünscht - im Rahmen der vorgegebenen Bedingungen aufzuarbeiten. Sicherlich liegt hier die Gefahr, die Supervision in eine Art Therapie abgleiten zu lassen; es ist dies die Bruchstelle zur Therapie, die ja auch in den theoretischen Auseinandersetzungen immer wieder angemahnt wird. Der Supervisor ist hier in seiner Kompetenz besonders gefordert, die Grenze zu erkennen und sie dem Supervisanden zu verdeutlichen. Neben einem breiten analytischen und diagnostischen Wissen bedarf es einer besonderen Sensibilität für die Frage, wie mit dem Supervisanden zu arbeiten ist. Das gilt in Sonderheit für die Frage, ob der Supervisand diese Probleme von sich aus andeutet bzw. anspricht oder ob der Supervisor Hinweise entdeckt, die auf eine solche Verzahnung bzw. Verflechtung schließen lassen.

Exkurs: Die Notwendigkeit von Psychohygiene für Lehrer

Daß die Sorgen, Probleme, Bedrückungen und Verstrickungen auf der privat-persönlichen Ebene keiner Therapie bedürfen, haben die eigenen jahrelangen Erfahrungen aus diversen Trainingskursen für Lehrer im Rahmen der Dritten Ausbildungsphase gezeigt. Unabhängig von der eigentlichen Kursthematik bin ich jedesmal aufs Neue überrascht und erstaunt, wie stark das individuelle Privatleben in die Berufsarbeit einfließt, und wie hilfreich es für Lehrer ist, wenn man sich dieser Problematik annimmt und den Lehrern Freiräume anbietet, daran arbeiten zu können. Das führt häufig dazu, daß die eigentliche Kursthematik verlassen wird, um sich nur der Bearbeitung dieser Probleme zuzuwenden. Ist die psychologische Hemmschwelle der Artikulation einmal überwunden, tut sich ein - fast möchte ich hinzufügen: beängstigender - Berg von persönlichen Problemen auf. Und dies ist auch der schon mehrfach genannte Grund für die Attraktivität bestimmter Supervisionsgruppen für Lehrer: Sie benötigen keine Therapie, aber sie sehnen sich nach einer verständnisvollen Gruppe, in der sie ihre persönlichen Probleme an- und besprechen können. Weder die Erste noch die Zweite und Dritte Phase der Lehrerbildung bieten hier eine adäquate Form der persönlichen Beratung an. Persönlich empfinde ich diesen Mangel als ein großes Defizit, denn auch und gerade eine institutionalisierte Lehrerbildung hat die berufsethische Verpflichtung, den Lehrern eine Entlastungsmöglichkeit zu schaffen. Und auch hier gilt: Von Therapie oder therapeutischer Arbeit zu sprechen, trifft nicht den Kern! Obgleich, das sei hier eingeräumt, vielen Lehrern eine therapeutische Beratung angeraten sei. Das jahrelange Herumschleppen unbewältigter Konflikte muß sich zwangsläufig auf die alltägliche Schularbeit und auf die Berufsarbeit insgesamt auswirken. Die Supervisionsarbeit auf der Persönlichkeitsebene kann daher im Einzelfall durchaus dazu führen, daß dem Supervisanden zu einer Therapie geraten werden kann. Oft nimmt die Supervisionsarbeit die Angst vor einer Therapie; sie ist nicht selten der willkommene Schlüssel zu ihr.

Wenn hier ein Begriff annähernd das beschreiben sollte, was Supervision auf dieser Ebene unter anderem zu leisten hätte, dann ist es der Begriff *Psychohygiene*!

Es wurde bereits in Kapitel 2.3 auf den Zusammenhang von Supervision, Therapie und Psychohygiene hingewiesen: Die Psychohygiene versteht sich als seelischer Gesundheitsschutz, und sie ist als eine Form 'ritueller Katharsis' älter als die Pädagogik und die Psychologie. Ursprünglich hatte sie eine präventive Funktion, heutzutage kann diese Funktion auch retrospektiv wirksam werden, also als eine nacharbeitende Entlastungsinstanz.

Unsere moderne Lebensweise hat die Formen psychohygienischer Rituale unserer Vorväter verschüttet, und so suchen wir nach Ersatzhandlungen. Jeder von uns betreibt alltägliche Psychohygiene, wenn er bei einer Tasse Kaffee über andere, nicht anwesende Kollegen 'herzieht'. Wir haben zwar dabei immer ein schlechtes Gewissen, weil man ja so etwas nicht machen soll - aber es tut dennoch der eigenen Seele so ungemein gut! Vor allem: Da ist jemand, dem man unter dem Siegel der Verschwiegenheit etwas anvertrauen kann, was man schon immer mal 'loswerden' wollte - und dies wirkt wie ein Placebo; es hat keinen Wert, aber es wirkt!

Die Psychohygiene operiert im Vorfeld von Therapie. Sie hat nicht das Ziel, eine psychologisch und systematisch geleitete Behandlung vorzunehmen, sondern dient der seelischen Entlastung und Befreiung von persönlichen sowie beruflichen Sorgen und Bedrückungen.

Die Supervision auf der individualpsychologischen Ebene konzentriert sich auf den privaten und persönlichkeitsorientierten Bereich, soweit er einen Bezug zur beruflichen Tätigkeit erkennen läßt. Die Aufarbeitung bzw. Bearbeitung solcher persönlicher Anteile kann sich während der Supervisionsarbeit phasenweise völlig vom beruflichen Kontext lösen, muß sich aber immer wieder auf diesen zurückführen lassen. Es ist also legitim, über einen längeren Zeitraum sich nur den persönlichen Problemen des Supervisanden zu widmen, wenn dabei stets die Abgrenzung zur Therapie oder therapeutischen Interventionen gesehen und nicht überschritten wird.

Die Entlastung oder Bewältigung privater oder persönlichkeitsspezifischer Probleme oder Bedrückungen bewirkt einen kathartischen Effekt, der sich schließlich auch auf die berufliche Tätigkeit positiv auswirkt. Dem Lehrer wird durch diese Focussierung die Verzahnung von persönlichen Verstrickungen mit seinen beruflichen Tätigkeiten bewußt, er kann sie in sein Lebens- und Berufskonzept besser einordnen und damit bewußter umgehen.

Zusammengefaßt:
Die hier - aus analytischen Gründen - getrennt beschriebenen Ebenen der unterrichtlichen Supervision fließen in der praktischen Supervisionsarbeit ineinander über. Natürlich wird mal die eine oder die andere Ebene zum Schwerpunkt supervisierender Betrachtung, wenn es sich aus der Thematik heraus anbietet. Und da in der Regel die meisten Lehrer selbst ihre Probleme bzw. Schwierigkeiten vor der Supervision benennen bzw. angeben, ist natürlich der Arbeitsrahmen in gewisser Weise schon vorgegeben.

Phasen eines unterrichtlichen Supervisionsprozesses
Läßt sich die unterrichtliche Supervision als planbarer Gesamtprozeß gliedern oder systematisieren?
Läßt sich eine gewisse Schrittabfolge für den gesamten unterrichtlichen Supervisionsprozeß festlegen?
Gibt es Phasen, die es sinnvoll erscheinen lassen, sie während der Supervisionsarbeit im Auge zu behalten?

Ein Blick auf die Supervisionskonzepte in anderen Bereichen hat gezeigt (siehe Kapitel 2), daß die meisten Autoren auf Grund ihrer praktischen Erfahrungen zu einer sachimmanenten Phaseneinteilung gelangen. Diese Phasen ergeben sich quasi als sachlogische Prozeßschritte aus der konkreten Supervisionsarbeit. In ihrer abstrahierten Form erfassen sie allerdings immer nur die Grobstruktur eines in sich komplizierten Geschehens; sie können folglich nur als grobes Planungsinstrument Verwendung finden und sind jeweils an eine spezifische Supervisionsthematik gebunden.

Die unterrichtliche Supervision geht von zwei Prämissen aus:
(1) Da eine unterrichtliche Supervision auf freiwilliger Basis stattfindet, kommt es entscheidend auf das Arrangement an, das der Supervisor und der Supervisand vereinbaren. Dieses Arrangement legt in gewisser Weise schon fest, wie der gesamte Supervisionsprozeß ablaufen soll.
(2) Trotz des speziellen Arrangements zwischen Supervisor und Supervisand unterliegt auch die unterrichtliche Supervision einer bestimmten strukturellen Sachlogik, die den gesamten

Supervisionsprozeß bestimmen wird. Diese strukturelle Sachlogik ergibt sich zum einen aus dem spezifischen Sachgegenstand 'Unterricht' selbst, zum anderen aus der sachlogischen Struktur der Supervision. Eine sinnvolle und effektive Supervision findet dann statt, wenn gewisse lernpsychologische bzw. methodische Erkenntnisse beachtet werden.

Es sind also drei Variablen, die aufeinander abgestimmt werden müssen: der Supervisionsgegenstand (das Thema, die Problematik: Unterricht), die Supervision als eine besondere Interaktionsform mit ihren lernpsychologischen bzw. methodischen Implikationen (Phasen, Abfolge) und das spezielle Arrangement zwischen Supervisor und Supervisand, welches die beiden ersten Variablen einzubeziehen hat.

Für die eigene unterrichtliche Supervisionsarbeit wurden vom Autor im Laufe der Zeit die fünf Arbeitsphasen von PLESSEN und KAATZ (vgl. 1985, 69 ff.) als Arbeits- und Planungsleitlinien übernommen und um zwei eigene ergänzt. Wenngleich PLESSEN und KAATZ ihre Arbeitsphasen für die (psychologischen) Bereiche Beratung und Therapie entwickelt haben, so sind sie dennoch in ihrer abstrahierten Form für die pädagogische Supervision gut zu adaptieren. Die Bezeichnung einiger Phasen erfolgt daher in Anlehnung an PLESSEN und KAATZ (vgl. ebd.).

1. Phase: *Sondierungs- bzw. Entscheidungsphase*
Der Lehrer muß sich zunächst entscheiden, ob - und wenn ja - in welcher Form er seine berufliche Arbeit auf- oder bearbeiten will. Die Entscheidung muß ja nicht immer und sofort für die Form der Supervision ausfallen. Es gibt verschiedene andere und sehr bewährte Formen, allgemeine oder spezifische Problembereiche zu bearbeiten. Die Entscheidung für die eine oder andere Bearbeitungsform ist natürlich abhängig von der Art des Problems, der Schwierigkeit bzw. der Fragestellung. Ständige Konflikte mit verschiedenen Schülern beispielsweise legen die Überlegung nahe, ein Konflikttraining zu absolvieren, oder Didaktisierungsschwierigkeiten könnten durch ein Methodenseminar behoben werden. Häufig wird die Entscheidung für den einzelnen Lehrer allerdings dadurch erheblich erschwert, daß er keine oder zu wenig Informationen über die bereits vorhandenen Bearbeitungsmöglichkeiten besitzt. Nur Insider kennen sich in der (Kurs- bzw. Trainings-) Szene aus, aber auch diese Informationen sind meistens durch das eigene Erleben subjektiv gefärbt. Insofern ist die Entscheidungsphase eigentlich eine Sondierungsphase, in der es nur darum geht, die notwendigen sachlichen Informationen einzuholen und sie auf die

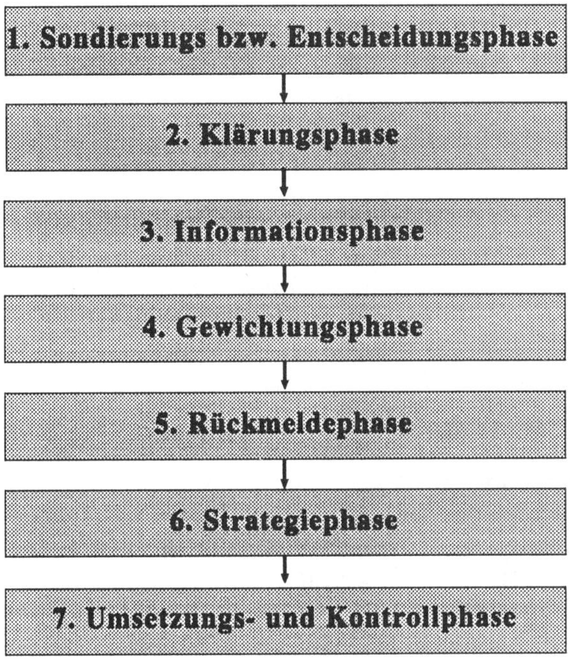

Idealtypische Phasen der pädagogischen (unterrichtlichen) Supervision

Nützlichkeit für die eigene Problematik bzw. Fragestellung hin zu prüfen. Fatal ist dabei die schon bereits erwähnte Tatsache, daß sich nicht selten Supervisoren (aus einer sozialen Notlage heraus) als Helfer anbieten, ohne überhaupt zu wissen, wie die pädagogische Problematik im einzelnen überhaupt aussieht. Sie verbreiten jenes Bild vom omnipotenten Supervisor, der für alle Fragen eine Antwort parat hat bzw. für jedes Problem eine Lösung bereit hält. Ein verantwortungsbewußter Supervisor wird also erst zu überprüfen haben, inwieweit er sich selbst für die Problem- bzw. Fragestellung kompetent hält bzw. welche anderen Alternativen er dem Lehrer vorschlagen könnte.

2. Phase: *Klärungsphase*

Sind sich der Supervisand und der Supervisor einig, gemeinsam arbeiten zu wollen, geht es in einem nächsten Schritt darum, die Problematik bzw. die Fragestellung genau einzugrenzen und abzustecken. Beide vereinbaren ein Arrangement und das methodische Grobsetting der Supervisionsarbeit. Das Ziel der Supervision wird festgelegt und der Auftrag des Supervisors bestimmt (PLESSEN und KAATZ bezeichnen die Phase als Orientierung).

3. Phase: *Informationsphase*
Gemäß der Zielsetzung und des Settings beginnt das Sammeln und Zusammentragen der Daten (Beobachtungsdaten, Ereignisse, Vorkommnisse, besondere Situationen, Eindrücke usw.), die für die Bearbeitung der Problematik nützlich sind. In der Regel erfolgt dies durch Unterrichtsbesuche (Hospitationen), in denen der Supervisor als Hospitant das Material zusammenträgt. Ob andere Formen der Datensammlung wie Videomitschnitte oder Verbalprotokolle, sinnvoll(er) sind, ergibt sich aus der Fragestellung.

4.Phase: *Gewichtungsphase*
Bezogen auf die Fragestellung bzw. Problematik wird das vorhandene Datenmaterial gewichtet, das heißt, es wird daraufhin überprüft werden müssen, inwieweit es für die weitere Arbeit nützlich und brauchbar ist, und es wird daraufhin gesichtet, ob es noch andere und zusätzliche Informationen enthält, die die Problematik bzw. Fragestellung in einem anderen Licht erscheinen läßt. Diese Arbeit hat der Supervisor - zunächst alleine im Sinne einer Vorarbeit- zu leisten.

5. Phase: *Rückmeldephase*
Die erhobenen und gesichteten Daten werden dem Supervisanden rückgemeldet und mit ihm gemeinsam besprochen bzw. ausgewertet. Sollten sich die Daten als ausreichend erweisen, werden sie als Grundlage für eine konstruktive Bearbeitung herangezogen.

6. Phase: *Strategiephase*
In der Regel ist ja der Supervisand mit seiner Arbeit unzufrieden bzw. er erkennt bzw. empfindet selbst Defizite. Die Defizite zeigen sich in seiner konkreten und alltäglichen Unterrichtsarbeit. Das Ausgleichen der Defizite muß sich also auch immer auf die praktische Arbeit beziehen bzw. in ihr ihren Niederschlag finden. Die Bearbeitung der Problematik bzw. Fragestellung wird also in irgendeiner Weise konkret werden müssen. Dazu bedarf es Strategien, die als Handlungsalternativen in den pädagogischen Arbeitsprozeß eingebracht werden müssen. Die Strategiephase bietet die Möglichkeit und den Schutzraum, sich solche Strategien, die der Zielsetzung gerecht werden müssen, auszudenken und planerisch zu durchdenken.

7. Phase: *Umsetzungs- und Kontrollphase*
Der Supervisand wird nun in einem nächsten Schritt die konkretisierten Strategien in seinem Unterricht umzusetzen versuchen. Die Begleitung durch den Supervisor erfolgt direkt oder indirekt. Die direkte Begleitung bedeutet, daß der Supervisor als Hospitant (Beobachter) die Umsetzung unmittelbar im Unterricht verfolgt, die indirekte Begleitung bedeutet, daß der Supervisor sich vom Versuch der Umsetzung durch den Supervisanden berichten läßt. Jede dieser beiden Formen hat ihre Vor- und Nachteile; der Supervisor und der Supervisand müssen entscheiden, welche Form der Begleitung sich unter den gegebenen Bedingungen am besten eignet. Entscheidend ist in jedem Fall eine intensive Nachbesprechung und Auswertung, die letztlich über das weitere Vorgehen entscheidet.

Zusammenfassung
Die unterrichtliche Supervision in dem hier dargelegten Verständnis wird nicht als formaler Bestandteil der Ausbildung verstanden. Beratung und Betreuung während der Ausbildung sind von der Supervision, die von der Gleichwertigkeit der Interaktionspartner ausgeht, zu trennen. Damit entfällt die Notwendigkeit einer formalen Beurteilung oder Bewertung der beruflichen Qualifikationen. Die Befreiung von Beurteilung und Bewertung erlaubt eine fachliche und kommunikative Auseinandersetzung, die beide Partner, Supervisand und Supervisor, vorurteilsfrei, symmetrisch und wertoffen führen können.
Die Supervision erfolgt auf Wunsch des potentiellen Supervisanden und ist somit freiwillig.
Für die Inanspruchnahme der Supervision sind drei idealtypische Ausgangssituationen denkbar:

(1) Der potentielle Supervisand erhält direkt oder indirekt Rückmeldungen über seine berufliche Tätigkeit, die ihm nahelegen, seine berufliche Arbeit supervisieren zu lassen.
(2) Der potentielle Supervisand stellt selbst Defizite in seiner beruflichen Tätigkeit fest und möchte diese mit Hilfe eines Experten überprüfen.
(3) Der potentielle Supervisand möchte sich ohne konkreten Anlaß über seine berufliche Arbeit auseinandersetzen.

Ausgangspunkt der unterrichtlichen Supervision ist der konkrete und alltägliche Unterricht (methodisch-didaktische Ebene). Geben die Beobachtungen (Daten, Ereignisse, Vorkommnisse, Verhaltensweisen, Auffälligkeiten usw.) Hinweise darauf, daß das pädagogische Konzept des Supvervisanden zu thematisieren wäre (ziel- bzw. berufsperspektivische Ebene), weil sich beispielsweise

Widersprüche im Verhalten des Supervisanden erkennen lassen, dann dienen die unterrichtlichen Situationen ebenfalls als Ausgangssituationen für eine solche Auseinandersetzung. Das gleiche gilt für die persönlich-privaten Schwierigkeiten bzw. Probleme (individualpsychologische Ebene); sie sollten vom Supervisor nur dann angesprochen werden, wenn die unterrichtliche Arbeit dafür Vermutungen zuläßt.
Der gesamte unterrichtliche Supervisionsprozeß läßt sich idealtypisch in sieben Arbeitsphasen aufgliedern (Sondierungs- bzw. Entscheidungsphase; Klärungsphase; Informationsphase; Gewichtungsphase; Rückmeldephase; Strategiephase; Umsetzungs- und Kontrollphase). Die Phasen geben eine Grobstruktur an und dienen als Leitlinien.

Als Formel für die unterrichtliche Supervision ließe sich in Anlehnung an die Definition von SCHÖNIG (vgl. 1990a, 220) sagen:
Unterrichtliche Supervision ist die systematische Anregung und Anleitung zu Selbstreflexion und Selbstkontrolle des Lehrers durch einen Supervisor auf der Basis gleichwertiger Kommunikation mit dem Ziel, das berufliche Wissen zu erweitern, das methodisch-didaktische Können zu verbessern und pädagogische und persönliche Zielvorstellungen, Perspektiven, Einstellungen, Haltungen, Verhaltensweisen und Verhaltensmuster zu korrigieren. Neben fachlichen Aspekten werden auch persönlichkeitsspezifische Fragen bzw. Probleme einbezogen, wenn sie direkt oder indirekt die berufliche Arbeit beeinflussen bzw. beeinträchtigen.

Das Microteaching: Eine Methode zur Schulung von Supervisoren

Ausgangspunkt der hier dargelegten unterrichtlichen Supervision ist die konkrete und alltägliche Unterrichtsarbeit. Dabei gilt das Hauptaugenmerk zunächst der methodisch-didaktischen Ebene, das heißt dem 'Unterrichten' mit all seinen Varianten. Da sich kein Lehrer auf Dauer verstellen kann, werden auf dieser Ebene mit einer hohen Wahrscheinlichkeit die berufsimmanenten Ziele und die privat-persönlichen Probleme des Unterrichtenden entweder in direkter oder in indirekter Weise deutlich. Dem geschulten und geübten Beobachter wird an vielen Einzelheiten der unterrichtlichen Interaktionen und des unterrichtlichen Arrangements diese Verknüpfung bzw. Verzahnung zu den übergeordneten pädagogischen Einstellungen (Haltungen) bzw. zu den die Persönlichkeit des Unterrichtenden betreffenden Problemen sichtbar (vgl. WAGNER 1973; WAGNER et al. 1977; WAGNER et al. 1981; PALLASCH/ STREHLOW 1990). Sie zeigen sich beispielsweise in immer wie-

derkehrenden oder stereotypen Unterrichtssituationen als filigrane Verhaltensweisen, als spezifische Sprechmuster oder Anspracheformen, als der Person des Unterrichtenden eigenen Körperhaltungen, als typische Handlungsmuster oder als nonverbale Gesten.
Wie können diese filigranen Muster beobachtet und entschlüsselt werden?
Wie können sie überprüft und 'befragt' werden?
Wie können sie für eine genauere Wahrnehmung und Beobachtung festgehalten werden?
Wie können sie dem Supervisanden widergespiegelt werden?

Die Fragen legen es nahe, nach einer geeigneten Methode zu suchen, die zum einen eine annähernd objektive Widerspiegelung solcher Mikroeinheiten erlaubt und die es zum anderen ermöglicht, an solchen Mikroeinheiten konkret zu arbeiten.
Hier bietet sich die Methode des Microteaching an, die trotz aller Kritik in den letzten Jahren ihre substantielle Bedeutung nicht verloren hat. Das Microteaching ist in den letzten Jahren in der deutschen Lehreraus- und -fortbildung wieder etwas in den Hintergrund gedrängt worden, weil dieser Methode der Makel anhaftet, lediglich ein sozialtechnologisches Verfahren zur Einübung von Lehrfertigkeiten (Skills) zu sein. Im Zuge der Professionalisierungsbemühungen des Lehrerberufs zu Beginn der 70er Jahre wurden Verfahren bzw. Methoden favorisiert, die dem künftigen Lehrer das notwendige Handwerkszeug antrainieren. Das Microteaching, also das Unterrichten in Minieinheiten, bot sich in seiner klassischen Form als hilfreiches und brauchbares Instrument an, und es entstand der Eindruck, es werde lediglich technizistisch trainiert und nicht oder kaum pädagogisch diskutiert, weil man den Trainierenden die zu übenden Fertigkeiten als fertigen Katalog vorgab. Es ist nicht zu leugnen, daß das Microteaching zu einem lediglich sozialtechnologischen Instrumentarium mißbraucht werden kann, und die ersten Versuche und Trainings im didaktischen Bereich in den USA (vgl. ALLEN/RYAN 1974) ließen diese Vermutung auch als berechtigte Kritik aufkommen. Inzwischen hat man das Microteaching dieser sozialtechnologischen bzw. technizistisch anmutenden Vorgehensweise entkleidet und Konzeptionen entworfen, die neben dem puren Training von Lehr- und Lehrerverhaltensweisen auch die pädagogische Auseinandersetzung um methodisch-didaktische bzw. sozialemotionale Fragestellungen miteinbezieht. Im Gegenteil: Das Training ist nur dann sinnvoll und effektiv, wenn der Trainierende selbst entscheidet, was er - und mit welcher Begründung - üben bzw. einüben will (vgl. STREHLOW 1978). Neuere Konzeptionen (vgl. STREHLOW 1983; PALLASCH/STREHLOW 1987b) nutzen die konstitutiven Elemente des Microteaching als

methodische Basis für ein Training, d.h. sie benutzen das methodische Instrumentarium als eine hilfreiche und pragmatische Stütze zur Einübung bzw. Reflexion berufsrelevanter Verhaltensweisen. Dem eigentlichen Training (Einübung relevanter unterrichtlicher Lehr- und Lehrerverhaltensweisen) wird ein Wahrnehmungs- bzw. Beobachtungstraining vorgeschaltet; die Trainierenden erlernen das Geben von Feedback und lernen, die zu trainierenden Lehrfertigkeiten zu operationalisieren (hierzu ausführlich: STREHLOW 1983). Die klassische Form des Microteaching läßt sich mit den folgenden konstitutiven Elementen beschreiben:

> Verringerung der Schülerzahl,
> Verkürzung der Unterrichtszeit,
> Einschränkung des Lernstoffs,
> Konzentration auf nur eine (oder wenige) Verhaltensweisen.

Diese vier Variablen reduzieren insgesamt die Unterrichtssituation für den Trainierenden und machen damit ein Arbeiten an ausgewählten Aspekten einfacher. Des weiteren sind für das Microteaching kennzeichnend: Die unmittelbare Rückmeldung und die unmittelbare Kontrolle durch Schüler, Trainingsteilnehmer, Supervisor und über die Videoaufzeichnung. Dieses Grundsetting ist inzwischen vielfach variiert worden (vgl. ZIFREUND 1970 u. 1976; OLIVERO/BRUNNER 1973; HEILMANN/KLINZING 1974; PALLASCH/STREHLOW 1987a), hat aber trotz der verschiedenen Modifikationen den methodischen Gesamtzyklus beibehalten: Teach - Critique - Reteach - Critique.

Trotz aller instrumenteller Kritik am Microteaching erbringt es für den Studierenden die gleichen Leistungen wie ein entsprechendes Praktikum. Die Ergebnisse, bezogen auf die allgemeine Schulung unterrichtlicher Fertigkeiten, erlauben die Aussage, daß das Microteaching im Vergleich zu anderen unterrichtsorientierten Trainingsansätzen insgesamt die gleiche, wenn nicht so gar eine höhere Effektivität besitzt.

Der entscheidende Vorteil dieser Vorgehensweise liegt aber in der Focussierung auf Mikroeinheiten des Unterrichts, die durch die Videoaufzeichnung erstens immer wieder präsent gemacht werden können und zweitens dem Beobachter erlauben, das 'Sehen' und 'Beobachten' zu schulen.

Eine solide und fundierte Ausbildung über das Microteaching in das Sehen, Wahrnehmen und Beobachten unterrichtlicher Ereignisse bildet die beste Voraussetzung für eine pädagogische bzw. unterrichtliche Supervision. Denn neben den methodisch-didaktischen Defiziten werden an den Mikroeinheiten unterrichtlicher Situationen auch die übergeordneten pädagogischen Ziele des Unterrichtenden deutlich, die sich an filigranen Einzelheiten erkennen lassen. Über die *Selbstkonfrontation* (= der Trainierende nimmt sich selbst über die Videoaufzeichnung wahr) tritt der Trainierende mit sich selbst (mit seiner Persönlichkeit) in Kontakt. Das löst persönliche (emotionale) Artikulationen aus, die aufgegriffen und beispielhaft bearbeitet werden können. Der sogenannte *cosmetic effect*, d.h. die Konfrontation mit sich selbst auf dem Videobild, verstärkt die Tendenz einer Auseinandersetzung mit sich selbst. Zumeist werden die äußerlichen Erscheinungsformen und -arten (Körperhaltung, Aussehen, Kleidung und Gesten oder typische Verhaltensweisen) an sich selbst wahrgenommen und (innerlich) problematisiert.

Die wünschenswerten Forderungen an einen Supervisor für die unterrichtliche Supervision wären, neben den bereits weiter oben angeführten Grundvoraussetzungen für eine supervisierende Tätigkeit:

> Vertiefte Kenntnisse in der Unterrichtsmethodik bzw. -didaktik als Teil der Schulpädagogik. Besondere Kenntnisse sollten auf dem Gebiet der mikroanalytischen Unterrichtsforschung erworben werden.

> Er sollte selbst über unterrichtspraktische Erfahrungen verfügen.

> Er sollte über vertiefte Kenntnisse verschiedener Möglichkeiten des Lehrertrainings verfügen, um entsprechende Alternativen parat zu haben.

> Er sollte über spezifische Kenntnisse über die Vorgänge und Mechanismen der (sozialen) Wahrnehmung und Beobachtung im Kontext unterrichtsrelevanter Fragestellungen verfügen.

Natürlich ist die Methode des Microteaching nicht die einzige Möglichkeit, sich für die unterrichtliche Supervision ausbilden zu lassen. Aber in ihrem Grundansatz bietet sie die besten Möglichkeiten, sowohl theoretische Kenntnisse zu vertiefen als auch den Umgang mit den instrumentellen Techniken und Methoden zu erlernen. Als besonderer Vorteil dieser Methode bietet sich die Möglichkeit an, die Einspielung der unterrichtlichen Videoaufzeichnung nonverbal vorzunehmen. Die Betrachtung (Wahrnehmung, Beobachtung) unterrichtlicher Situationen ohne Ton (Sprache) hat sich als äußerst effektiv erwiesen (vgl. PALLASCH/STREHLOW 1987b; PALLASCH/REIMERS 1990). Die Körpersprache lügt nicht: Jeder Eindruck verlangt nach Ausdruck! Auch ungeübte Beobachter sind erstaunlich schnell in der Lage, über ihre subjektiven Wahrnehmungen und Empfindungen mögliche Widersprüche im Verhalten eines Probanden zu erkennen.

3.2 Die schulische Supervision als berufsbegleitende Beratung und Betreuung

"Wenn auch nach der Supervision als einer Form der Beratung in der Schule verlangt wird, so ist keinesfalls klar, was mit Supervision im einzelnen gemeint ist", dieser Feststellung von SCHÖNIG (1990a, 212) ist uneingeschränkt zuzustimmen. Wenn die Supervision als ein effektives und konstruktives Instrument für die schulische Beratungstätigkeit in Erwägung gezogen werden sollte, dann ist dies nur dann sinnvoll, wenn sie der administrativen Funktion entkleidet wird. Hierzu noch einmal SCHÖNIG (ebd. 213): "Auf der einen Seite soll die Supervisionsbeziehung dem Supervisanden Schutz bieten, um eingeschliffene Verhaltensweisen und Einstellungen sanktionsfrei hinterfragen zu können; auf der anderen Seite wird die Supervision auch von Dienstherren als Beurteilungsinstrument genutzt. Bezogen auf die Schule heißt dies, daß die Supervision im Prinzip auch als ein Instrument der Leistungskontrolle der Lehrer durch Administration eingesetzt werden kann und wird".

Wenn es also wirklich darum gehen sollte, Lehrern eine Möglichkeit zu schaffen, sich mit ihrer beruflichen Tätigkeit angstfrei auseinanderzusetzen, dann muß ein Weg gefunden werden, der ihnen einen Frei- und Schutzraum bietet, dies ohne Befürchtungen von Sanktionen tun zu können. Alle anderen Formen sind ambivalent und in sich widersprüchlich.

Löst man die Supervision von den noch verhafteten Vorstellungen, sie sei eine Art Therapie oder Therapieersatz, und definiert man die pädagogische bzw. unterrichtliche Supervision als eine dialogische Kommunikationsform auf der Basis gleichwertiger Akzeptanz zwischen Supervisor und Supervisand, dann sollte es möglich sein, pädagogische bzw. unterrichtliche Supervision in den Schulen als permanente Einrichtung zu installieren. Die dafür nötigen Voraussetzungen wurden bereits eingangs angesprochen:

(1) Die bisherigen Formen beruflicher Praxisbegleitung sind einer kritischen Analyse zu unterziehen mit dem Ziel, das Bewährte zu bewahren und das Unnötige zu beseitigen. Es gibt ja auch sehr effektive und konstruktive Beratungsformen, wozu auch die sogenannten Unterrichtsbesprechungen zählen, die ihren Sinn erfüllen. In den meisten Fällen sind diese Beratungsformen jedoch mit Beurteilungsanforderungen verknüpft, so daß ein positiver Effekt immer von einem negativ besetzten Gefühl begleitet wird. Eine klare Trennung zwischen einer administrativ als notwendig angesehenen Beurteilungsform

und einer nur auf die Sache und Person gerichteten Beratungspraxis wäre folglich der erste Schritt. Ein zweiter Schritt wäre die Ausbildung geeigneter Supervisoren für den pädagogischen bzw. unterrichtlichen Arbeitsbereich. Daß diese Supervisoren, neben grundlegenden Kenntnissen der Psychologie und Soziologie, vor allem schulische bzw. unterrichtliche Qualifikationen aufweisen sollten, ergibt sich aus der Sache selbst. Wenn Lehrer überdies Schwierigkeiten haben, fachfremde Experten anzuerkennen, dann sollte schon aus strategischen Gründen dieser Weg beschritten werden.

(2) Es muß darüber neu nachgedacht werden, wie eine permanente berufsbegleitende Praxisberatung organisatorisch zu installieren wäre. Will man das Prinzip der Freiwilligkeit aufrechterhalten, dann verbieten sich zunächst starre Regularien und feste Organisationsformen bzw. -strukturen. Andererseits muß den Lehrkräften ein Freiraum geschaffen werden, sich mit ihrer beruflichen Tätigkeit phasenweise intensiv auseinandersetzen zu können. Zu denken wäre an ein flexibles Stundendeputat, über das jede Lehrkraft in freier Entscheidung verfügen dürfte. Dies hört sich in den Ohren von Verwaltungsverantwortlichen möglicherweise abstrus an, aber andererseits erhalten Lehrkräfte für alle möglichen Dienstleistungen (Kartenraumverwaltung, Mediotheksverwaltung, Fachleiterfunktion usw.) ein disponibles Stundendeputat, über das sie verfügen können. Es sind natürlich auch andere Formen einer zeitlichen Organisation denkbar. Entscheidend ist nicht die Frage nach der organisatorischen Regelung, sondern nach der Bereitschaft, den Lehrkräften eine solche Möglichkeit einzuräumen.

3.3 Die unterrichtliche Supervision als Modell?

Es wurde versucht darzustellen, wie supervisierende Arbeit in einem genuin pädagogischen Arbeitsfeld, nämlich im unterrichtlichen, aussieht. Die Frage ist:
Läßt sich diese Vorgehensweise auch auf andere pädagogische Bereiche übertragen?

Zunächst noch einige Ergänzungen zum Stichwort 'Unterrichten'. Mit Sicherheit können alle anderen Formen des Lehrens und Lernens, die nicht an das institutionalisierte Unterrichten gebunden sind, in dieses Modell einbezogen werden. Unterricht und Unterrichten, so unterschiedlich beide im konkreten Einzelfall auch sein mögen, gehorchen den gleichen Gesetzen und verlangen vom Unterrichtenden die gleichen basalen Qualifikationen, Fertigkeiten und

Fähigkeiten. Bei aller spezifischen Unterschiedlichkeit des Lehrens in unterschiedlichen Institutionen mit unterschiedlichen Lernern (Kinder, Erwachsene) geht man davon aus, daß ein ausgebildeter Lehrer über professionelle Merkmale verfügt, die ihn von einem Nicht-Lehrer substantiell unterscheiden.
Was unterscheidet den ausgebildeten Lehrer von einem Nicht-Lehrer? Ein Lehrer unterscheidet sich von einem Nicht-Lehrer durch drei fundamentale Komponenten im Verhaltensrepertoire:

1. Komponente: *Informationsbearbeitung*
Ein Lehrer ist aufgrund seiner pädagogischen Ausbildung besser in der Lage, für seine Lerner den Lernstoff zu organisieren und zu systematisieren.

2. Komponente: *Methodenwahl*
Ein Lehrer besitzt mehr und bessere Kenntnisse und Fertigkeiten darüber, wie der Vermittlungsprozeß zu planen und zu steuern ist.

3. Komponente: *Lernhilfeangebot*
Ein Lehrer besitzt mehr und bessere Kenntnisse und Fertigkeiten darüber, welche gezielten Hilfen für den Lernprozeß und für den einzelnen Lerner eingebracht werden müssen.

Wenn man akzeptiert, daß es diesen Unterschied gibt (oder geben sollte), dann wird auch die berufsbegleitende Praxisberatung in den Grundstrukturen für alle professionellen Lehrenden gleich sein müssen; und dies würde dann auch für die unterrichtliche Supervision zutreffen.

Kann die unterrichtliche Supervision in ihrer Grundstruktur aber auch ein Modell für die (allgemein-)pädagogische Praxis sein?
Es wurde bereits darauf hingewiesen, daß sich im Unterschied zur psychologischen Supervision die pädagogische Supervision anderen Fragestellungen zuwenden muß, die sich aus genuin pädagogischen Denkkategorien und Sichtweisen zu entwickeln haben. *Pädagogen sind* - so könnte man den Sachverhalt vereinfachend beschreiben - *Generalisten, während die Psychologen eher als Spezialisten zu bezeichnen wären.*
Die Spezialisten haben es in der praktischen Arbeit - vermeintlich - einfacher, weil immer und sofort nach konkreten Handlungsstrategien zur Lösung praktischer Probleme gesucht wird. Und diese Vorgehensweise ist Praktikern zunächst sehr willkommen, weil sie eine Minderung des Leidens verspricht - und auch in den meisten Fällen verschafft. So vorzugehen ist durchaus legitim und notwendig. Aber nicht alle Probleme oder Konflikte lassen sich

auf diese Weise beheben oder lösen. Gerade im pädagogischen Lern- und Erziehungsprozeß sind die Langfristigkeit und die Stetigkeit der Ziele und Absichten zu berücksichtigen, so daß viele Probleme und Konflikte eine andere und zusätzliche Betrachtungsperspektive verlangen. Das schließt - wie gezeigt werden konnte - kurzfristige Lösungen nicht aus. Insofern gibt es auch keinen Grund, (mögliche) Rivalitäten zwischen Psychologen und Pädagogen zu sehen oder zu konstruieren. Gleichwohl scheint sich zu bestätigen, daß Psychologen mehr Schwierigkeiten in pädagogischen Arbeitsfeldern mit Pädagogen (besonders mit Lehrern) haben als zusätzlich qualifizierte Pädagogen.

Im außerschulischen (außerunterrichtlichen) pädagogischen Arbeitsfeld, wie immer es auch im einzelnen aussehen mag, geht es um Ziele und Perspektiven, die ein professioneller Pädagoge als singuläre Persönlichkeit in konkrete Tätigkeiten und Handlungen umzusetzen hat. Die drei wesentlichen Kernbereiche - nämlich: die Ziele und Perspektiven, die praktische Arbeit als Umsetzung und die persönlichkeitsspezifischen Verarbeitungsprozesse des Pädagogen als Individuum - bleiben als Ansatzpunkte für eine pädagogische Supervision immer gleich. Insofern kann das oben dargelegte Modell der unterrichtlichen Supervision ohne Schwierigkeiten auch auf andere pädagogische Arbeitsfelder als arbeitsanalytisches Vorgehensmuster übertragen werden.

Das hier vorgestellte Modell bzw. die hier dargelegte Sichtweise einer pädagogischen bzw. unterrichtlichen Supervision favorisiert keine bestimmte wissenschaftliche Schule im engen Sinne oder eine bestimmte Weltanschauung, es sei denn, man betrachtet die allgemeinen Annahmen und Aussagen der Humanistischen Psychologie als solche. Allerdings läßt sich eine starke Anlehnung an die 'clinical' bzw. 'instructional supervision' aus dem angloamerikanischen Bereich nicht leugnen. Die Bezugsgröße dieses Supervisionskonzepts ist die pragmatisch-orientierte und -ausgerichtete Erziehungswissenschaft mit ihren Ergebnissen und Erkenntnissen. Insofern verwendet sie auch jene instrumentellen Methoden und Vorgehensweisen, wie die Beobachtung, die Analyse oder das Sammeln bzw. Zusammenstellen von Daten und Fakten, die in der empirischen Sozialforschung 'Standards' sind.

Nun wäre abschließend zu fragen, worin sich diese Vorgehensweise von den übrigen Supervisionskonzepten unterscheidet?
Gibt es überhaupt generelle Unterschiede?
Die Fragen sind deshalb nicht leicht zu beantworten, weil die Vielschichtigkeit und Vielfalt inzwischen entwickelter Supervi-

sionskonzepte eine Systematik oder Zuordnung kaum erlauben, um sinnvolle und nachvollziehbare Vergleiche anstellen zu können. Es geht auch nicht primär darum, unbedingt Unterschiede zu anderen Supervisionskonzepten herauszuarbeiten oder zu konstruieren, sondern darum, ob sich für die pädagogische Supervision Spezifika finden lassen, die sich aus genuin pädagogischen Betrachtungsweisen ableiten lassen und die für eine pädagogische Supervision von Bedeutung sein könnten. Wenn dies hier mit besonderem Blick auf das schulische (unterrichtliche) Arbeitsfeld geschieht, dann aus der begründeten Überlegung heraus, daß sich in diesem Arbeitsfeld ein Defizit zeigt, das von zusätzlich qualifizierten Pädagogen geschlossen werden sollte. Die bisherigen Praktiken, dieses Defizit zu schließen, sind erste erfolgversprechende Ansätze, die aber offenbar noch nicht ausreichen, um erstens die legitimen Bedürfnisse der Pädagogen (besonders der Lehrer) befriedigend abzudecken und zweitens immer noch keine attraktiven Modelle für diejenigen abgeben, die einer berufsbegleitenden Praxisberatung skeptisch gegenüberstehen.

Im Eingangskapitel wurde ausgeführt, daß es prinzipiell nicht so entscheidend sei, wie eine alternative Form berufsbegleitender Praxisberatung bezeichnet werden würde. Wichtiger ist vielmehr die Frage, ob es überhaupt möglich und sinnvoll ist, eine solche alternative Stilform zu konzipieren? Dabei bot es sich von der Sache her an, jene Formen und Praktiken zu sichten und zu prüfen, die den eigenen Vorstellungen einer berufsbegleitenden Praxisberatung am nächsten kommen. Die Bezeichnung *berufsbegleitende Praxisberatung* ist in dieser Formulierung etwas irreführend; genauer müßte von einer *phasenweise berufsbegleitenden Praxisberatung* gesprochen werden, denn natürlich erfolgt keine permanente Begleitung, sondern eine auf einen bestimmten Zeitraum angelegte Praxisberatung, die allerdings in Abständen wiederholt werden kann. Und im Vergleich zu möglichen anderen Stilformen bietet die Supervision von ihrem Grundansatz die besten Möglichkeiten, diese Alternative zu entwickeln. Auch wenn sich die einzelnen Supervisionskonzepte zum Teil stark voneinander unterscheiden, ein gemeinsamer Kern ist allen gleich: *die theorieorientierte Praxisreflexion unter Einbeziehung der Persönlichkeit!* Letztlich soll auch die simple Tatsache erwähnt werden, daß man nicht von *Supervision* sprechen würde, wenn es sich nicht doch um etwas Neues handeln würde, das sich zumindest - und sei es nur in Teilen - von bereits Vorhandenem unterscheidet. Es wird hier vermieden, bei der Frage nach dem 'etwas Neuen' ins Grundsätzliche zu gehen. Dann müßte man auch grundsätzlich fragen, was denn in der Pädagogik überhaupt 'neu' sei? Und man wird sehr schnell feststellen, daß in der Pädagogik nichts neu ist, daß vielmehr alles schon einmal gedacht, zumindest vor-gedacht worden ist: "Alle grundlegenden pädagogischen Ideen sind schon mal gedacht und bedacht worden: was fehlt, ist nicht die Originalität von Ideen, sondern ihre Verwirklichung" (NEGT 1979, 381). Geändert haben sich die Verhältnisse, die Umstände, die Bedingungen und die gesellschaftlichen Strukturen, nicht aber der Mensch! Auch neue Begriffe verändern an den anthropogenen Grundgegebenheiten nichts. Sie ermöglichen uns jedoch einen anderen Zugang zu den Grundgegebenheiten, um anders, genauer oder differenzierter zu sehen, zu denken und zu agieren. Mehr nicht - aber das wäre schon viel!

Es ist hier also nicht die Frage nach einer Abgrenzung der pädagogischen bzw. unterrichtlichen Supervision zu anderen Supervisionskonzepten zu stellen, sondern nach einem Weg zu fragen, die Supervision auch für Pädagogen zu einer sinnvollen Alternative werden zu lassen. Und auf diesem Wege stehen wir erst am Anfang.

4 Die Selbsterfahrung: Ein Thema der Supervision

Die Schwierigkeit, eine Grenze zu ziehen
Die Supervision bewegt sich in ihren Extrempositionen zwischen Therapie und Psychohygiene (siehe Kapitel 2.3). In der praktischen Supervisionsarbeit besteht die Gefahr, daß die Grenze zur einen als auch zur anderen Seite mitunter überschritten wird. Diese Gefahr geht dabei weniger vom Supervisor aus, als vielmehr von den Bedürfnissen, Erwartungen und Wünschen der Supervisanden, denen der Supervisor entsprechen könnte. Es zeigt sich, daß die Attraktivität vieler Supervisionsgruppen, besonders für Lehrer, darin besteht, neben ihren beruflichen Schwierigkeiten vor allem persönliche Probleme in der Supervisionsgruppe ansprechen und lösen zu können. Dieser Wunsch ist legitim, und ihm sollte entsprochen werden, wenngleich mit der Einschränkung, daß im Rahmen der Supervision nur die persönlichen Schwierigkeiten, Probleme oder Konflikte bearbeitet werden sollten, deren Auswirkungen oder Folgen sich auch in der beruflichen Arbeit eindeutig und konkret niederschlagen. Auch diese Unterscheidung ist nicht einfach zu treffen, denn man könnte natürlich fragen: Welche persönlichen Probleme, Schwierigkeiten oder Konflikte wirken nicht in die berufliche Arbeit hinein? Trotz dieser schwierigen Grenzziehung wird ein geschulter Supervisor erkennen, ob die persönlichen Probleme, Schwierigkeiten oder Konflikte einer gesonderten, beispielsweise therapeutischen, Bearbeitung bedürfen oder ob sie im Rahmen der Supervisionsarbeit angesprochen und bearbeitet werden können.
Im Denk- und Arbeitsmodell der pädagogischen Supervision ist dafür die individualpsychologische Ebene vorgesehen.
Wenn man die persönlichkeitsspezifische Bearbeitung innerhalb der pädagogischen Supervision nicht als einen gesonderten Teil aus dem Gesamtkonzept der Supervision herausnehmen möchte, sondern sie als einen integrierten Bestandteil supervisierender Arbeit versteht, dann - so wurde ausgeführt - kann sie phasenweise vom beruflichen Kontext gelöst werden, um sich vorübergehend nur ihr zuzuwenden. Die persönlichen Probleme und Konflikte werden dann sicherlich eine gewisse Zeit der Bearbeitung für sich in

Anspruch nehmen, weil meistens auch die damit verbundenen persönlichen Anteile des Individuums zur Sprache kommen werden. Bisher bieten sich dafür Selbsterfahrungsgruppen an, in denen die Chance besteht, an und mit sich selbst zu arbeiten, gleichwohl wird der berufliche Aspekt vernachlässigt oder spielt im Selbstverständnis der Gruppe eine untergeordnete Rolle. Hier stellt sich die Frage, ob die Supervision nicht eine Brückenfunktion übernehmen kann, indem sie berufliche Arbeit thematisiert und die persönlichen Probleme nicht ausblendet. Ohne 'nur in Selbsterfahrung abzugleiten', bestünde die Möglichkeit der Verbindung zwischen beiden Anliegen. Dabei - und das ist in diesem Zusammenhang zu betonen - soll keine systematisch-analytische (psychoanalytisch oder tiefenpsychologische) Selbsterfahrung betrieben werden.

In diesem Kapitel soll versucht werden, diese Thematik etwas näher zu beleuchten. Es geht dabei um das Bemühen, zwischen einer systematisch-analytischen (psychoanalytischen) Selbsterfahrung und einer kognitiven Aufarbeitung der Selbsterfahrung die Mitte zu finden.

Selbsterfahrung
Abgesehen von therapeutischen Berufen, wo der biographische Werdegang, also die individuell akkumulierte Selbsterfahrung, in Form der Selbstanalyse aufgearbeitet wird und zum obligatorischen Teil der professionellen Ausbildung gehört, um die aus der Selbsterfahrung gewonnenen Einsichten und Erkenntnisse für die beruflich-professionelle Tätigkeit fruchtbar zu machen, findet die Bedeutung der Selbsterfahrung in anderen sozialen Berufen nur eine geringe Beachtung. Dabei besitzt sie für das private Leben eine existentielle Bedeutung, und für das berufliche Leben stellt sie einen nicht zu unterschätzenden Wirkfaktor dar. Viele Reaktionen, Handlungen oder Verhaltensweisen von Individuen in bestimmten Situationen sind mit rationalen Kategorien nicht zu fassen; sie widersprechen normierten Standards oder wissenschaftlichen Einsichten und Annahmen, dennoch scheinen sie bei vielen Menschen unauslöschlich. Nun mag man für die private Lebenswelt darauf verzichten, Skurrilitäten oder irrationale Handlungen und Verhaltensweisen einer rationalen Überprüfung, Kontrolle oder gar Aufarbeitung zu unterziehen, weil sie zur Privatsache deklariert werden können. Als Privatperson so zu verfahren, ist legitim. Im beruflichen Kontext erhält dieser Sachverhalt jedoch eine andere Perspektive und Bedeutung.

Beispiel:
Ein Schüler, der seine Hausaufgabe nicht gemacht hat, wird vom Lehrer dafür bestraft. Das ist pädagogisch zwar nicht die optimale Lösung, aber immerhin vertretbar. Aber dieser Schüler wird nicht für die nicht-gemachte Hausaufgabe bestraft, sondern weil er durch diesen Akt unbeabsichtigt und ungewollt den Lehrer in seiner Autorität verletzt hat. Er hat den Lehrer seelisch an einer wunden Stelle in seiner Persönlichkeitsstruktur getroffen; der Lehrer fühlt sich vom Schüler nicht ernstgenommen und in seinem Selbstwertgefühl verletzt. Die Strafe des Lehrers richtet sich also nicht auf die nicht-gemachte Hausaufgabe, sondern der er bestraft den Schüler dafür, daß er ihn seelisch verletzt hat; er bestraft den provokativen Akt, der im Lehrer die Verletzung verursachte. Natürlich wird der Lehrer, darauf angesprochen, seine pädagogische Maßnahme nicht so verstanden wissen wollen - und es muß auch nicht so sein. Dies ist nur ein Beispiel! Beispiele dieser Art ließen sich beliebig fortsetzen.

Unbearbeitete oder unverarbeitete frühere (Kindheits-)Erlebnisse wirken im Erwachsenenalter nach und bestimmen in diesbezüglich stimulierenden Situationen die Reaktionsweisen und Handlungen im Hier und Jetzt. Und es geht - um im Beispiel zu bleiben - auch nicht darum, daß der Lehrer wie eine Maschine funktionieren soll, immer gleich gestimmt und ohne Emotionen. Alltägliche Ärgernisse oder Sorgen gehören zum beruflichen Alltag und können mit anderen geteilt werden. Es geht hier um Anteile in der Persönlichkeit, aus denen sich über die Zeit vorbewußte oder unbewußte Verhaltensweisen entwickelt haben und deren Folgen andere in unangemessener Weise zu ertragen haben. So etwa der Schüler, der für die nicht-gemachte Hausarbeit unangemessen bestraft wird.

Eine Aufarbeitung solcher Verhaltens- oder Handlungsweisen wäre für das Individuum nicht nur sinnvoll und hilfreich, sie erscheint im beruflichen Kontext in gravierenden Fällen unabdingbar.
Ein gewisser Durchbruch im Hinblick auf die Thematisierung der Selbsterfahrung wurde vor etwa zwei Jahrzehnten durch die Einrichtung von sogenannten Selbsterfahrungsgruppen erzielt. Zwar sind die meisten Selbsterfahrungsgruppen 'privatistisch' ausgerichtet, das heißt, sie haben keinen direkten Bezug zur beruflichen Tätigkeit, dennoch sind sie ein erster Schritt auf diesem Weg. Die meisten Teilnehmer von Selbsterfahrungsgruppen kommen freiwillig, weil sie aus persönlichen oder beruflichen Gründen erkannt haben, daß die Aufarbeitung und Bearbeitung individueller Erfahrungen hilfreich und heilsam sein kann. Daß sich darüberhin-

aus auch noch für die berufliche Tätigkeit positive Erkenntnisse ergeben, wird als zusätzliche Motivation verstanden. Die nicht berufsspezifischen Selbsterfahrungsgruppen variieren in ihren Zielen und Konzeptionen. Allgemein zeichnen sich Selbsterfahrungsgruppen dadurch aus, daß die Teilnehmer über einen festgelegten Zeitraum freiwillig und regelmäßig an den Gruppensitzungen teilnehmen, in denen verschiedene Interpretationen von Gruppensituationen oder die Verhaltensweisen einzelner Gruppenmitglieder thematisiert werden. Persönliche Gefühle, Bedürfnisse, Wünsche oder Verhaltensweisen können unter sozialen oder psychotherapeutischen Gesichtspunkten bearbeitet werden.
Zu einer Selbsterfahrungsgruppe kommen "Menschen, die nicht an abgrenzbaren Krankheitserscheinungen leiden, sondern an diffusen Verstimmungen, einem Gefühl innerer Leere, an dem Eindruck, die eigenen Lebensmöglichkeiten nicht voll ausgeschöpft zu haben" (SCHMIDTBAUER 1979, 167). Für professionelle Pädagogen bieten Selbsterfahrungsgruppen darüberhinaus die Möglichkeit, sich über eine zu "erwerbende Sensibilität überflüssige lebensgeschichtliche Kosten" (SCHOLZ 1975, 4) ersparen zu können.

Es erhebt sich natürlich sogleich die Frage, was unter 'Selbsterfahrung' zu verstehen ist?

Der Begriff 'Selbsterfahrung' ist vieldeutig, er findet zur Zeit noch mehr Anwendung in der Umgangs- als in der Wissenschaftssprache. Beide Bedeutungen sind nicht streng voneinander zu trennen, sie gehen oft ineinander über bzw. verwischen die Grenze zwischen umgangssprachlicher und professioneller Interpretation. Erst in den letzten Jahren taucht der Begriff 'Selbsterfahrung' - im Gegensatz zum Begriff 'Selbsterfahrungsgruppen' - in der wissenschaftlichen Literatur häufiger auf (so z.B. erstmalig in einem 'Lexikon der Psychologie', hrsg. von ARNOLD, EYSENCK, MEILI 1988). Das hängt damit zusammen, daß im Zuge der 'Human Relations Bewegung' in den USA die eigene Erfahrung als sozialtechnisches und psychologisches Instrument im Bemühen um eine gegenseitige bessere Verständigung an Bedeutung gewann. "From my review of the literature in human relations training, it is clear that much more can be done to improve the various activities described as 'the helping professions'" (HENDERSON 1974, Preface). Die Human Relations Bewegung inspirierte viele Selbsterfahrungsgruppen und machte damit die Selbsterfahrung des Individuums zum sozialen und politischen Thema. Viele dieser Ansätze wurden später auf deutsche Verhältnisse übertragen; vor allem zeigte sich dies im Aufkommen unterschiedlichster Selbsterfahrungsgruppen, etwa Balint-Gruppen, T-Gruppen (gruppendynamische Trainingsgrup-

pen), Sensitivity Trainings, Gruppendynamisches Laboratorium, Gruppendynamik als Lehrmethode, Encountergruppen, Themenzentriertes Interaktionelles Training, Selbsthilfegruppen u.a. (vgl. SIENKNECHT 1976; WEIDENMANN/KRAPP 1986, 701; WILTSCHKO 1983, 151 ff.).
Obwohl sich auf diese Weise der Begriff 'Selbsterfahrung' als gebräuchlicher Terminus in die Fachsprache quasi eingeschlichen und sich ein gewisses gemeinsames Verständnis angebahnt hat, was unter Selbsterfahrung zu verstehen ist, bereitet er im theoretischen Kontext nach wie vor definitorische Schwierigkeiten.
Bevor auf die Selbsterfahrung näher eingegangen wird, sollen die Begriffe *'Selbst'* und *'Erfahrung'* in gebotener Kürze eingegrenzt werden.

4.1 Begriffe: 'Selbst' und 'Erfahrung'

Dem weniger an nüchternen theoretisch-akademischen Erörterungen interessierten Leser, empfehlen wir, diesen Abschnitt zu überspringen!

Der Begriff 'Selbsterfahrung' wird sehr schnell mit dem Aufarbeiten unbearbeiteter Konflikte im Sinne einer therapeutischen Behandlung oder mit dem Erlernen sozialer Verhaltensweisen mit Hilfe spezifischer Methoden assoziiert (vgl. SEIFERT/WAIBLINGER 1986). Diese Festschreibung bzw. Assoziation macht sowohl ein unbefangenes Umgehen mit dem Begriff als auch mit dem Sachverhalt nicht gerade einfach. Die etymologische Wurzel des Wortes *'erfahren'* liegt im mittelhochdeutschen Zeitwort *'ervarn'*, was soviel heißt, wie *'reisend erkunden'*. Um also *Selbst-Erfahrung* zu machen, muß man sich bewegen, muß man etwas erleben. Im übertragenen und symbolischen Sinne werden damit - analytisch gesehen - die Kognition, die Emotion und die Motorik angesprochen, die 'zwar ihre je eigenen Erfahrungen machen', die aber als untrennbare Teile des Organismus alles Erfahrene im Selbst integrativ speichern, verarbeiten und vernetzen.

Es mag auch daran liegen, daß der Begriff 'Selbsterfahrung' deshalb so viele Schwierigkeiten bereitet, weil die beiden Substantive 'Selbst' und 'Erfahrung' sprachlich und wissenschaftshistorisch nicht so recht zueinander passen.
Zum einen kann man sagen, daß in jeder 'Erfahrung' implizit das 'Selbst' enthalten ist, wie umgekehrt: jedes 'Selbst' ist ohne 'Erfahrungen' nicht vorstellbar. Aber abgesehen von diesen unterschiedlichen (philosophischen) Interpretationen weist der Begriff

der 'Erfahrung' zum anderen eine eigene wissenschaftstheoretische Geschichte auf.
Bereits Aristoteles führte den Begriff 'Erfahrung' (griech. empeiria, Empirie) in die Philosophie ein und verstand darunter "so etwas wie ein aus vielen im Gedächtnis bleibenden Wahrnehmungen sich bildendes Vermögen, die Dinge richtig zu erkennen und zu beurteilen, aus dem allererst Technik und Wissenschaft hervorgehen" (KRÜGER, 1989, 48). Aristoteles legte mit dieser Einführung des Begriffes Erfahrung in die Wissenschaft den Grundstein für die bis in die Gegenwart hineinreichenden Diskussionen, inwieweit nämlich die Erfahrung als wissenschaftliche Kategorie anzuwenden sei. Der wissenschaftstheoretische Disput (über Bacon, Lokke, Hume, Kant, Husserl, Popper), ob die Erfahrung sich mehr für naturwissenschaftliche (also für die Real- und Formalwissenschaften) oder mehr für sozialwissenschaftliche Disziplinen (also für die Erfahrungswissenschaften) eigne, ist eine Frage der Definition und der Auslegung des Begriffes. Den Stellenwert, den die Erfahrung heute im allgemeinen Wissenschaftsverständnis einnimmt, charakterisiert KRÜGER (1989, 51) wie folgt: "Erfahrung als lebenspraktische Voraussetzung aller Wissenschaft nötigt je nach Objektbereich und Erkenntnisziel verschiedener Wissenschaften zu je verschiedenen Präzisierungen dessen, was als wissenschaftliche Erfahrung gelten kann oder soll. Diese Präzisierung hängt eng mit den jeweiligen Vorstellungen von Theorie und Methode zusammen. Sie kann dazu führen, empirische und nichtempirische Disziplinen oder empirische oder nichtempirische Anteile oder Verfahren innerhalb einer Disziplin einander gegenüberzustellen, obwohl doch allemal Erfahrung in einem volleren Sinne die umfassende Basis ist".

Für die psychologische Disziplin halten viele Wissenschaftler den Begriff der Erfahrung für die beste Bezeichnung, den Gegenstand der Psychologie zu beschreiben (vgl. WILSON 1988, 489). Im pädagogischen Zusammenhang geht man heute davon aus, "daß menschliche Ideen und Vorstellungen nicht angeboren sind, sondern ihre Quelle in sinnlicher Erfahrung haben" (DIECKMANN 1989, 404). Das sogenannte Erfahrungslernen, schon zu Beginn dieses Jahrhunderts von Dewey theoretisch begründet und die, besonders nach dem letzten Weltkrieg, verstärkt propagierten pädagogischen, d.h. empirischen Forschungsmethoden sind Beispiele dafür, daß sich die Erfahrung als wissenschaftliche Arbeitskategorie in der Pädagogik durchgesetzt hat. Pädagogische Essays's haben den Erfahrungsbegriff für sich selbst entdeckt, so beispielsweise J. KORCZAK: *Begegnungen und Erfahrungen* (Göttingen 1982, 3. Aufl.).

Für den hier zu thematisierenden Zusammenhang besitzen die wissenschaftshistorisch abgeleiteten Definitionen des Begriffes Erfahrung allerdings nur einen losen Bezug zum Gegenstand. Wir nähern uns daher einer Formulierung neueren Verständnisses, wenngleich dieses auch nur sehr pauschal umschrieben wird: "Wo Lehre und Lernen verschult zu werden drohen, will der (...) Erfahrungsbegriff wieder an Erlebnisvollzüge der Subjekte, an psychologische Selbsterfahrung und den sie tragenden Weltboden anknüpfen und so der Wirklichkeit der Lebensvollzüge in den Sinngestalten des Eigen- und Fremdverständnisses noch vor wissenschaftlichen Interpretationen näherkommen" (DIECKMANN 1989, 406).

Die 'Selbsterfahrung' im wissenschaftlichen Kontext ist also ein *theoretisches Konstrukt.* Ein theoretisches Konstrukt (mitunter auch hypothetisches Konstrukt genannt) ist eine Art wissenschaftliche Definition oder Beschreibung eines Sachverhaltes. In der Regel werden diese Konstrukte über (Selbst-)Beobachtungen erschlossen, indem man Wirkfaktoren oder Indikatoren herauszufiltern versucht, die für ein bestimmtes Phänomen oder Verhalten auffällig zu erkennen sind. In diesem Bemühen wird aber auch ein forschungsmethodologisches Problem deutlich:

"Wissen wir, was wir selbst fühlen? 'Natürlich', antworten wir. 'Wenn wir es nicht können, wer sollte es dann können?' Aber dieser Anspruch auf ein spezielles Privileg und eine besondere Autorität seitens des 'Fühlenden' fördert einen gravierenden Mangel dieser Erkenntnisquelle zutage. Jedes Phänomen, das seiner Definition nach nur durch ein einziges Individuum (und niemals für einen Außenstehenden) beobachtbar ist, stellt die wissenschaftliche Forschung vor große Schwierigkeiten. Wir können uns zwar zugegebenerweise auf Definitionen verschiedener Zustände einigen, aber dieser Konsens ist rein verbaler Natur, solange nicht beispielsweise bewiesen werden kann, daß zehn Personen, die behaupten, glücklich zu sein, tatsächlich dasselbe empfinden. Aber wie können wir sicher sein, daß Selbstangaben über denselben Gefühlszustand, selbst wenn sie alle identisch klingen, tatsächlich von einer echten Übereinstimmung über die Erlebnisinhalte zeugen? Eine wichtige Quelle indirekter Beweise in dieser Frage ist das übergreifende Vorhandensein einer Übereinstimmung im Verhalten. Wenn uns jemand sagt, daß er Angst habe, dann verhält er sich fast immer in der Art und Weise, die wir bei anderen Menschen beobachtet haben, die von sich sagen, daß sie Angst hätten" (KRECH u.a. 1985, Bd. 5, 70/71).

Es gibt abstrakte Phänomene und psychische Zustände, die als solche für den Betrachter nicht immer eindeutig voneinander zu unterscheiden und zu erfassen sind, weil sie phasenweise in ihren äußeren Erscheinungsformen (z.B. feuchte Hände, Erröten des Gesichts, erhöhter Pulsschlag, zitternde Stimme usw.) gleiche Merkmale aufweisen, dennoch unterschiedlichen Initialimpulsen (Reizen, Informationen) folgen. Feuchte Hände können beispielsweise sowohl Angst als auch Freude signalisieren. Mit Hilfe *theoretischer Konstrukte*, hier im psychologischen Zusammenhang, versucht man, bestimmte psychische Phänomene oder momentane Zustände präzise zu beschreiben, um sie besser voneinander unterscheiden zu können. Angst, Furcht, Motivation, Frustration, Leistung, Depression, Extraversion usw. sind lediglich Begriffe für solche psychischen Phänomene, die wir auch als seelische Zustände oder Befindlichkeiten im menschlichen Dasein bezeichnen können. Die Begriffe sind also lediglich Abstraktionen aufgrund allgemein gemachter Erfahrungen, mit deren Hilfe wir uns verständigen können. Für den alltäglichen zwischenmenschlichen Austausch hat sich ein gewisses gemeinsames Grundverständnis für den Gebrauch dieser Begriffe entwickelt, um mit deren Hilfe einen momentanen Zustand bei einem Menschen umgangssprachlich befriedigend beschreiben zu können. Um hingegen wissenschaftlich, hier vor allem diagnostisch, arbeiten zu können, bedarf es jedoch einer präzisen Definition.

Die Frage lautet demnach: Wie kann das theoretische Konstrukt 'Selbsterfahrung' definiert bzw. beschrieben werden?

Bevor versucht wird, darauf eine Antwort zu geben, sei aus wissenschaftshistorischer Sicht angemerkt, daß sich der Begriff 'Selbst' - abgesehen von psychoanalytischen Ansätzen - als wissenschaftlicher Arbeitsbegriff in der Psychologie nie recht angeboten hat. Für JUNG (1933, 203) beispielsweise ist das Selbst "nichts als ein psychologischer Begriff, eine Konstruktion, welche eine uns erkennbare Wesenheit ausdrücken soll, die wir als solche nicht erfassen können, denn sie übersteigt unser Fassungsvermögen". Erst Rogers hat ihn, zunächst widerwillig, akzeptiert und ihn später in die wissenschaftliche Sprache aufgenommen; und dies auch nur, weil die Klienten diesen Begriff ihm gegenüber ständig benutzten, um ihre *selbst* gemachten Erfahrungen mitzuteilen. Später wurde das 'Selbst' für Rogers zu einer der wichtigsten Konstrukte in seinem Persönlichkeitssystem und fand als zentraler Begriff Eingang in die Persönlichkeitstheorien: "Das sogenannte Selbst (die Selbststruktur) kann als eine organisierte Einheit bezeichnet werden, das sich aus Erfahrungen weiterentwickelt, die der Mensch mit sich in seiner Umwelt macht. Dieses Selbst ist auf eine fortschreitende Entwicklung angelegt und braucht entsprechend wachstumsfördernde Bedingungen (...) Es sind also nicht kranke Anteile in uns, die seelisches Leiden oder Hoffnungslosigkeit entstehen lassen, sondern die Wachstumskräfte, die vorwärtsdrängen, aber durch bestimmte Lebenserfahrungen eingegrenzt oder behindert werden. Dann kann nicht verwirklicht werden, was das Selbst an Entwicklungsmöglichkeiten in sich trägt" (BEUTEL 1986, 127).

Bevorzugt wurden in jener Zeit andere Begriffe, wie *experience, self, concept of self, self-concept, self-evaluation, self-report, self-structure, self-disclosure* oder *self-analysis*. Da der Einfluß der nordamerikanischen Humanistischen Psychologie auf die deutsche Psychologie sehr groß ist, besteht die Gefahr, viele dieser Begriffe in analoger Weise ins Deutsche zu übernehmen. Das führt mitunter zu Konfusionen und Mißverständnissen. Die analogen deutschen Begriffe wie Selbst, Selbstkonzept, Selbstanalyse oder Selbsterfahrung decken sich nicht immer mit denen der Originalfassung.

Das Kompositum 'Selbsterfahrung' als wissenschaftlicher Terminus ist, wie bereits angedeutet, im deutschen Sprachgebrauch wenig gebräuchlich. Hingegen haben sich die Begriffe 'Selbst' und 'Erfahrung' wissenschaftlich etabliert; wenngleich der historische Hintergrund ein jeweils unterschiedlicher ist. Insofern sind der wissenschaftliche Begriff und das theoretische Konstrukt 'Selbsterfahrung' noch recht vage, bzw. sie können sehr unterschiedlich definiert oder beschrieben werden. Das hängt davon ab, welchen wissenschaftsdisziplinären Hintergrund man für eine Definition bzw. Beschreibung wählt (psychoanalytisch, phänomenologisch, behavioristisch, humanpsychologisch).
Im folgenden wird versucht, der Selbsterfahrung aus der Sicht der Humanistischen Psychologie näherzukommen.

Die Selbsterfahrung kann verstanden werden als die "Selbsterkenntnis im philosophischen Sinne" (SCHEIDT v. 1980, 170) bzw. als den Versuch des Menschen "vorher unzugängliche Gedanken, Gefühle, Phantasien ins Bewußtsein zu heben - seien es bislang vermiedene Erlebnisse in der Außenwelt oder in den Tiefen des Unbewußten" (ebd., 9).

Als *Erfahrung* läßt sich alles das verstehen, was im Organismus zu jeder Zeit vorgeht und das dem Bewußtsein potentiell zugänglich ist, aber nicht unbedingt bewußt sein muß. Die Erfahrung schließt Bewußtes und Unbewußtes ein.

Das *Selbst* ist ein differenzierter Teil der Gesamtheit der Erfahrungen. Es setzt sich zusammen aus den bewußten Wahrnehmungen und Wertungen des Ichs. Das Selbst ist dem Bewußtsein zugänglich, aber nicht unbedingt bewußt. Eine 'fully functioning person' (Rogers) ist ein Individuum, bei dem die Kongruenz von 'Selbst' und 'Erfahrung' gegeben ist. Oder einfach gesagt: Ein Idealzustand ist gegeben, wenn die (Selbst-)Erfahrungen in das Selbst(-konzept) integriert werden können (vgl. ANGELEITNER 1980, 140; LANTERMANN 1980, 50 ff.; dazu auch: DERLEGA/ BERG 1987).
Diese Definitionen bzw. Beschreibungen mögen auf den ersten Blick nicht recht hilfreich sein, weil sie in die Komplexität von Organismus und Bewußtsein eine willkürliche Struktur zu etablieren versuchen. Solche willkürlichen Strukturen sind nur theoretisch nachzuvollziehen und schlecht übertragbar oder anwendbar für die praktische Handhabung. Auch hier hilft zunächst eine allgemeine psychologische Beschreibung weiter, die der in diesem Zusammenhang thematisierten Fragestellung näher kommt: "Unter Selbsterfahrung versteht man ein Weltverständnis zur Gewinnung persönlicher Identität (Selbstfindung). Man erlebt sich besonders unmittelbar angesichts von Grenzerfahrungen (Erlebnis der Schwelle) und wenn man um Entfaltungschancen ringt. Als praktische Hilfe (erzieherisch, therapeutisch oder autonom gegeben) [erweist; W.P.] sich eine Form der Selbstbeobachtung, welche die Objektivierung der Erfahrung ermöglicht (Formulierung von Kriterien zur Verhaltensbeurteilung, von Rückmeldeinstanzen und von Interpretationshilfen). Entscheidend ist die Reflexion des Lebenszusammenhanges" (OLBRICH 1988, 2026).
SCHUCH (1977, 193) definiert die Selbsterfahrung als einen Vorgang, "in dem ein Mensch seine soziale Identität feststellt. Es ist ein Lernen über sich selbst, das durch die Mitteilungen anderer vermittelt ist".
Nach diesen theoretischen Ausführungen ist der Versuch, die Selbsterfahrung in verschiedene Bereiche aufzugliedern, mit Risiken versehen und könnte mißverstanden werden. Eine Aufgliederung oder Segmentierung der Selbsterfahrung zum Zwecke eines besseren analytischen Zugriffs wird folglich immer künstlich und unvollständig bleiben. Die Selbsterfahrung als eine 'Erfahrung des Ichs' läßt sich nur schwer in private oder berufliche Segmente aufgliedern, denn das Selbst verarbeitet und integriert alle Erfahrungen, unabhängig davon, aus welchem (Um-)Feld sie stammen. Die folgende Einteilung in eine private und eine berufliche Erfahrung ist daher nur mit arbeitsanalytischen Gründen zu rechtfertigen. Eine solche Einteilung erlaubt es jedoch, eingegrenzte Bereiche genauer und gezielter zu betrachten.

4.2 Bereiche der Selbsterfahrung

Aus analytischen Gründen bietet es sich an, die Selbsterfahrung in drei Bereiche aufzuteilen:

1. Die *private Alltagserfahrung als individuelle Selbsterfahrung*;
2. die *professionelle Erfahrung als berufliche Selbsterfahrung*;
3. die *biographische Erfahrung als überdauernder persönlichkeitsspezifischer Anteil der Persönlichkeit.*

Natürlich lassen sich die drei Bereiche nicht so streng voneinander trennen, wie das hier geschieht.
Erfahrungen sind über die Zeit gespeicherte Informationen, die im corpuralen System integrativ verarbeitet werden. Sie sind - in der Regel - jederzeit abrufbar, und sie steuern bewußt, vorbewußt oder unbewußt unser Denken, Fühlen und Handeln. Im Grunde sind alle unsere Handlungen von Erfahrungen durchzogen.
Die Selbsterfahrung kann daher auch als ein 'innerer Prozeß' im Individuum begriffen werden, der immer dann einsetzt, wenn die eigenen Denk- und Handlungsstrukturen infragegestellt werden. Dieser Prozeß kann - für alle oben genannten Bereiche - methodisch initiiert werden: "Eine Konfrontation mit sich selbst und das Einholen der eigenen Verhaltensgeschichte, das Kennenlernen der Kräfte, die bestimmte Verhaltensweisen aufrechterhalten, und der Bedingungen, unter denen sie verändert werden können, erscheint sinnvoll zur Entfaltung der Persönlichkeit und zu Erreichung von Verhaltenskontrolle, die sich individuell durch relative Autonomie und reflexive Anwendung verinnerlichter Normen, kollektiv durch geringe Repressivität, Rigidität und externen Zwang auszeichnet" (SCHOLZ 1975, 4).

Die private Alltagserfahrung als individuelle Selbsterfahrung
Alle Handlungen und Tätigkeiten des Alltags sind geprägt durch Erfahrungen, die das Individuum im Laufe seines Lebens gemacht hat. Obwohl es sich dieser gemachten Erfahrungen nicht immer bewußt ist, sie also nicht immer präsent sind, wirken sie wie ein unerschöpflicher Speicher im Hintergrund oder wie eine unsichtbare Kraft in der Tiefe. Der umgangssprachliche Ausspruch 'Das habe ich selbst erfahren und deshalb ...' charakterisiert das Gemeinte generalisierend.
Die selbst gemachte Erfahrung umschließt dabei sowohl einfache als auch komplizierte Sachverhalte.
Die Erfahrung mit einer bestimmten Automarke beeinflußt die Entscheidung für den nächsten Autokauf, die Urlaubserfahrung in einem fremden Land prägt die Meinung über Land und Leute, die Erfahrung mit andersartigen Menschentypen bestimmt das (Vor-)

Urteil über Menschen oder die Erfahrung in bestimmten Lebenssituationen beeinflußt die Handlungsweisen für ähnliche oder vergleichbare Situationen.
Dabei ist es nicht immer die gesamte Erfahrung, die verarbeitet wird und handlungsleitend wirkt, vielmehr sind es sehr häufig nur Details oder Segmente eines komplexen Ganzen, die entscheidenden Einfluß auf die Urteilsbildung oder für die Handlungsfindung ausüben. Das selektive Aufnehmen von Details oder Segmenten hängt mit der Wahrnehmungsstruktur bzw. dem Wahrnehmungsprozeß des Individuums zusammen. Die Wahrnehmungsstruktur jedes Individuums ist über die Zeit (Lebensjahre) und durch die Umwelt (Lebensumwelt) in spezifischer Weise vorgeprägt. Die Wahrnehmungsstruktur bestimmt das Wahrnehmungsraster. Dieses Raster, das dem Wahrnehmungsprozeß vorgeschaltet und für die Sensibilität der Sinnesorgane zuständig ist, wirkt wie ein Filter. Jeder aufgenommene neutrale Reiz oder jede objektive Information wird sogleich subjektiv ge- und bewertet und in das vorgeformte Verarbeitungsnetz eingespeist (vgl. PALLASCH 1979). Insofern gibt es aus der Sicht des Subjekts (des Individuums) keine neutralen Reize oder objektive Informationen (Jede Weltanschauung ist folglich eine Frage der Perzeption). Und jede neue Erfahrung ist daher sogleich immer eine selektive Erfahrung im Sinne der Vorstrukturierung des Wahrnehmungsapparates, sie ist angetan, den Prozeß einer einseitigen Informationsaufnahme und -verarbeitung noch zu verstärken. Dieser Prozeß der Verarbeitung von Erfahrungen und die sich daraus ergebenden Ableitungen für das alltägliche Management sind durchaus normal und lebenswichtig. Oft muß schnell reagiert, gehandelt oder entschieden werden, und dafür benötigt das Individuum ein zuverlässiges Arsenal an Wissen, Verhaltensweisen bzw. Handlungsalternativen.

Die im Laufe des Lebens gesammelten Erfahrungen machen in ihrer Bündelung und ihrer Gesamtheit die sogenannte 'Alltagstheorie' des Individuums aus. Diese Alltagstheorie bestimmt im wesentlichen das Denken, Fühlen und Handeln des Individuums. Sie ist so etwas wie die allgemeine Richtschnur für den Alltag.

Alltagstheorien sind plausibel und praktikabel, dennoch sind sie sehr häufig 'falsch'; zumindest sind sie in ihren Grundannahmen wissenschaftlich nicht immer belegbar.

Wer beispielsweise als Weißer in einer nordamerikanischen Großstadt aufwächst und dort ständig lebt, macht die Erfahrung, daß die meisten Schwarzen arbeitslos sind, in heruntergekommenen Häusern leben, grundsätzlich weniger leisten, weniger gebildet sind, weniger zuverlässig sind und mehr kriminelle Delikte begehen als Weiße. Die subjektive und alltägliche Erfahrung sagt dem Weißen, daß er den Schwarzen gegenüber vorsichtiger sein muß bzw. daß er mit ihnen nicht so verkehren kann wie mit seinesgleichen. Und aus der Sicht des Weißen, der in einer solchen Umwelt lebt, sind die alltagsbezogenen Denkweisen und Handlungen plausibel - und für das tägliche Umgehen praktikabel. Denn in der Tat, die historisch bedingte Vernachlässigung und Benachteiligung der schwarzen Minderheit hat zu kulturellen und ökonomischen Defiziten der Schwarzen geführt. Der historische Hintergrund als Erklärung für diese Defizite wird dabei aber übersehen bzw. verdrängt. Auch die Kenntnis der historischen Entwicklung vermag als Korrekturinstanz die alltägliche Erfahrung nicht zu eliminieren. Die tägliche Erfahrung und Praxis erweist sich als resistenter, zäher und langlebiger als der Versuch, über eine Einstellungsveränderung durch kognitive Informationen oder Appelle eine andere Praxis zu bewirken. Das ist auch das Dilemma der Weißen in Südafrika, die, obwohl besseren Wissens aufgrund der historischen Entwicklung, die alltägliche Erfahrung zum Maßstab ihrer Urteile und Handlungen machen. Selbst gebildete Weiße in den USA oder Südafrika leben mit einer 'split-personality' , d.h. sie haben enorme Schwierigkeiten, ihre Alltagstheorien zugunsten wissenschaftlicher Einsichten abzulegen. Ein Weißer, der im Gegensatz dazu beispielsweise auf Barbados aufwächst und lebt, käme nie auf den Gedanken, die Schwarzen für unfähiger als die Weißen zu halten. Seine alltägliche Erfahrung sagt ihm das Gegenteil.

Die private Alltagserfahrung verhilft dem Individuum, die täglichen Probleme und Anforderungen aus der subjektiven Sicht des Individuums befriedigend zu meistern. Die Akkumulation der subjektiven Erfahrungen werden zur individuellen Selbsterfahrung, daß heißt, sie besitzen im Sinne einer Alltagstheorie einen über den Tag hinausgreifenden Charakter. Das Raster für die Speicherung und Verarbeitung von Reizen bzw. Informationen formt sich bereits in der frühesten Kindheit und bestimmt als vorstrukturierter Filter die Aufnahme und Verarbeitung weiterer Erfahrungen bzw. Informationen. Die aus der individuellen Selbsterfahrung gezogenen Schlußfolgerungen decken sich nicht immer mit wissenschaftlich fundierten Annahmen, dennoch sind sie aus der Sicht des Individuums nicht 'falsch' , vielmehr dienen sie dem Individuum als praktische Lebenshilfe.

Die professionelle Erfahrung als berufliche Selbsterfahrung

Erfahrungen im Beruf zu sammeln, ist eine Selbstverständlichkeit. Oder anders: Keine Erfahrungen im Beruf zu sammeln, ist

unmöglich. Viel Berufserfahrung zu besitzen, gilt noch heute als Gütezeichen. In vielen Lebenssituationen vertraut man sich lieber einem erfahrenen Fachmann als einem jüngeren und weniger erfahrenen an.
Aber die Tatsache an sich, eine lange Berufserfahrung zu haben, besagt nicht automatisch, daß das berufliche Wissen und Können, das aufgrund von Erfahrungen gewonnen wurde, immer dem neuesten professionellen Standard entsprechen oder immer 'richtig' sein muß. Natürlich verleiht eine lange Berufserfahrung Sicherheit im professionellen Tun. Doch jede Sicherheit hat zwei Seiten; jede Sicherheit trägt einen ambivalenten Charakter in sich. Jede Sicherheit ist trügerisch. So sehr diese einerseits Vertrauen, Ruhe oder Gelassenheit ausstrahlen mag, so sehr verleitet sie andererseits auch zum Phlegma, zur Unbeweglichkeit oder zur Starrheit. Eine wohldosierte Unsicherheit - oder genauer: eine temporäre Verunsicherung - vermag hingegen neue Energien und Kräfte zu mobilisieren, sie zwingt zur Beweglichkeit oder eröffnet neue Perspektiven.

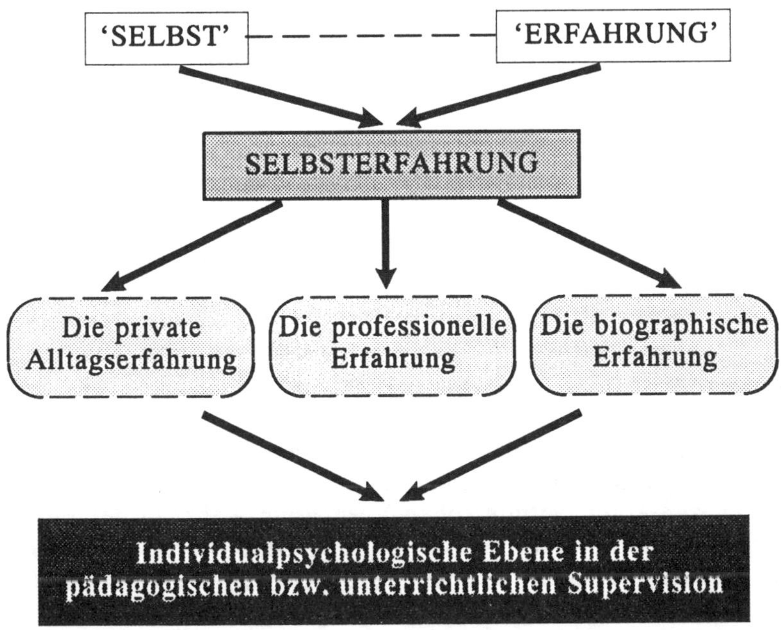

Pädagogische (unterrichtliche) Supervision:
Möglichkeiten der Reflexion von Selbst-Erfahrung

Ein Malermeister, der von seinem Lehrling gefragt wird, warum er die Farbe von oben nach unten an die Wand streicht und nicht von links nach rechts, erhält die Antwort: 'Das mache ich bereits zwanzig Jahre lang so, und es hat sich bewährt!' Der Lehrling erdreistet sich zu antworten: 'Meister, man kann auch zwanzig Jahre lang etwas umständlich machen!'
Die lange berufliche Erfahrung hat ihre positiven wie negativen Seiten. Das Positive liegt in der Bewahrung des Bewährten, das Negative liegt im Verharren des Überkommenen.

Von erfahrenen Lehrern sollte man beispielsweise annehmen, daß sie über ein großes und reichhaltiges methodisches Repertoire für ihren täglichen Unterricht verfügen. Erstaunlicherweise trifft das aber nicht zu. Diesbezügliche Studien und Untersuchungen zeigen eher das Gegenteil (vgl. GAGE/BERLINER 1979, S. 691). Je länger Lehrer in der beruflichen Praxis stehen, je weniger variabel und kreativ sind sie in ihren methodischen Planungen für den Unterricht. Auch die Leistungen der Schüler von erfahrenen Lehrern sind nicht besser als die von nicht-erfahrenen: Dieser Zusammenhang von Erfahrung und Leistung macht deutlich, "daß Erfahrung oder Praxis alleine bei weitem nicht ausreichen, um einen Lehrer als hervorragend qualifizieren zu können" (vgl. ebd.). Die Vermutung liegt nahe, daß das ursprünglich vorhandene breite Methodenspektrum proportional zu der Anzahl der Berufsjahre schrumpft. Das mag auf den ersten Blick widersprüchlich anmuten, denn man sollte eigentlich das Gegenteil vermuten: je länger die Berufserfahrung, je breiter und größer das methodische Repertoire. Für dieses Phänomen gibt es mehrere plausible Erklärungen, die hier weniger interessant sind. Bedenklich daran ist weniger die Tatsache an sich, daß die Lehrer nämlich über ein nur sehr eingeschränktes Methodenrepertoire verfügen, als vielmehr die Annahme, daß die Lehrer die Fähigkeit verloren haben könnten, über methodische Alternativen theoretisch nachzudenken. Das Positive daran ist, daß sie sich - aus ihrer subjektiven Sicht - ein festes Arsenal an sogenannten sicheren und bewährten Methoden erarbeitet haben und damit über Jahre auskommen.
Der Prozeß einer methodischen Verengung während der Berufsjahre beschränkt sich nicht nur auf den Lehrerberuf. Dieser Prozeß läßt sich in fast allen sozialen Berufsgruppen beobachten.
Die Weiterbildungs- bzw. Fortbildungsangebote, die im Prinzip gerne angenommen werden, wenn sie nicht gerade einem obligaten und von oben oktroyierten Nachholbedarf genügen sollen, sind dabei lernpsychologisch ungeschickt angelegt. Appelliert wird an die Teilnehmer solcher Weiterbildungskurse, etwas für die Praxis zu lernen. Das ist im Prinzip einsichtig, richtig und manchmal

auch notwendig. Die Motivation zum (Weiter-)Lernen wird mit von außen begründeten Notwendigkeiten angegeben, die sich entweder aus den veränderten Rahmenbedingungen oder den geänderten Curricula ergeben. Die Aufforderung zum Lernen geschieht also extrinsisch und wird auch während der Kursarbeit extrinsisch gesteuert - und das ist lernpsychologisch ungeschickt, ja eigentlich fatal!

Zwar kommt ein Teilnehmer - in der Regel - aus beruflichen Notwendigkeiten oder Einsichten zu den Kursen und will natürlich für die Praxis lernen, aber der Teilnehmer ist in erster Linie ein autonomes Individuum mit persönlichen Wünschen und Bedürfnissen und sollte daher auch als solches in den Kursen angesprochen werden. Dies geschieht in den meisten Fällen jedoch nicht. Angesprochen wird er als anonymer Vertreter einer Berufsgruppe. Es ist jedoch ein Aberglaube zu meinen, der Teilnehmer lerne vornehmlich als Vertreter einer Berufsgruppe etwas für die berufliche Praxis; es ist vielmehr richtig, daß er in erster Linie etwas für sich selbst lernen will und diesen (heimlichen) Wunsch auch in sich trägt. Und wenn er das Gefühl hat, etwas für sich selbst gelernt zu haben, wird er das Gelernte auch in die Praxis übernehmen und anwenden. Dazu bedarf es dann keiner extrinsischen Motivationsmechanismen. Die extrinsische Motivation in der Weiterbildungsarbeit muß in eine intrinsische übergehen, und diese muß auch offiziell erlaubt und anerkannt werden. Dieser scheinbar geringe Unterschied in der Lernhaltung von Erwachsenen in beruflichen Weiterbildungskursen ist deshalb bedeutungsvoll, weil er unterschwellig in den Köpfen aller Beteiligten die Art und Weise des Lernens stark beeinflußt. Die Leiter von solchen Kursen fühlen sich verpflichtet, den vorgebenen Lerninhalt durchzuziehen, ohne auf die Bedürfnisse, Wünsche oder Ängste der Teilnehmer einzugehen, und die Teilnehmer ihrerseits unterdrücken Wünsche und Bedürfnisse, weil diese nicht in das Konzept der Thematik passen. So wird ein künstlicher Lernprozeß initiiert, der die konstitutiven Elemente des Lernens vernachlässigt (vgl. PALLASCH/REIMERS 1990).

Ein Schüler lernt nicht für den Lehrer oder für die Schule, sondern für sich selbst! Ein Teilnehmer lernt nicht für den Beruf (auch wenn er es vorgibt oder glaubt, allenfalls redet er sich das ein), sondern er lernt für sich selbst, und erst später wird er, in Abwägung seiner bereits gemachten Erfahrungen, prüfen, was er davon in die eigene berufliche Praxis umsetzen will und kann.

Dieser kurze Exkurs in das Weiterbildungslernen ist nicht abwegig, weil er den Zusammenhang von Lernen und Selbsterfahrung andeutet.

Die eigene berufliche Selbsterfahrung - und die anderer - wird als professionelle Erfahrung akzeptiert. Die berufliche Selbsterfahrung des unmittelbar Praktischen hat somit einen hohen Stellenwert; sie mündet in ihrer Summation in die professionelle Erfahrung. Diese kann als eine über den Tag hinausgreifende 'Berufstheorie' angesehen werden, die im wesentlichen das berufliche Tun bestimmt.
Von einigen Autoren werden solche Berufstheorien auch als 'pragmatische Alltagstheorien' bezeichnet: "Unter einer 'pragmatischen Alltagstheorie' des Lehrers soll jene Summe von Einstellungen und Stereotypen zur schulischen Wirklichkeit verstanden werden, die sich im Verlauf der Ausbildung und des beruflichen Alltags bilden und die das Handeln viel wesentlicher bestimmen als eine logisch wohlbegründete Theorie erzieherischen Handelns. Diese berufliche Alltagstheorie erlaubt es dem Lehrer, berufspraktische Probleme zu ordnen und sein problemlösendes Handeln zu organisieren" (KEUPP 1976, zit. n. HOLTAPPELS 1987, 23).

Berufstheorien sind ebenso zäh und langlebig wie Alltagstheorien. Das muß nicht negativ sein. Würden nämlich die Pädagogen, in Sonderheit die Lehrer, trotz ihrer manchmal jahrelangen deprimierenden Erfahrungen im Berufsalltag den Glauben, d.h. ihr theoretisches Fundament, an die Bildsamkeit des Individuums aufgeben, wäre es um das Bildungswesen insgesamt schlecht bestellt. Aber das Gegenteil ist ebenso richtig. Eine über Jahre deprimierende Berufserfahrung führt zur Resignation und Aufgabe. Schlimmer noch: Die vormals als positiv angesehenen theoretischen Vorsätze werden als nicht wirksam verworfen und abgelehnt.
Neuere theoretische oder theorieorientierte Informationen vermögen dann nur selten die subjektiven beruflichen Erfahrungen zu korrigieren. Das erklärt auch, warum es pädagogische Innovationen so schwer haben, Eingang in die Praxis zu finden. Will man die Berufstheorie eines Praktikers aufbrechen, weil man sie für überholt hält oder weil sie mit den wissenschaftlichen Erkenntnissen nicht mehr zu vereinbaren ist, wird man an die konkrete berufliche Selbsterfahrung des Praktikers anknüpfen müssen, um einen ersten Zugang zu erhalten. Das Aufarbeiten der sehr individuellen und konkreten beruflichen Selbsterfahrungen eröffnet die Möglichkeit, die gemachten konkreten Erfahrungen aus anderer Perspektive zu bewerten, um sie dann in einem größeren Rahmen zu sehen, der dann auch das Einbeziehen und das Verstehen übergreifender Zusammenhänge oder Theorien erleichtert. Dies ist in erster Linie ein methodisches Problem und keine prinzipielle Schwierigkeit.

Die biographische Erfahrung als überdauernder persönlichkeitsspezifischer Anteil

Es wurde bereits eingangs auf die Ausbildung der Therapeuten hingewiesen, die für ihre berufliche Tätigkeit das Aufarbeiten der eigenen Biographie oder doch zumindest biographischer Anteile als notwendig und hilfreich ansehen. Nun mag man argumentieren, die therapeutische Tätigkeit sei mit einer pädagogischen nicht zu vergleichen und von daher sei es für Pädagogen nicht zwingend, sich einer ähnlichen Ausbildung zu unterziehen. Es ist jedoch nicht abwegig, auch die Tätigkeit eines Therapeuten in vielen Anteilen als eine pädagogische zu verstehen und umgekehrt: Auch die Tätigkeit eines Pädagogen enthält viele Anteile und Aufgaben, die einer therapeutischen Tätigkeit sehr nahe kommen. Es ist weniger die Frage, ob man die am anderen vollzogene Tätigkeit als eine pädagogische oder eine therapeutische benennt oder definiert, als vielmehr welche Wirkung sie bei dem Betroffenen hinterläßt. Die Diskussion um Zuständigkeiten, vorausgesetzt für bestimmte Bereiche liegt die gleiche Qualifikation vor, ist wenig sinnvoll, weil sie eine rein akademische bleibt und der Sache selbst kaum dienlich ist.

Hier wäre auch die Frage zu diskutieren, was Therapie überhaupt meint bzw. wie sie definiert wird. Auf der akademisch theoretischen Ebene hat eine solche Diskussion, die die Pädagogik im Rahmen der Sozialwissenschaften ausdrücklich einbezieht, bereits begonnen (vgl. BÜRGERMANN/REINERT 1984).

Die Frage ist anders zu stellen.

Wenn es für Therapeuten unerläßlich ist zu wissen, welche persönlichkeitsspezifischen Verhaltensweisen den therapeutischen Prozeß (negativ) beeinflussen könnten, warum sollte diese simple Feststellung nicht auch in analoger Weise für die Pädagogen richtig sein?

Welche persönlichkeitsspezifischen Verhaltensweisen des Pädagogen beeinflussen (negativ) den pädagogischen Lern- und Erziehungsprozeß?

Natürlich gibt es zwischen den therapeutischen und den pädagogischen Zielsetzungen bzw. Aufgabenstellungen Unterschiede. In der Therapie wird das Subjekt (der Klient) zum Thema, in der Pädagogik wird das Objekt (der Lerngegenstand bzw. das Erziehungsziel) zum Thema.

In der Pädagogik hat man allerdings längst verstanden, daß es nicht genügt, das Augenmerk nur auf den Gegenstand allein zu richten. Zur Optimierung des Lern- bzw. Erziehungsprozesses bedarf es mehr als nur eines interessanten Curriculums oder ausgefeilter Unterrichtsmethoden.

Anfang der 60er Jahre wurde in Zusammenarbeit mit einem Psychologischen Institut (Universität Kiel) ein kleiner, aber aufschlußreicher Versuch gestartet. Nach Abschluß des ersten Grundschuljahres wurden alle Schüler zu einer besonderen Gruppe zusammengefaßt, die nach ihren Leistungen das Ziel des ersten Schuljahres nicht erreicht hatten. Die schwachen Leistungen bezogen sich dabei bei allen auf das Lesen, Schreiben und Rechnen. Es wurden für den Versuch nur die Schüler ausgewählt, die im Rechnen zusätzlich besonders schwach waren und, nach Aussagen der Lehrkräfte, den Stoff des ersten Schuljahres nicht bewältigen konnten. Für jeden Schüler konnten die Lehrerinnen bzw. Lehrer eine Erklärung der Schwierigkeiten abgeben. Abgesehen von den Leistungsschwächen wiesen die Schüler, bis auf einige Ausnahmen, nach Aussagen der Lehrkräfte keine besonderen Defizite auf.
Das Arbeitsteam setzte sich aus einem Psychologiedozenten, aus Pädagogik- und Psychologiestudenten und Lehrern, die ein Weiterstudium betrieben, zusammen. Das Ziel des Teams war es, diesen Schülern in Mathematik zu helfen. Dabei wurde absichtlich auf eine Diagnose der einzelnen Schüler bezogen auf ihre Defizite im Rechnen verzichtet, weder wurden Leistungs- noch Persönlichkeitstests eingesetzt.
Das Ziel des Versuches war es, ohne zusätzliche methodische Hilfen oder Attraktionen, aber dafür durch eine verstärkte persönliche Zuwendung dem einzelnen Schüler gegenüber die Defizite im Rechnen auszugleichen. Die dahinterstehende Annahme lautete, daß ein personal positiver Bezug zur Lehrkraft - durch verstärkte Hinwendung zum Schüler zum Ausdruck gebracht - den Lernprozeß positiv beeinflußt.
Das Ergebnis des Versuches hat alle Beteiligten erstaunt. Fast alle Schüler konnten die größten Defizite innerhalb kurzer Zeit ausgleichen, zumindest aber erheblich vermindern.
Ohne auf die Einzelheiten des Vorgehens während des Versuches einzugehen, macht er deutlich, daß der personale Faktor im Lernprozeß eine sehr entscheidende Rolle spielt. Dabei scheint es nicht zwingend zu sein, daß in einer Lerngruppe nur wenige Schüler sind. Entscheidend ist die Qualität der Kontakte, nicht die Quantität. Natürlich ist es für eine Lehrkraft mit wenigen Schülern leichter, einen intensiveren Kontakt aufzubauen, aber die Zahl für sich genommen ist - prinzipiell gesehen - nicht entscheidend.
Ähnliche Versuche mit in der Tendenz gleichen Ergebnissen wurden später, vor allem im Zuge der sogenannten kompensatorischen Erziehung, im großen Stile durchgeführt und empirisch exakt überprüft.

Der Interaktionsprozeß zwischen Lehrer und Lernern wurde nicht ohne Grund in den letzten Jahrzehnten in den Mittelpunkt wissenschaftlicher Untersuchungen gestellt. Die Verweigerung der Partizipation am Lernprozeß durch die Lerner nahm - und nimmt noch heute - bedenkliche Ausmaße an. Es war daher nur folgerichtig, dem Lerner in seiner Subjektivität mehr Aufmerksamkeit zu widmen. Viele Bemühungen der letzten Jahrzehnte konzentrierten sich auf den Lerner als Individuum. Neben den allgemeinen und speziellen Lerngesetzen und soziokulturellen Bedingungsfaktoren finden die anthropogenen und individualpsychologischen Faktoren des Individuums eine immer stärkere Beachtung beim Lernprozeß. So gab und gibt es beispielsweise Versuche, einen sogenannten 'therapeutischen Unterricht' zu konzipieren (vgl. GRUNDKE 1975). Angelehnt an Modelle der Gruppendynamik und in Verbindung mit personenzentrierten Konzepten aus der Humanistischen Psychologie (hier vor allem das Konzept der Themenzentrierten Interaktionellen Methode, TZI, nach R. Cohn) wurde ein therapeutischer Unterricht versucht, in dem die Schüler stärker als bisher ihre eigene Person in den Lernprozeß einbringen konnten. In diesem Unterricht sollte herausgefunden werden, ob und inwieweit zwischenmenschliches Handeln als Thema in das Zentrum gestellt werden könnte. Neben dem Verständnis für gruppendynamische Prozesse sollte über die verstärkte Einbeziehung des Individuums in den Lernprozeß ein therapeutischer Effekt erzielt werden (vgl. dazu: FREUDENREICH 1986, 119). Aber um ein solches Konzept von Unterricht durchführen zu können, bedarf es neben einer curricularen Flexibilität vor allem einer speziellen Ausbildung der Lehrer.

Die stärkere Beachtung dieser Faktoren hat immerhin dazu geführt, daß auch die Allgemeine Didaktik ihre Schwerpunkte im Laufe der letzten Jahrzehnte veränderte (z.B. in kommunikative oder handlungsorientierte). So sehr man sich dem Lerner als Individuum zuwendet, so sehr besteht die Gefahr, den Lehrer als Individuum aus den Augen zu verlieren. Zwar gehört es zur pädagogischen Grundlektion eines Lehrers, daß er bei Schwierigkeiten im Lern- und Erziehungsprozeß immer zuerst sich selbst zu überprüfen habe, aber diese kritische Überprüfung bezieht sich in der Regel nur auf sein pädagogisches Allgemeinverhalten bzw. auf seine methodisch-didaktischen Fertigkeiten. Die Wirkung seiner Persönlichkeit als dominanter Faktor auf die Schüler bleibt dabei ausgeklammert; er hat dafür auch während seiner Ausbildung kein Werkzeug an die Hand bekommen, das er an sich selbst als Analyseinstrument anlegen könnte.

Als Bezugsperson verbringt ein Lehrer mit seinen Schülern sehr viel Zeit. Die Interaktionsdichte zwischen Lehrer und Schülern ist mitunter höher als die zwischen den Schülern und ihren Eltern. Der Lehrer übt also, ungewollt und zwangsläufig, einen großen Einfluß auf den einzelnen Schüler aus. Es ist aber nicht nur die Zeit als quantitative Größe, die eine zwangsläufige Beeinflussung mit sich bringt, sondern die mit ihr einhergehende inhaltliche und persönliche Auseinandersetzung im Lern- und Erziehungsprozeß als qualitative Größe. Und diese Auseinandersetzung findet zwischen Individuen statt, die ihre je spezifischen Persönlichkeiten in diesen Prozeß einbringen. Verglichen mit der Zeit, die Therapeuten und Klienten miteinander verbringen, ist die zwischen Lehrer und Schüler gemeinsam verbrachte Zeit um ein vielfaches höher. Dies ist zwar nur ein quantitatives Kriterium und sagt für sich genommen noch nichts über die qualitative Wirkung aus; es ist dennoch einsichtig, daß es hier eine zu beachtende Wechselwirkung gibt. Und obwohl ein Lehrer soviel Zeit mit seinen Schülern verbringt, hat man seinen persönlichkeitsspezifischen Verhaltensweisen bisher kaum oder nur wenig Aufmerksamkeit geschenkt.
Es gibt genügend empirische Belege und persönliche Zeugnisse dafür, daß die Persönlichkeit des Lehrers einen Schüler stärker prägen kann als die curricularen Inhalte. Und dies sowohl im positiven wie negativen Sinne. Biographien von Persönlichkeiten liefern anschauliche Beispiele. Die Lehrer sind sich jedoch dieser Prägewirkung nicht immer bewußt, und auch die Schüler realisieren die Wirkung bzw. die Folgen häufig erst sehr viel später.
Die 'biographische Selbsterfahrung' als gesonderten Teil einer Persönlichkeit herauszustellen, verbietet sich eigentlich aus logischen Gründen. Denn in jeder biographischen Erfahrung sind immer alle Teile der Gesamtpersönlichkeit enthalten. Sowohl die private Alltagserfahrung als auch die professionelle Erfahrung werden im Laufe der Zeit als Summe in die biographische Erfahrung eingeschmolzen. Und zwischen diesen drei willkürlich separierten Teilen gibt es Wechselwirkungen und gegenseitige Bedingtheiten.
Dennoch kann man bei der Frage: 'Wo und wann wird was wirksam?' Unterschiede in den Reaktions- bzw. Handlungsweisen feststellen, die sich auf einzelne spezifische Erfahrungen der Individuen zurückführen lassen. Dies hängt zunächst wiederum mit dem Wahrnehmungsprozeß des Individuums zusammen.
Die Wahrnehmung von Reizen durch ein Individuum wird in einer bestimmten Situation durch seine spezifische Befindlichkeit in eben dieser Situation strukturiert. Die spezifische Befindlichkeit ist als *situative Komponente* anzusehen, die das wahrnehmende Individuum als psychische Repräsentanz, d.h. als das Erleben im

Hier und Jetzt, in die Situation miteinbringt. Solche situativen Komponenten können beispielsweise sein:

> Die jeweilige Stimmung des Individuums, etwa Trauer oder Freude;
> das jeweilige Interesse des Individuums, etwa Interesse an bestimmten Personen;
> die jeweilige Erwartung des Individuums, etwa die Erwartung, konkrete Hilfe für die eigene Arbeit zu erhalten.

Neben diesen situativen Komponenten, die als Selektionsmechanismen den Wahrnehmungsprozeß vorprogrammieren, spielen für die Verarbeitung der Reize die *überdauernden Komponenten* des Individuums eine entscheidende Rolle. Solche überdauernden Komponenten können beispielsweise sein:

> Erfahrungen des Individuums, die aufgrund von Lern- und Sozialisationsprozessen erworben wurden;
> Einstellungen des Individuums, etwa positive oder negative zu bestimmten sozialen Objekten;
> Werthaltungen des Individuums, etwa das Festhalten an bestimmten Normen (vgl. PALLASCH 1979, 47).

Die überdauernden Komponenten sind geprägt durch die Summe der insgesamt gemachten Vorerfahrungen; sie stellen den biographischen Anteil des Individuums dar.

Der biographische Anteil zeigt sich im beruflichen Kontext nur selten als eine auf einzelne Erlebnisse oder Ereignisse rückführbare oder isolierte Einzelerfahrung, die dann auch noch im pädagogischen Handlungsakt bewußt als Handlungsmaxime reaktiviert werden könnte, um entsprechend gezielt situativ zu agieren. Der biographische Anteil als Konglomerat unterschiedlichster Einzelerfahrungen beeinflußt das Denken und Handeln des Individuums eher vor- bzw. unbewußt und holistisch, also in gewisser Weise auch diffus.
Nun ist es angesichts der vielfältigen Einzelerfahrungen, die das Individuum im Laufe des Lebens sammelt und als Summe in sein Denken, Verhalten und Handeln integriert, schwierig, eine systematische Aufgliederung solcher Erfahrungen vorzunehmen. Sicher spielen die einzelnen Phasen des Lebenslaufes in ihrer Gesamtheit, besondere Erlebnisse und Ereignisse im bisherigen Leben, bittere oder erfreuliche Erfahrungen in bestimmten Lebenssituationen, bedeutsame Begegnungen mit Menschen oder Phänomenen, durchlebte Krankheiten, unbearbeitete Konflikte oder Probleme, aber auch die momentane Lebenssituation eine je eigene Rolle. Diese Daten machen als Konglomerat die Privatheit aus, die sich

zu einem großen Anteil mit der beruflichen Tätigkeit verzahnen und verflechten.

In allen sozialen Berufen ist diese Verzahnung und Verflechtung von individueller Privatheit mit beruflichen Tätigkeiten gegeben. In jeder sozialen Beratung, in jeder Therapie, in jedem erzieherischen Akt spielen immer bestimmte biographische Anteile des Beraters, des Therapeuten bzw. des Erziehers eine bestimmte Rolle. Das ist nicht neu, und prinzipiell gesehen, auch nichts Ungewöhnliches.

Die Fragen in diesem Zusammenhang allerdings lauten:
Wie stark ist der persönliche Anteil?
Wie bewußt ist dem Berater, dem Therapeuten bzw. dem Erzieher dieser biographische Anteil in seiner beruflichen Tätigkeit?
Wie intensiv soll - oder darf - der biographische Anteil im Rahmen der beruflichen Tätigkeit angesprochen bzw. thematisiert werden?
Auf diese Fragen wird man sehr unterschiedliche Antworten erhalten. Das hängt vom jeweiligen Standpunkt ab, von dem man ausgeht oder von dem man sein berufliches Tun betrachtet, bzw. wie man die berufliche Tätigkeit in sein Lebensbezugssystem einordnet.

Zusammengefaßt:
Unstrittig bleibt, daß die Selbsterfahrung - in ihren hier willkürlich separierten Teilen - als *private Alltagserfahrung*, als *professionelle Erfahrung* oder als *biographische Erfahrung* erlebt, das Denken, Fühlen, Verhalten und Handeln im beruflichen Kontext stärker beeinflußt als viele, vor allem empiristisch orientierte Pädagogen das wahrhaben wollen.

Die Selbsterfahrung im Zusammenhang beruflicher Tätigkeiten

Es wurde bereits eingangs darauf hingewiesen, daß sich die Selbsterfahrung nicht willkürlich in verschiedene Bereiche einteilen läßt. Auch wenn man aus analytischen Gründen eine Schwerpunktbildung anstrebt, so sind die einzelnen Erfahrungen derart ineinander verwoben, daß das Herstellen einer eindeutigen Beziehung zwischen einer bestimmten Erfahrung und einer bestimmten beruflichen Tätigkeit sehr schwierig ist. Dies soll noch einmal besonders betont werden, um keine voreiligen Schlüsse zu ziehen. Bei der Thematisierung oder Aufarbeitung der Selbsterfahrung geht es auch nicht darum, dem Individuum mit kausaler Gewalt eine bestimmte Beziehung zu beruflichen Tätigkeiten nachweisen zu wollen. Es geht in erster Linie darum, das Individuum auf einen möglichen Zusammenhang von Selbsterfahrenem und dessen vermuteten Auswirkungen auf die berufliche Tätigkeit aufmerksam zu machen; und dies auch nur dann, wenn sich diese Auswirkungen als pädagogisch negativ erweisen sollten. Die Aufarbeitung des Selbsterfahrenen muß das Individuum selbst wollen und - wenn gewünscht unter Anleitung - selbst vollziehen. In zweiter Linie geht es darum, einem *pädagogischen Hospitalismus* vorzubeugen. Den Begriff 'Pädagogischer Hospitalismus' benutzt man, um die seelische Vereinsamung und Verkümmerung des Kindes im pädagogischen Massenbetrieb zu beschreiben (vgl. HARTUNG 1987, 21). Orientierungslosigkeit, Entfremdung, Destabilisierung des Verhaltens, Aggressivität, Resignation oder emotionale Leere sind dessen Kennzeichen. Dieses Phänomen bleibt jedoch nicht nur auf die Kinder oder Schüler beschränkt, sondern zeigt sich auch bei Erziehern und Lehrern.

Das Thematisieren der Selbsterfahrung und das Aufarbeiten des Selbsterfahrenen zum Zwecke einer beruflichen Nutzung darf, trotz aller Einsicht und Überzeugung in die Notwendigkeit, nicht überbewertet werden. So wie man in den 70er Jahren während der Professionalisierungsdebatte glaubte, man könne den Pädagogen quasi von außen sozial-technizistisch trainieren und dabei jede Privatheit ausblenden (vgl. DÖRING 1970), so besteht die Gefahr bei Hinwendung zur eigenen Erfahrung als pädagogisches Mittel, ins Gegenteil abzudriften.
Wie immer man die Selbsterfahrung im pädagogischen Arbeitsfeld nutzt, *sie allein garantiert noch kein vertieftes Verständnis für pädagogische Zusammenhänge, sie liefert noch keine pädagogische Theorie, und sie garantiert auch keine pädagogische Fachkompetenz. Aber aus der Selbsterfahrung können Fähigkeiten wie pädagogisches Wahrnehmen, pädagogisches Verstehen, pädagogisches Erkennen oder pädagogisches Methodenverständnis aus einer anderen Perspektive heraus entwickelt werden* (vgl LAUFF/HOMFELDT 1981, 19), die eingebettet in eine fundierte pädagogische Lehre dem Individuum einen anderen Zugang zu pädagogischen Sachverhalten ermöglicht als lediglich von außen aufgesetzte pädagogische Vorgaben.
Zwischen der Profession und der Privatheit muß die Mitte gefunden werden, die beide Extreme sinnvoll und ausgewogen zusammenkommen läßt.

Selbsterfahrung und Supervision

Wir haben der *Selbsterfahrung* ein eigenes Kapitel gewidmet, weil sie sowohl für die Ausbildung zum Supervisor als auch für die supervisierende Arbeit selbst eine bedeutende Rolle spielt. In je-

der sozialen und erzieherischen Tätigkeit bzw. Interaktion fließen persönliche Anteile der Selbsterfahrung ein. Die Frage dabei ist, wie bewußt sich diese eigenen Anteile innerhalb beruflicher Tätigkeiten artikulieren lassen.
Für die praktische Supervisionsarbeit muß herausgefunden werden, wo und wann das Aufarbeiten der Selbsterfahrung an die Grenze einer psychoanalytischen Bearbeitung stößt. Eine psychoanalytische oder psychoanalytisch ausgerichtete Aufarbeitung oder Bearbeitung der Selbsterfahrung ist mit Supervision nicht vereinbar; sie sollte daher vermieden werden. Diese Grenze zu ziehen, wird nicht immer einfach sein. Immer dann, wenn die Thematisierung der Selbsterfahrung im supervisierenden Prozeß eine übergewichtige Eigendynamik im Verhältnis zur eigentlichen Supervisionsproblematik entwickelt, sollte der Supervisor sensibel reagieren und prüfen, ob die Supervisionsarbeit nicht besser in eine therapeutische Beratung übergeführt werden muß, die von ihm selbst aber nicht übernommen werden sollte.

Die Überlegungen in diesem Kapitel sollten helfen, jene Bereiche der Selbsterfahrung - idealtypisch gesehen - herauszustellen und abzugrenzen, die nicht unbedingt psychoanalytisch betrachtet werden müssen und daher im Rahmen der Supervisionsarbeit angesprochen und thematisiert werden können. Dabei ist es überdies unnötig, dem Supervisanden gegenüber den Begriff *Selbsterfahrung* zu strapazieren. Besonders bei Lehrern könnte er zu ungerechtfertigten und der Sache nicht angemessenen Assoziationen führen, die die supervisierende Arbeit eher erschweren als erleichtern. Es geht ja auch nicht im engen psychologischen Sinne um die *Selbsterfahrung als einer spezifischen Methode der Selbsterkenntnis bzw. -reinigung oder um ihrer Selbst willen*, sondern um konkrete persönliche und berufliche Erfahrungen, die im Laufe der Biographie gemacht worden sind und die in die berufliche Tätigkeit bewußt oder vorbewußt einwirken.

5 Das Kieler Supervisionsmodell (KSM)

5.1 Ausgangsposition

Die bisherigen Überlegungen haben deutlich werden lassen, daß die Supervision auch eine für Pädagogen, besonders für Lehrer, sinnvolle pädagogische Stilform sein kann, sich auf freiwilliger Basis mit der beruflichen Praxis auseinanderzusetzen. Dieser Wunsch nach einer beruflichen Auseinandersetzung muß nicht immer mit dem Gefühl eines Defizits verbunden sein, das Lehrer möglicherweise nach langjähriger Praxis empfinden; es ist oft der schlichte Wunsch, sich über seine berufliche Tätigkeit mit einem Fachkollegen auseinanderzusetzen mit dem Ziel, 'wieder etwas für sich selbst zu tun'. Daß die bisher spärlich anzutreffende pädagogische bzw. unterrichtliche Supervision noch überwiegend von fachfremden Experten durchgeführt wird, liegt u. a. darin begründet, daß sich die Allgemeine bzw. Schuldidaktik gar nicht oder zumindest doch in nur sehr geringem Maße um diese Frage gekümmert hat und kümmert. Zwar wird seit Jahren und verstärkt gegenwärtig (vgl. GRAU/HARGENS 1991) auch für Lehrer eine fachspezifische Supervision angemahnt, aber von vereinzelten Konzepten, Ansätzen oder Versuchen abgesehen liegt bisher für diese Zielgruppe bzw. für dieses spezifische Arbeitsfeld kaum etwas Geschlossenes vor. Keine mir bekannte Didaktik hat bisher diese Frage explizit aufgegriffen, hingegen findet man Kompendien über die Planung und Durchführung von Unterricht und auch eine Fülle von Anregungen bzw. Anleitungen für seine - meistens allerdings nur kurzzeitige - Auswertung. Abgesehen von einer gelegentlichen Erwähnung der 'Supervision' als einer scheinbar schon selbstverständlichen pädagogischen Instanz im Rahmen unterrichtlicher Arbeit, so etwa bei BECKER (z.B. 1986, 122: "Es ist eine wichtige Zielsetzung einer Beurteilung von Unterricht, die Lücke zwischen dem 'real self' und dem 'ideal self' etwas zu schließen, wobei ein geschickter und taktvoller Supervisor unterstützend wirken kann".) und MEYER (vgl. 1987, 50 u. 387), werden zwar häufiger supervisionsähnliche Anteile angesprochen, so etwa bei BECKER (vgl. 1984, Band 1, Kapitel 12 bzw. Band 2, Kapitel 3 u. 4), aber damit erschöpft sich auch schon der genuin didaktische Beitrag.

Was wird aber für den Lehrer getan oder angeboten, wenn er - alle administrativen Rituale einmal überstanden - zum Durchschnittslehrer wird?
Wo und wie erhält er Anregungen für seine alltägliche Praxis?
Wer ist sein fachlicher oder persönlicher Ansprechpartner, wenn die Zeit der Ausbildung vorüber ist?
Wer nimmt Rücksicht auf seine Befindlichkeit, wenn er über Jahre von der theoretischen und praktischen Reflexion abgekoppelt ist?
Wer betreibt mit ihm die so nötige berufliche und persönliche Psychohygiene?

Häufig glauben Didaktiker, mit 'Unterrichtsbesprechungen', 'Praxisberatung' oder 'Praxisanleitung' sei schon das abgedeckt (vgl. SCHUCH 1977), was andernorts als Supervision verstanden wird. Die Folge dieses Mißverständnisses ist, daß sich engagierte und hier besonders jüngere Lehrer in zunehmenden Maße um andere berufsbegleitende Beratungen bzw. Betreuungen bemühen, die von den Pädagogen sträflich vernachlässigt werden.

Die Aufgabe der Allgemeinen bzw. Schuldidaktik sollte es daher sein, sich um diese Thematik und Problematik intensiver zu bemühen. Es gilt für die Schulpädagogik, will sie der Entwicklung in anderen Arbeitsfeldern nicht hinterherlaufen, ein eigenes Konzept der pädagogischen bzw. unterrichtlichen Supervision und entsprechende Ausbildungsrichtlinien zu entwerfen und auszuprobieren. Eine solche Forderung läßt sich natürlich immer leicht formulieren, aber sie muß auch umgesetzt werden. Zunächst enthält diese Forderung zwei Aspekte: einen formalen (1) und einen inhaltlichen Aspekt (2).

(1) Der *formale Aspekt* bezieht sich auf die Fragestellungen:
Wo, wann und wie könnte ein solcher Ausbildungsgang zum pädagogischen bzw. unterrichtlichen Supervisor etabliert werden?
Wie umfangreich sollte die Ausbildung sein?
Wer bzw. welche Institution vergibt die Berechtigung?
Wie sieht eine entsprechende Prüfung aus? u. ähnl.
Wir gehen auf diesen formalen Aspekt hier nicht weiter ein, weil er uns als zweitrangig und als noch zu verfrüht erscheint. Es ist auch zunächst weniger wichtig, einen formalen Ausbildungsgang zu konzipieren, als vielmehr herauszufinden, wie ein solcher Ausbildungsgang mit Inhalt gefüllt werden könnte.
Welche Qualifikationen werden als notwendig angesehen?

Wie muß der pädagogische bzw. unterrichtliche Supervisor beschaffen sein?
Wo und wie erhält er seine Qualifikation?
Erst wenn man die fachlichen Qualifikationen, Fähigkeiten, Fertigkeiten und Merkmale einigermaßen definieren, bestimmen oder beschreiben kann, wird eine formalisierte Ordnung in Form eines gestuften Ausbildungsganges erkennbar und notwendig werden, bzw. sie wird sich dann zwangsläufig von selbst ergeben.

(2) Der *inhaltliche Aspekt* bezieht sich auf die eben angeführten Fragestellungen:
Welche fachlichen Voraussetzungen werden von einem pädagogischen bzw. von einem unterrichtlichen Supervisor erwartet?
Und wie kann er sie erwerben?

An der Pädagogischen Hochschule Kiel [Institut für Pädagogik] beschäftigen wir uns in der

Arbeitsgruppe Pädagogische Trainings (APT)

seit Jahren im Rahmen der Trainerausbildung auch mit der Frage der Supervision. Aus dieser Beschäftigung und Auseinandersetzung ist auch ein internes Arbeits- bzw. Ausbildungskonzept für die unterrichtliche Supervision - und im übertragenen Sinne auch für die pädagogische Supervision - hervorgegangen, von dem wir zum derzeitigen Zeitpunkt meinen, daß es sich - mit allen Einschränkungen einer noch weiteren Erprobung - bewährt hat. Mit dieser Veröffentlichung stellen wir dieses Konzept - in sehr verkürzter Fassung[4] - zur Diskussion und erhoffen uns eine konstruktive Auseinandersetzung.

Die grundlegende Ausgangsposition wurde bereits dargelegt, so daß wir uns hier lediglich auf die Vorgaben (Essentials), auf die Ausbildungssegmente (Inhalte) und auf ausgewählte praktische Hinweise (Arbeitsinstrumentarien) konzentrieren können, von denen wir meinen, sie seien für einen Supervisor, der im unterrichtlichen Arbeitsfeld tätig wird, sinnvoll und nötig.

---

[4] Ein komplettes Ausbildungs- bzw. Trainingsmanual mit einem spezifischen Arbeitsinstrumentarium ist in Vorbereitung.

5.2 Die Vorgaben

(1) *Definitorische Merkmale einer unterrichtlichen Supervision*
Supervision bedeutet für uns Reflexion über das berufliche Sehen, Denken, Fühlen und Handeln des Supervisanden, wobei diese Reflexion auch persönliche (biographische) Anteile einschließt. Das primäre Ziel der Supervision ist die Reflexion selbst, aus der sich für den Supervisanden bestätigende, korrigierende oder alternative Sichtweisen, Denk- oder Handlungsstrategien ergeben können.
Über und durch Supervision soll die alltägliche unterrichtliche Praxis nicht nur (besser) bewältigt, sondern auch - unter Revision der Zielsetzungen - verändert werden.
Für die unterrichtliche Supervision gilt daher:

1. Im Zentrum steht das *pädagogisch* bzw. *unterrichtlich* Gemeinte bzw. Gewollte des Supervisanden.
   Nicht eine sofortige Praxislösung sollte als oberstes Ziel angesehen werden, sondern das Stellen genuin pädagogischer Fragen, die die Praxis unter einer längerfristigen Perspektive beleuchten und längerfristige Strategien aufzeigen.
2. Ein wichtiges Ziel unterrichtlicher Supervision ist die *Auflösung verknoteter Zusammenhänge im Denken, Wahrnehmen und Handeln des Supervisanden.*
   Was dem Unterrichtenden Schwierigkeiten bereitet und was sich in der täglichen Praxis als Probleme, als Konflikte oder Friktionen zeigt, ist in der Regel das Ergebnis der Unvereinbarkeit oder Unverträglichkeit eigener oder aufgezwungener Zielvorstellungen oder Absichten mit dem pädagogischen Handeln, also mit der konkreten Unterrichtsarbeit.
3. Unterrichtliche Supervision nutzt, neben bereits in anderen Disziplinen bewährten Interventionstechniken, auch *unterrichtsadäquate Supervisionsinstrumentarien*, so etwa die mikroanalytische Vorgehensweise (etwa Videomitschnitte) bei der Beobachtung bzw. Betrachtung unterrichtlicher Situationen. Weitere adäquate Instrumentarien müssen noch entwickelt und erprobt werden.
4. Unterrichtliche Supervision versteht sich als eine *zeitlich begrenzte praxisbegleitende Beratung bzw. Betreuung auf möglichst freiwilliger Basis* für einen Lehrer oder eine Lehrergruppe; diese Beratung kann in Abständen auf eigenen Wunsch wiederholt werden.

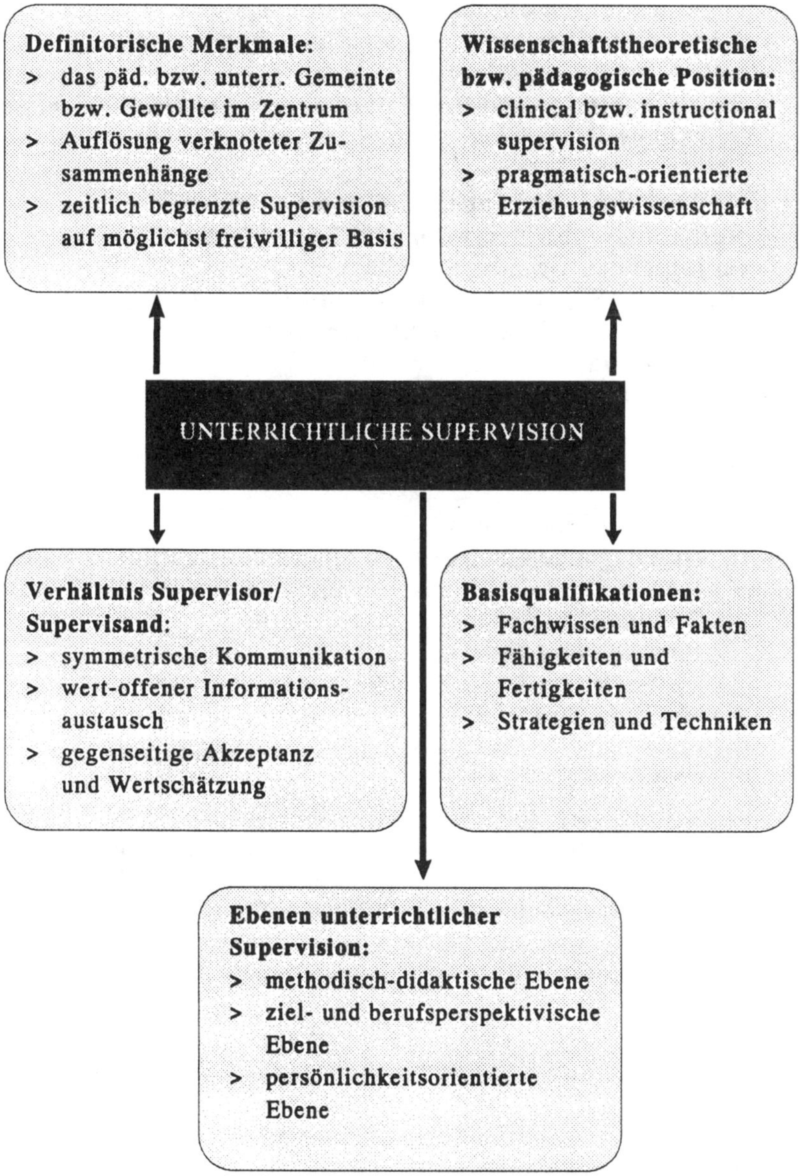

Vorgaben für eine unterrichtliche Supervision

(2) *Die wissenschaftstheoretische bzw. pädagogische Position*
Die von uns konzipierte unterrichtliche Supervision favorisiert keine bestimmte wissenschaftliche Schule oder Weltanschauung im engen Sinne, allerdings steht sie der Sicht- und Arbeitsweise der *clinical* bzw. *instructional supervision* sehr nahe. Die Bezugspunkte sind die Erkenntnisse und Ergebnisse der *pragmatisch-orientierten Erziehungswissenschaft.*

(3) *Das Verhältnis von Supervisor und Supervisand*
Das Verhältnis von Supervisor und Supervisand charakterisiert sich im folgenden Grundverständnis:
Unterrichtliche Supervision ist gekennzeichnet durch:

1. eine *symmetrische Kommunikation* zwischen Supervisor und Supervisand;
2. einen *wert-offenen Informationsaustausch* zwischen beiden;
3. eine *gegenseitige Akzeptanz und Wertschätzung* beider.

(4) *Die Basisqualifikationen*
Für die grundlegende Qualifikation eines unterrichtlichen Supervisors gehen wir von drei Basiskomponenten aus, die als übergeordnete Zielqualifikationen angestrebt werden:

1. *Fachwissen und Fakten*:
   Diese Basisqualifikation bezieht sich zum einen auf das Fachwissen der jeweils studierten Schulfächer einschließlich ihrer spezifischen fachdidaktischen Ausprägungen und zum anderen auf ein fundiertes erziehungswissenschaftliches Zusatzstudium, das sich neben den obligatorischen Bereichen (wie Lern- und Entwicklungspsychologie, Kommunikations- und Interaktionstheorien, Allgemeine Didaktik usw.) spezifischen Fragestellungen widmet, wie denen der Gruppendynamik, der pädagogischen bzw. psychologischen Gesprächsführung oder spezieller Themen der Verhaltensmodifikation.
   Die Schwierigkeiten eines (Fach-)Lehrers resultieren häufig auch daraus, daß ihm (auch) eine fachdidaktische Umsetzung Probleme bereitet. Verfügt aber der Supervisor über das Fachwissen eines Schulfaches und seine didaktischen Implikationen, dann wird er dem Supervisanden gegenüber beim supervisierenden Transferprozeß ein besseres und unmittelbares Verständnis für die unterrichtlichen Schwierigkeiten aufbringen, auch wenn er in anderen Fächern als der Supervisand ausgebildet sein sollte.
   Das erziehungswissenschaftliche Zusatzstudium soll den potentiellen Supervisor - neben dem Erwerb zusätzlicher

Fakten - vor allem dazu befähigen, jene pädagogischen Sicht- und Denkweisen zu entwickeln, die über das Tagesgeschäft hinausgreifen.

2. *Fähigkeiten und Fertigkeiten*:
   Fachwissen und Fakten sind die unabdingbaren Voraussetzungen für eine inhaltliche Supervisionsarbeit. Ebenso wichtig sind die Fähigkeiten und Fertigkeiten, die fachliche bzw. sachliche Kompetenz in die konkrete Supervisionsarbeit einzubringen. Dazu gehört ein breites Methodenrepertoire, ein Arsenal von Techniken und ein (Moderations-)Verhalten des Supervisors, das der jeweiligen Supervisionssituation angemessen und gerecht wird, etwa: die Auswahl der adäquaten Ansprachetechniken, die Möglichkeiten der Visualisierung von komplexen Prozessen, das personenzentrierte Eingehen auf den Supervisanden, das Erkennen von Widerständen, das Vermitteln notwendiger Informationen, das Anleiten und Stützen bei alternativen Versuchen, das Geben eines geeigneten personenorientierten bzw. sachorientierten Feedbacks, das Anbieten mehrerer Möglichkeiten zur eigenen Aufarbeitung der Probleme bzw. Schwierigkeiten usw.
3. *Strategien und Techniken*:
   Es mag simpel anmuten, wenn wir unter Strategien und Techniken jene Verfahrensformen und Arbeitstechniken gesondert ansprechen, die von uns selbst täglich abverlangt werden und von denen wir meinen, sie im Griff zu haben, sie uns dennoch immer wieder Schwierigkeiten bereiten: Das ökonomische Umgehen mit der Zeit - das Aufstellen eines Arbeits- bzw. Zeitplanes - die ökonomische Aufteilung bzw. Einteilung von Arbeitsvorgängen - die Strukturierung eines Arbeitsprozesses - das Managen verschiedener Aktivitäten zur gleichen Zeit - die Nutzung bzw. Beherrschung von Arbeitsinstrumenten (z.B. Textverarbeitung auf dem Computer, Einsatz von Visualisierungsmöglichkeiten usw.) - das Beherrschen von Arbeitstechniken (z.B. Bibliographieren, Exzerpieren usw.) - oder das Bestimmen und Einhalten bestimmter Interaktions- bzw. Kommunikationsformen (z.B. die verschiedenen Formen der Diskussion kennen und die geeignete Auswählen und einhalten; das Transparentmachen der eigenen Arbeitsschritte usw.). Der potentielle Supervisor ist nicht nur Fachmann für die zu supervisierende Thematik, er ist auch verantwortlich für das strukturelle Design. Eine sachlich durchaus erfolgreiche Supervisionsarbeit leidet häufig darunter, daß die Rahmenbedingungen nicht stimmen oder ineffektiv sind.

(5) *Die drei Ebenen der unterrichtlichen Supervision*
Als idealtypisches Denk- und Arbeitsraster für die unterrichtliche Supervision gehen wir in der praktischen Supervisionsarbeit von drei Ebenen aus:

1. Die *methodisch-didaktische Ebene*:
   Auf dieser Ebene wird der Unterricht bzw. das Unterrichten des Supervisanden focussiert; sie ist die Ausgangsposition für die jeweils anderen Ebenen.
2. Die *ziel- und berufsperspektivische Ebene*:
   Hier geht es um die pädagogischen Ziele, Vorstellungen und Absichten des Supervisanden.
3. Die *persönlichkeitsorientierte oder individualpsychologische Ebene*:
   Persönliche Schwierigkeiten oder Probleme, die sich in irgendeiner Form in der beruflichen Tätigkeit niederschlagen oder diese beeinflussen, werden vom Supervisor angesprochen und - wenn der Supervisand zustimmt - weiterbearbeitet.

5.3 Ausbildungssegmente

Die Ausbildungssegmente bzw. -elemente (siehe graphische Übersicht nächste Seite) werden hier nur skizzenhaft erläutert. Eine detaillierte Ausführung würde den Rahmen dieser Studie sprengen.

Als Grundvoraussetzung wird ein abgeschlossenes Lehrerstudium angesehen und eine nicht genau zu quantifizierende Periode praktischer Unterrichtsarbeit in der Schule. Daß sich die unterrichtspraktische Tätigkeit am besten mit dem Referendariat abdecken läßt, ist zwar aus formalen Gründen wünschenswert, aber nicht notwendig, weil es sehr stark davon abhängt, welche Qualifikationen im Referendariat erworben werden können. Die unterichtspraktische Erfahrung kann auch anderorts gemacht werden.
Die geforderte Mentorentätigkeit setzt in der Regel voraus, daß der zertifizierte Lehrer mehrere Jahre in der Schule tätig ist und - in der Regel - Studenten während der Praktika als Mentor betreut. Auch diese Voraussetzung einer Mentorentätigkeit muß nicht an diese formalen Bedingungen gebunden sein, aber eine gewisse Erfahrung als unterrichtlicher Mentor bleibt unerläßlich.

Die Zusatzausbildung bzw. der Erwerb zusätzlicher Qualifikationen unterteilt sich in zwei Phasen, wobei die erste Phase sich auf die theoretische Vertiefung bzw. Erweiterung, gekoppelt mit praktischen Übungen, Trainings und Selbsterfahrung, konzentriert, während

Praktische Anteile	Phase	Theoretische Anteile
1.Phase: Hochschulstudium 2. Phase: Referendariat	Lehrer	Fachwissenschaft Fachdidaktik Erziehungswissenschaftliche Grundlagen Methodik Allgemeine Didaktik Schulpsychologie Soziologische Grundlagen
1. Mentorentätigkeit im unterrichtlichen Bereich 2. Praktische Trainingserfahrungen > Microteaching > Gesprächsverhalten > Moderationstraining > Problemorientiertes (Konflikt-)Training > Gruppendynamisches Training > Selbsterfahrung	Zusatzqualifikation 1. Phase	Theoretische Vertiefung bzw. Erweiterung > Mikroanalytische Unterrichtsforschung > Nonverbale Kommunikation > Beobachtung und Wahrnehmung > Feedback-Formen > Ansätze der Verhaltensmodifikation > Theoretische Aspekte der Selbsterfahrung/ Selbstexploration
Angeleitete Supervisionspraxis durch einen ausgebildeten Supervisor	Zusatzqualifikation 2. Phase	Theoretische Reflexion > Thematisierung der in der Supervision angesprochenen Aspekte > Thematisierung der drei unterrichtlichen Ebenen

Ausbildung: Unterrichtlicher Supervisor
Theoretische und praktische Ausbildungssegmente bzw. -elemente

in der zweiten Phase das zusätzliche Erworbene unter Anleitung in die Praxis umgesetzt werden soll. Als unerläßlich sehen wir die praktischen Erfahrungen mit bzw. durch ein Lehr- und Lehrerverhaltenstraining an. Diese Trainings müssen nicht in additiver Reihenfolge absolviert werden, vielmehr ist es möglich, zwei oder drei Trainingsansätze miteinander zu koppeln (etwa: das Microteaching mit Elementen des Moderationstraining; das Gruppendynamische Training mit Elementen des Konflikttrainings). Entscheidend ist, daß durch praktisches Tun und Erfahren (Trainings) die spezifischen Qualifikationen erworben werden.

5.4 Praktische Hinweise: Ausgewählte Arbeitsinstrumentarien

So wie andere Supervisionsformen auf spezifische Instrumente bzw. Hilfsmittel angewiesen sind, so benötigt man auch für die unterrichtliche Supervision zieladäquate Arbeitsinstrumente bzw. Hilfen für den konkreten Arbeitsprozeß. Sie sollen sowohl dem Supervisor als auch dem Supervisanden an geeigneter Stelle helfen, den Supervisionsprozeß konstruktiv werden zu lassen:

(1) Das Instrumentarium verhilft dem Supervisor, die einzelnen Ebenen der unterrichtlichen Supervision genauer zu erfassen, und es zwingt ihn gleichermaßen zu einer zieladäquaten Arbeitsdisziplin.

(2) Das Instrumentarium erinnert den Supervisor daran, stets das pädagogisch Gemeinte und Gewollte des Supervisanden nicht aus den Augen zu verlieren.

Trotz aller Bemühungen, die unterrichtliche Supervision einem Grundsetting anzupassen, läuft jede konkrete Supervisionsarbeit naturgemäß anders ab. Von daher kann es auch kein Instrumentarium geben, welches für jeden Supervisanden gleichwertig anwendbar wäre. Jedes Instrument bzw. jedes Hilfsmittel muß

(1) *personenadäquat*
(2) *situationsangemessen* und
(3) *zielorientiert*

eingebracht werden.

Die hier beispielhaft ausgewählten Instrumentarien bzw. Hilfsmittel (hier wiedergegeben als Arbeitsblätter[5]) müssen daher für die spezifische Supervisionsarbeit adaptiert bzw. modifiziert werden.

---

[5] Die Arbeitsblätter wurden in Zusammenarbeit mit Volker STREHLOW erstellt.

Die folgenden Hinweise sollen die Handhabung bzw. Einordnung der Arbeitsblätter verdeutlichen:

> Nicht alle Arbeitsblätter müssen dem Supervisanden zur Bearbeitung ausgehändigt werden (während der Supervisionssitzung oder als Vor- bzw. Nachbereitung außerhalb der Supervisionssitzungen); oft genügt es, wenn der Supervisor sich anhand der Arbeitsblätter orientiert und entsprechende Aufgabenstellungen formuliert.

> Die Arbeitsblätter haben für den Supervisor eine 'thematische Funktion', d.h. die auf den Arbeitsblättern angesprochenen Themen bzw. Aspekte sollen ihm eine Hilfe sein, bestimmte Bereiche zu thematisieren, wenn es die zu supervisierende Gesamtproblematik nahelegt.

> Die einzelnen Arbeitsblätter sind hier den einzelnen Arbeitsebenen zugeordnet, aber diese Zuordnung muß nicht zwingend sein, denn die einzelnen thematischen Schwerpunkte berühren auch die jeweils anderen Ebenen.

> Die einzelnen Arbeitsblätter dienen als Ideenpool für das Entwerfen bzw. Konstruieren ähnlicher Arbeitsinstrumente.

Übersicht der Arbeitsblätter

Methodisch-didaktische Ebene

Arbeitsblätter:
M1 Unterrichtsstörungen I
M2 Unterrichtsstörungen II
M3 Methodeneinsatz I
M4 Methodeneinsatz II
M5 Eigenschaften des Lehrers
M6 Qualität der Beziehungen
M7 Unterrichtliche/schulische Belastungen
M8 Unterrichtssituationen I

Ziel- bzw. berufsperspektivische Ebene

Arbeitsblätter:
Z1 Zielvorstellungen in der beruflichen Arbeit
Z2 Berufliche Motivation
Z3 Belohnungsaspekt
Z4 Berufsbezogene (und private) Wünsche
Z5 Menschenbild / Pädagogische Position
Z6 Berufswahl und Berufseinstellung

Persönlichkeitsorientierte Ebene

Arbeitsblätter:
P1 Körperliche, geistige und soziale Befindlichkeit
P2 Energiehaushalt
P3 Persönliche Eigenschaften
P4 Beeinflussungsinstanzen
P5 Anteile persönlicher bzw. privater Belastungen
P6 Höhen und Tiefen des persönlichen Werdegangs
P7 Besondere Ereignisse mit prägender Wirkung

Methodisch - didaktische Ebene **M1**

Thema: Unterrichtsstörungen I (allgemein)

Instrument: Arbeitsbogen

Einordnung:

In der pädagogischen Wissenschaft spricht man ungern von 'Disziplinproblemen', gebräuchlicher sind Begriffe wie 'auffälliges Schülerverhalten' oder 'problematische Schüler'. Tatsache ist jedoch, daß aus der Sicht der Lehrer einige oder viele Schüler (manchmal sogar eine gesamte Klasse) die Disziplin, die man wünscht, nicht einhalten!
Dem Supervisanden wird der Freiraum geboten, dieses 'heiße Eisen' in aller Offenheit anzusprechen. Dieser Arbeitsbogen dient als eine Möglichkeit, in diese Thematik einzusteigen.

(1) **Sehr allgemein und pauschal gefragt:
Haben Sie - insgesamt gesehen - in Ihren Klassen**

keine	geringe	mehr oder weniger	starke	sehr starke

Disziplinschwierigkeiten?

(2) **Welche Art von Disziplinschwierigkeiten stört Sie in Ihren Klassen am meisten?**

Dazwischenreden O

Herumlaufen O

In die Klasse rufen O

Motorische Unruhe O

.... O

.... O

Methodisch - didaktische Ebene **M2**

Thema:	Unterrichtsstörungen II (speziell)
Instrument:	Arbeitsbogen

Einordnung:

Unterrichtsstörungen stellen nach wie vor eine erhebliche Beeinträchtigung für die meisten Lehrer dar. Sie können sehr vielschichtig sein; sie reichen von eher formalen Behinderungen (z.B. Einsammeln des Milchgeldes) bis hin zu stark belastenden Problemen (z.B. aggressive Schüler).
Mit Hilfe dieses Arbeitsbogens soll der Supervisand die Art der einzelnen Störung und ihre Intensität anteilsmäßig bestimmen.

1. Schritt:
Wenn der Kreis die gesamte Energie darstellt, die der Lehrer während des Unterrichts aufbringt, wie groß wäre dann der von den Störungen in Anspruch genommene Energieanteil (Kreissegment)?

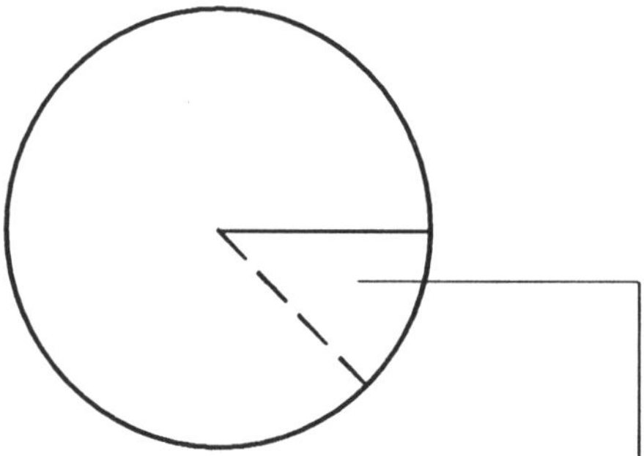

2. Schritt:
Wie verteilt sich diese 'erzwungene' Energie auf die einzelnen Störungen (Kreissegmente)?
(siehe auch: Unterrichtsstörungen I / M1)

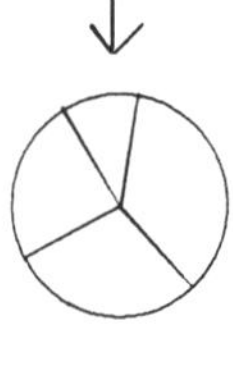

Methodisch - didaktische Ebene M3

Thema: Methodeneinsatz I

Instrument: Fragebogen

Einordnung:

Methoden sind Hilfsmittel des Unterrichtenden, um den Unterricht abwechslungsreicher und damit motivierender zu gestalten. Ein größeres Repertoire an Methoden kann beim Lehrer für eine größere Sicherheit und eine größere Flexibilität sorgen, um auf wechselnde Situationen gelassener eingehen zu können. Es genügt jedoch nicht, viele Methoden zu kennen, der Lehrer muß sie auch beherrschen, um sie jederzeit einsetzen zu können.
Welche Mehtoden kennt der Supervisand?
Wonach wählt er seine Methoden aus?
Wie beurteilt er die Wirkung der verschiedenen Methoden?
(siehe auch: Checkliste / Methodeneinsatz II / M4)

Wie schätzt der Supervisand die Wirkung der unten aufgeführten (und weiterer) Methoden ein?

Methoden	Vermutete Wirkung
> Lehrervortrag > Fragend-entwickelnder Unterricht > Diskussion > Lehrgespräch > Unterrichtsgespräch >	
> Einzelarbeit > Partnerarbeit > Gruppenarbeit >	
> Experiment > Lernspiel > Rollenspiel >	
> Impulse > differenzierte Bekräftigung >	

Methodisch - didaktische Ebene **M4**

Thema: Methodeneinsatz II

Instrument: Checkliste

Einordnung:

Ein wichtiges Kriterium für die Gestaltung von Unterricht ist der vielfältige, flexible und abwechslungsreiche Methodeneinsatz. Ein vielseitiges Methodenrepertoire gibt dem Lehrer Sicherheit, auch unvorhergesehene Unterrichtssituationen besser zu bewältigen.

Wie nutzt der Supervisand sein (bzw. das) Methodenrepertoire?

Methoden	**häufig eingesetzt**	**zeitweilig eingesetzt**	**selten eingesetzt**	**würde er gern besser beherrschen**
> Lehrervortrag > Fragend-entwickelnder Unterricht > Diskussion > Lehrgespräch > Unterrichtsgespräch >				
> Einzelarbeit > Partnerarbeit > Gruppenarbeit >				
> Experiment > Lernspiel > Rollenspiel >				
> Impulse > differenzierte Bekräftigung >				

Methodisch - didaktische Ebene **M5**

Thema:	Eigenschaften des Lehrers
Instrument:	Lehrerprofil

Einordnung:

Von einem Lehrer erwartet man bestimmte 'Lehrer-Eigenschaften'. Es geht hier nicht darum festzulegen, welche Eigenschaften für den Lehrerberuf wichtig oder unwichtig sind. Entscheidend ist, daß ein Lehrer seine 'Eigenschaften' und deren vermeintliche Wirkung kennt.
Welche 'Lehrer-Eigenschaften' besitzt der Supervisand (subjektive Einschätzung)?
Wie stark sind sie ausgeprägt?
Wie stark werden sie verwirklicht?
Anhand der Tabelle können die 'Lehrer-Eigenschaften' in bezug zu denen gesetzt werden, die der Supervisand für den Lehrerberuf als wichtig erachtet.
(siehe als Vergleich: Persönliche Eigenschaften / P3)

Folgende Eigenschaften	**... sind für den Lehrerberuf aus der Sicht des Supervisanden**			**...werden vom Supervisanden**		
	sehr wichtig	**wichtig**	**weniger wichtig**	**vollständig verwirklicht**	**verwirklicht**	**kaum verwirklicht**
> planvoll > strukturiert > zielgerichtet > gründlich > kreativ > einfühlsam > flexibel > konsequent > aufgeschlossen > begeisterungsfähig > spontan > ausgeglichen > entspannt > optimistisch > wissbegierig >						

Methodisch - didaktische Ebene **M6**

Thema: Qualität der Beziehungen

Instrument: Arbeitsbogen: Beziehungsaspekte

Einordnung:

Jeder Lehrer entwickelt im Laufe der Zeit unterschiedliche Beziehungsqualitäten zu seinen jeweiligen Bezugsgruppen. Die Art der Beziehungen beeinflußt indirekt und direkt die berufliche Zufriedenheit und damit auch das Wohlbefinden. Welche Auswirkungen hat die jeweilige Beziehung(-squalität) für die berufliche Arbeit des Supervisanden?
Wie sieht und beurteilt (wertet, empfindet) er die jeweilige Beziehung?

In der Tabelle sollen die jeweiligen Beziehungsmuster (-strukturen) graphisch verdeutlich werden. Die Beziehungen zwischen dem Supervisanden (grauer Kreis) und den anderen beteiligten Personen sollen durch Positionierung der Kreise zueinander und/oder Einzeichnen von Pfeilen dargestellt werden. (Das vorgegebene Muster ist nur eine Möglichkeit!)

Beziehungsebene	**Wo steht der Supervisand in der jeweiligen Gruppe? Wie steht er zu ihr?**
Kollegium	
eigene Klasse	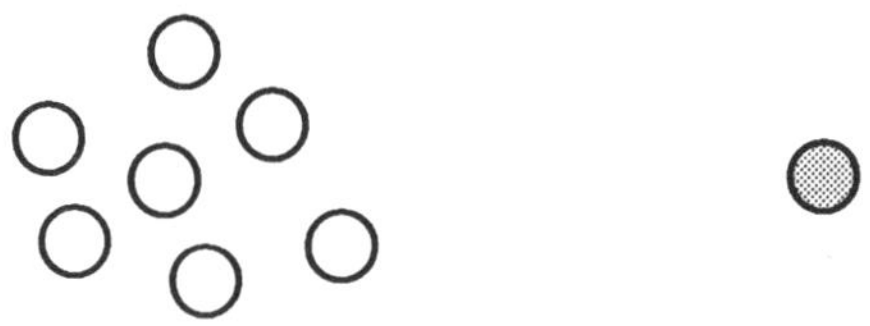
Fachklasse(n)	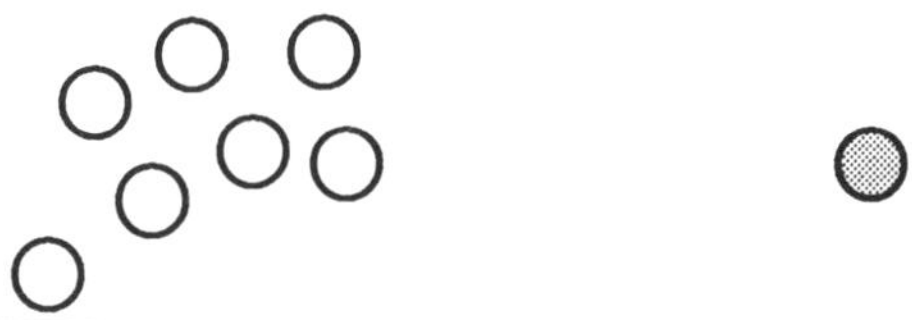
Eltern	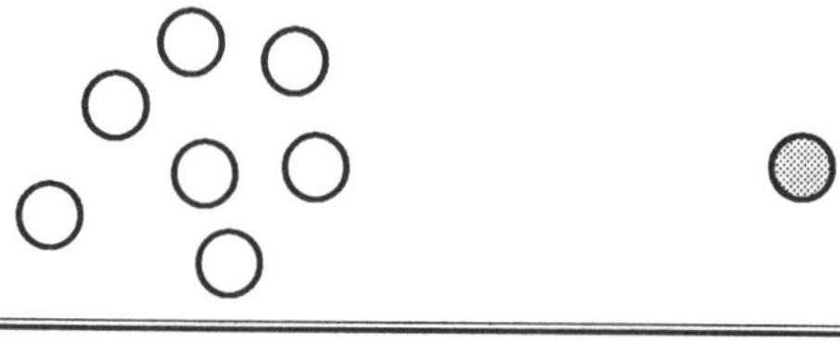

Methodisch - didaktische Ebene **M7**

Thema: Unterrichtliche / schulische Belastungen

Instrument: Segmentierung / Hierarchisierung

Einordnung:

Schule und Unterricht stellen für den Lehrer auch eine Belastung dar. Mit diesem Instrument soll eine differenzierte Betrachtung dieser Belastungen ermöglicht werden.
Wodurch fühlt sich der Supervisand belastet?
Aus welchen Einzelbelastungen setzt sich die Gesamtbelastung zusammen?
Wie stark sind die einzelnen Belastungen ausgeprägt?
Die Aufforderung, die schulische / unterrichtliche Belastung zu segmentieren, zwingt den Supervisanden zu einer konkreten Auseinandersetzung. Die differenzierte Sichtweise schafft auch gleichzeitig eventuell notwendige Zugriffsmöglichkeiten.

Bei der Segmentierung geht es um die quantitative Aufschlüsselung der Gesamtbelastung in die einzelnen Belastungsaspekte (z.B. nach den Kriterien Zeitaufwand, Arbeitsaufwand).

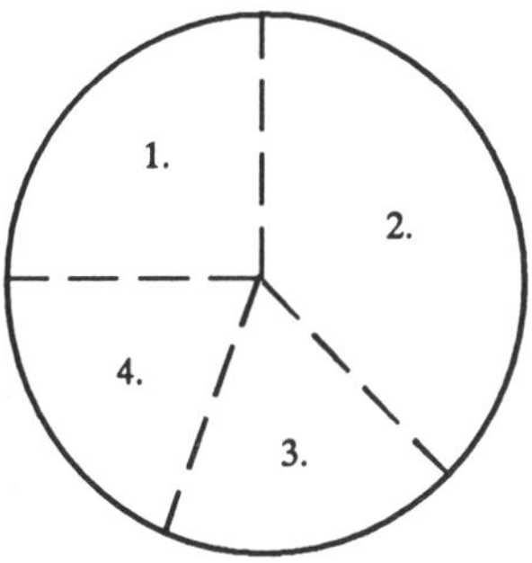

Belastungen (Segmentierung)
1. ....
2. ....
3. ....
4. ....
....

Bei der Hierachisierung geht es um die qualitative Bewertung der einzelnen Belastungsaspekte (z.B. nach den Kriterien Intensität der Belastung, psychische Beanspruchung).

stärkste Belastung

geringste Belastung

Methodisch - didaktische Ebene **M8**

Thema: Unterrichtssituationen I

Instrument: Videomitschnitt

Einordnung:

Im Laufe der Berufsjahre verfestigen sich Verhaltensweisen des Lehrers. Selbst bei stetem Bemühen um 'positives' Lehrerverhalten, gelingt es nicht immer, dies in die Praxis umzusetzen. Oft fehlt die Rückmeldung. Das Wissen um 'richtiges Verhalten' allein, bewirkt noch keine Verhaltensänderung!
Ein wichtiges Hilfsmittel bei der Beobachtung und Analyse des Lehrerverhaltens können Videomitschnitte sein. Anhand der Videoaufzeichnung kann der Supervisand über eine längere Zeit beobachtet werden, darüberhinaus liefert diese wichtige Fakten. Die besonderen Vorteile liegen vor allem in der Möglichkeit der wiederholten Betrachtung, der nachträglichen Aufarbeitung der videographierten Unterrichtssituationen mit dem Supervisanden und dem Aspekt der Selbstkonfrontation.

Allgemeine Fragestellungen für die Arbeit mit den Videomitschnitten wären beispielsweise:

> Welche Verhaltensweisen zeigt der Supervisand im Unterricht?
> Wo widerspricht sein Verhalten seinen eigenen pädagogischen Vorstellungen?
> Wo zeigen sich Widersprüche in seinem verbalen und nonverbalen Verhalten?
> . . . . .

Zu den einzelnen Fragestellungen können spezifische Beobachtungsbögen mit operationalisierten Beobachtungsaufträgen entwickelt werden.

Ziel- bzw. berufsperspektivische Ebene **Z1**

Thema: Zielvorstellungen in der beruflichen Arbeit

Instrument: Arbeitsbogen: Zielhierarchisierung

Einordnung:

Ziele oder Zielvorstellungen sind einem sehr bewußt - so glauben die meisten! Wenn es aber darum geht, die Ziele für die berufliche Arbeit präzise anzugeben - gar schriftlich zu formulieren - geraten viele in Verlegenheit. Mehr noch: Meistens möchte man mehrere Ziele gleichzeitig erreichen. Dabei ist es sinnvoller, sich eine Hierachie der Ziele zu erstellen!
Dem Supervisanden soll die Möglichkeit gegeben werden, seine pädagogischen Ziele klar zu formulieren!
Welche kurz- bzw. langfristigen Ziele strebt der Supervisand mit seinen Schülern bzw. für seine pädagogische Arbeit an?
Welches Ziel steht an erster Stelle, welches an der zweiten Stelle usw.?
Lassen sich die kurz- und langfristigen Ziele miteinander vereinbaren oder kollidieren sie?
Wie will er den Konflikt: kurzfristige versus langfristige Ziele lösen?
Wie realistisch sind seine Ziele?
Stehen die Ziele in Einklang oder im Widerspruch zu den Zielen der Institution (Schule)?

Eigene pädagogische Ziele bzw. Zielvorstellungen	
kurzfristige Ziele	**langfristige Ziele**
1.	1.
2.	2.
3.	3.
4.	4.

Pädagogische Ziele bzw. Zielvorstellungen, die von der Institution vorgegeben sind	
kurzfristige Ziele	**langfristige Ziele**
1.	1.
2.	2.
3.	3.

Ziel- bzw. berufsperspektivische Ebene **Z2**

Thema: Berufliche Motivation

Instrument: Motivationsprofil

Einordnung:

Nicht wenige Pädagogen/Lehrer resignieren im Laufe der Berufstätigkeit. Die Gründe dafür sind sehr vielfältig und von Person zu Person unterschiedlich. Häufig fehlt die Möglichkeit, sich über seine 'berufliche Motivationslage' in Ruhe aussprechen, sie überhaupt artikulieren zu können.
Dem Supervisanden soll die Gelegenheit geboten werden, sich mit seiner beruflichen Motivationslage auseinanderzusetzen. Als Hilfe soll das unten vorgegebene Profil dienen.

Meine Motivation bezogen auf	**kaum noch vorhanden**	**sehr schwankend**	**stark**	**sehr stark**
(1) die Arbeit mit den Schülern ist				
(2) die Arbeit mit den Kollegen ist				
(3) die Arbeit mit den Eltern ist				
(4) die pädagogischen (unterrichtlichen) Ziele ist				
(5) die curricularen (inhaltlichen) Fragen ist				
(6) die administrativen Vorschriften ist				
(7)				
(8)				

Meine berufliche Motivation insgesamt ist				

Ziel- bzw. berufsperspektivische Ebene **Z3**

Thema: Belohnungsaspekt

Instrument: Checkliste

Einordnung:

In jedem Beruf gibt es unterschiedliche Belohnungen für die geleistete Arbeit. Im Lehrerberuf ist das mit der Belohnung etwas schwierig! Viele Lehrer leiden darunter, daß sie zu wenig Belohnungen (positive Rückmeldung, Anerkennung, Gratifikationen) erhalten.
Man kann dabei 'direkte' und 'indirekte' Belohnungen unterscheiden. Direkte Belohnungen sind konkret und unmittelbar (Geschenke; konkrete Gratifikationen; direkt und persönlich ausgesprochenes Lob durch Eltern, Kollegen, Schüler; Ausstellungen; Urkunden usw.). Indirekte Belohnungen sind nicht konkret und mittelbar (Schüler zeigen ihre Freude an der Arbeit; die Schule / der Unterricht machen einfach Spaß; die erreichten Ziele / Erfolge werden als Belohnung empfunden).
Wie sieht der Belohnungsaspekt beim Supervisanden aus?
Wo - und wie - holt er sich seine Belohnungen?

Ausgewählte Bereiche:	**Meine Belohnungen erhalte ich über: . . . beziehe ich von: . . . hole ich mir aus: . . . sehe ich in:**	
	direkte Belohnungen	indirekte Belohnungen
> Schüler > Eltern > Kollegen > Schulleiter > Administration > einzelne Schüler		
> Zuwendung durch Schüler allgemein > Leistungserfolge bei den Schülern > Lernfreude der Schüler		
> Ausstellungen > Urkunden (für Schüler) > besondere Anlässe > Ehrungen > >		

Ziel- bzw. berufsperspektivische Ebene **Z4**

Thema:	Berufsbezogene und private Wünsche
Instrument:	Wunschpyramide

Einordnung:

Wünsche, Erwartungen oder Hoffnungen hegt man nicht nur für den privaten, sondern auch für den beruflichen Bereich. Meistens sind diese Wünsche, Erwartungen usw. jedoch diffus und daher nicht immer deutlich. Eine Präzisierung hilft, sie klar für sich selbst zu formulieren und zu überprüfen, ob (undwie) realistisch sie sind.
Der Supervisand wird gebeten, in eine Pyramide seine Wünsche, Erwartungen, Ziele oder Hoffnungen hierarchisch stichwortartig einzutragen. Von der Basis bis zus Spitze sollen die Wünsche entsprechend ihres Grades der Erreichbarkeit angeordnet werden, so daß in der Spitze der am schwersten erreichbare Wunsch steht.
Die Pyramide kann auch zweigeteilt bearbeitet werden: In die linke Hälfte werden dann die beruflichen, in die rechte Hälfte die privaten Wünsche eingetragen. Diese Gegenüberstellung hat den Vorteil, daß die beruflichen und die privaten Wünsche aufeinander bezogen werden können (Übereinstimmungen, Widersprüche usw.).

Wie sieht die Wunschpyramide des Supervisanden aus?

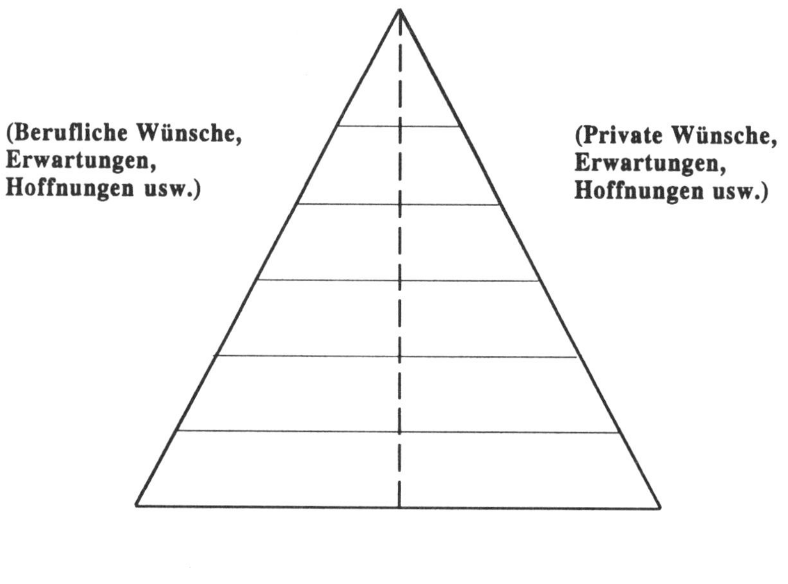

Ziel- bzw. berufsperspektivische Ebene **Z5**

Thema: Menschenbild / Pädagogische Postition

Instrument: Arbeitsbogen

Einordnung:

Jeder Pädagoge/Lehrer hat ein bestimmtes Bild vom Menschen (Menschenbild). Oft ist dieses Bild nicht sehr klar und bewußt, sondern eher diffus. Trotzdem handelt er nach seinem Menschenbild. Dabei verbinden sich mit diesem Menschenbild bestimmte pädagogische Positionen.
Welches Menschenbild hat der Supervisand?
Wie sieht es aus?
Welche Vorstellungen hat er im Laufe der (Berufs-)Jahre entwickelt?
Welche pädagogischen Positionen vertritt er und welche Auswirkungen haben sie für seine berufliche Arbeit?

Welches Bild vom Menschen hat der Supervisand?
Wie sieht er seine Schüler?
Wie sieht er seine Kollegen?
(stichwortartige Angaben!)

Allgemeines Menschenbild	Bild von den Schülern	Bild von den Kollegen	Bild von . . .

Welche 'pädagogische Positionen' vertritt der Supervisand? Welche sind ihm - explizit oder implizit - bewußt?	Was bedeuten die Positionen für die konkrete Arbeit?
(1) Geisteswissenschaftliche Position (Hermeneutik) (2) Empirische Position (Kritischer Rationalismus, Positivismus) (3) Kritische Theorie (4) Humanistische Psychologie bzw. Pädagogik (5)	

Meine pädagogische Position ist:

Ziel- bzw. berufsperspektivische Ebene **Z6**

Thema: Berufswahl und Berufseinstellung

Instrument: Arbeitsbogen

Einordnung:

Nicht jeder kann den Beruf wählen, den er ursprünglich einmal für sich als die beste Wahl angesehen hatte. Ob der Lehrerberuf nun wirklich der Wunschberuf ist oder - aus welchen Gründen auch immer - nur eine 'zweite Lösung' war, beide Möglichkeiten haben ihre spezifischen Vor- und Nachteile.
Dieser Arbeitsbogen bietet Ideen und Hinweise, mit deren Hilfe der Supervisand der folgenden Fragestellung genauer nachgehen kann.

Wie sieht es mit der Berufswahl bzw. -einstellung beim Supervisanden aus?

Der Lehrerberuf ist:	Für meine jetzige Einstellung zum Beruf bedeutet das:
mein Wunschberuf, weil . . .	
nur meine zweite Wahl, weil . . .	
nur eine Notlösung, weil . . .	

Zu meiner Berufseinstellung möchte ich grundsätzlich anmerken bzw. hinzufügen:

Persönlichkeitsorientierte Ebene **P1**

Thema: Körperliche, geistige u. soziale Befindlichkeit

Instrument: Checkliste

Einordnung:

Oft sind es nicht einzelne Ereignisse oder Vorkommnisse, die die Schaffenskraft des Pädagogen/Lehrer beeinflussen, sondern die Kombination von mehreren (körperlichen, geistigen oder sozialen) Faktoren, die die private und/oder berufliche Schaffenskraft beeinträchtigen.
Der Supervisand soll mit Hilfe einer - hier beispielhaft vorgegebenen - Checkliste sein persönliches Umfeld genauer und in Ruhe daraufhin in Augenschein nehmen. Anhand einer von ihm selbst zu erstellenden Checkliste (nach selbstgewählten Kriterien) kann er sich über seine derzeitige Befindlichkeit besser bewußt werden.

Wie steht es - aus der subjektiven Sicht des Supervisanden - um seine körperliche, geistige und soziale Befindlichkeit?

Befindlichkeitscheck

	(eher) nicht gut	**(eher) gut**	**(eher) sehr gut**
1. Meine Gesundheit ist			
2. Meine Ernährung ist			
3. Mein privates Umfeld ist			
4. Mein 'Zuhause' ist			
5. Meine Produktivität, Arbeitsleistung ist			
6. Meine körperlichen Aktivität sind			
7. Mein soziales Interesse ist			
8. Meine Lebensfreude ist			
9. Meine Entspannungsmöglichkeiten sind			
10. Meine finanzielle Situation ist			
11.			
12.			

Persönlichkeitsorientierte Ebene **P2**

Thema: Energiehaushalt

Instrument: Segmentierung (Energiekuchen)

Einordnung:

Viel Energie (Kraft, Aufwand) wird für Aktivitäten aufgewendet, ohne immer genau zu wissen, wie diese verteilt ist. Eine Aufschlüsselung der Gesamtenergie kann helfen, Korrekturen (Umverteilungen) vorzunehmen.
Der Supervisand wird gebeten, seine Gesamtenergie (Kraft, Aufwand, auch Zeit) nach subjektiver Einschätzung graphisch als Energiekuchen darzustellen. Er soll die einzelnen Anteile (Segmente) benennen und ihren jeweiligen Anteil an der Gesamtenergie durch die Größe des Segments angeben.
Wie sieht der Energiehaushalt des Supervisanden aus?
Was bedeuten die einzelnen Energiefelder für ihn?
Wie sieht die Verteilung der Energie im Verhältnis 'privates Leben versus beruflicher Einsatz' aus?
Wo könnte - nach Meinung des Supervisanden - Energie eingespart werden?
Was möchte er verändern?

Wie sieht der individuelle Energiekuchen des Supervisanden aus?

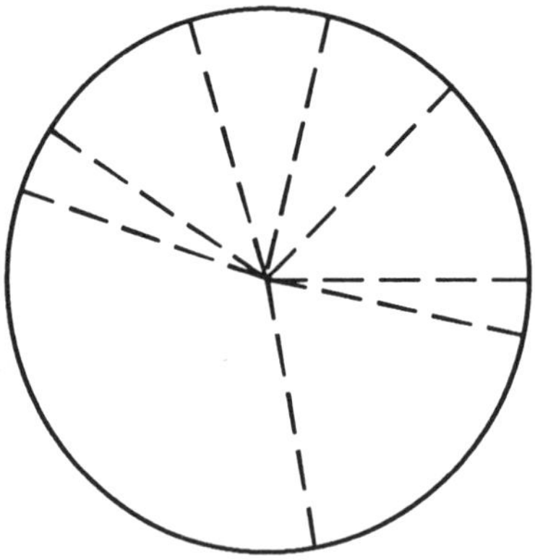

Persönlichkeitsorientierte Ebene

P3

Thema: Persönliche Eigenschaften

Instrument: Kongruenzprofil

Einordnung:

Für Pädagogen/Lehrer ist es sinnvollund notwendig, sich über die eigene Kongruenzprofil und über das Einbringen persönlicher Eigenschaften in die berufliche Arbeit bewußtzuwerden. Die auftretenden Kongruenzen bzw. Inkongruenzen zwischen Privatperson und beruflichem Auftreten beeinflussen entscheidend das pädagogische Handeln und die individuellen Möglichkeiten und Grenzen.
Der Supervisand wird gebeten, eine Liste der persönlichen Eigenschaften - anhand der unten beispielhaft vorgegebenen Tabelle - anzufertigen.
Welche persönlichen Eigenschaften sind für den Supervisanden - aus seiner subjektiven Sicht - typisch bzw. charakteristisch?
Welche dieser Eigenschaften kann er in die berufliche Arbeit einbringen - welche nicht?
Wie wirken sich die Eigenschaften beruflich aus?
Was bedeutet es für ihn, persönliche Eigenschaften in die berufliche Arbeit einbringen bzw. nicht einbringen zu können?

Persönliche Eigenschaften

	Grad des Einbringens in die berufliche Arbeit			**Auswirkungen**
	überhaupt nicht	**teilweise**	**voll-ständig**	
sachlich spontan intuitiv träumerisch flatterhaft kreativ besinnlich impulsiv anpassungsfähig selbstbewußt dominant unsicher tolerant kompromißbereit egozentrisch optimistisch				

Persönlichkeitsorientierte Ebene **P4**

Thema: Beeinflussungsinstanzen

Instrument: Kreisdiagramm (Beeinflussungsstern)

Einordnung:

Pädagogen/Lehrer lassen sich - wie alle anderen Menschen auch - beruflich wie privat durch verschiedenste Instanzen beeinflussen. Der individuelle Beeinflussungsgrad kann dabei sehr unterschiedlich sein. Je unbewußter die Beeinflussungsmechanismen sind, desto schwieriger ist die Entwicklung von persönlicher Unabhängigkeit und Selbständigkeit in den betroffenen Bereichen bzw. beruflichen Entscheidungen. Durch die bewußte Auseinandersetzung sollen auch individuelle Veränderungsmöglichkeiten aufgezeigt werden.
Von welchen Instanzen (Personen, Gruppen, Institutionen, Strömungen usw.) läßt sich der Supervisand - etwas, stark, sehr stark - beeinflussen?
Wie wirken sich diese Beeinflussungsgrößen in der beruflichen Tätigkeit insgesamt oder im Detail aus?
Welche Einstellungen, Haltungen oder Verhaltensweisen werden beeinflußt?

Mit Hilfe eines - hier nur beispielhaft - vorgegebenen Diagramms soll der Supervisand sich die eigenen Beeinflussungsinstanzen vergegenwärtigen.

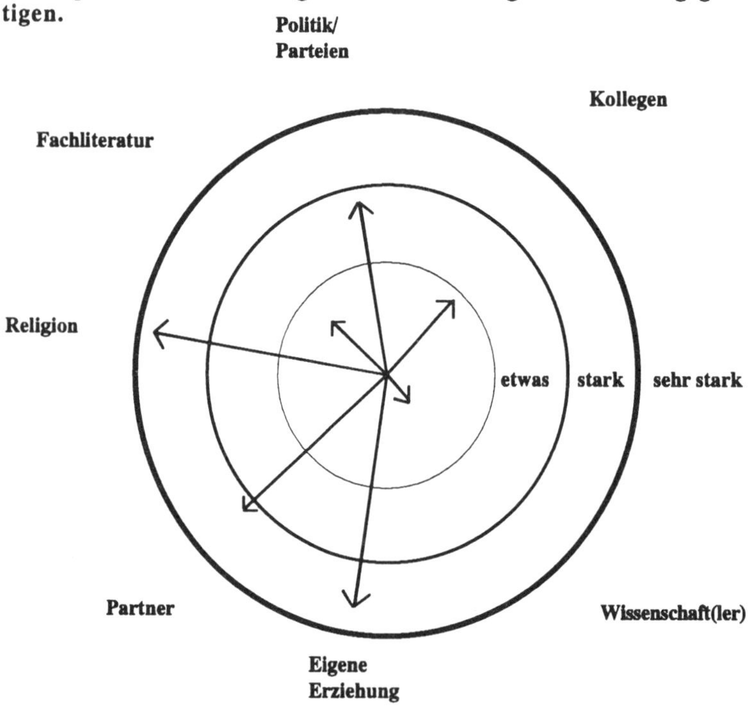

Persönlichkeitsorientierte Ebene **P5**

Thema: Anteile persönlicher / privater Belastungen

Instrument: Segmentierung

Einordnung:

Der Pädagoge/Lehrer ist neben den beruflichen (siehe auch: Unterrichtliche / schulische Belastungen / M7) auch persönlichen bzw. privaten Belastungen ausgesetzt, die in ihrer Bedeutung und in ihren Auswirkungen nicht unterschätzt werden dürfen. Dabei ist es ein Unterschied, ob die Belastungen nur mündlich aufgezählt oder schriftlich/graphisch dargestellt werden. Die letztere Form zwingt zu einer gewissen Klarheit, zur Festlegung und dient der optischen Visualisierung für sich selbst.
Der Supervisand wird gebeten, seine persönlichen bzw. privaten Belastungen je nach Anteil als Segment in den Kreis einzuzeichnen (stichwortartige Beschriftung der Segmente).
Welche persönlichen bzw. privaten Belastungen verspürt der Supervisand? Welche dieser Belastungen wirken sich in der beruflichen Tätigkeit aus und wie spürt/bemerkt er diese Auswirkungen/Beeinträchtigungen?

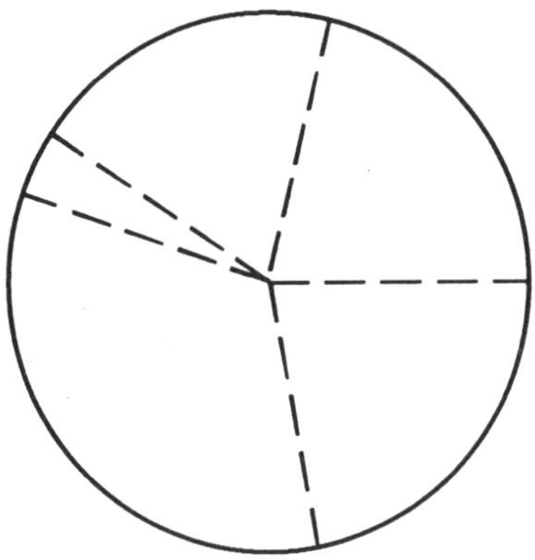

Art der Belastung		Vermeintliche Auswirkungen auf die berufliche Tätigkeit
	→	
	→	
	→	

Persönlichkeitsorientierte Ebene **P6**

Thema: Höhen und Tiefen des persönl. Werdegangs

Instrument: 'Fieberkurve'

Einordnung:

Es ist manchmal sinnvoll, sich noch einmal den persönlichen Werdegang mit seinen Höhen und Tiefen zu vergegenwärtigen, weil sich aus ihm Erklärungen / Gründe / Motive erkennen lassen, die die berufliche Tätigkeit noch in der Gegenwart stark oder sehr stark beeinflussen.

Der Supervisand wird gebeten, seinen Werdegang mit den individuellen Höhen und Tiefen in Form einer 'Fieberkurve' darzustellen. Dabei sollen schwerpunktartig und mit Hilfe von Stichworten Ereignisse, Begebenheiten oder Erlebnisse, die aus der Sicht des Supervisanden die Höhen bzw. Tiefen in seinem Lebenslauf darstellen, eingezeichnet werden .

Der Werdegang kann - wenn gewünscht - in eine private und eine professionelle (berufliche) Kurve unterteilt werden.

Was hat den Supervisanden in seinem persönlichen Werdegang - im Nachhinein betrachtet - positiv bzw. negativ beeinflußt/geprägt?

Wie - und wo - zeigen sich noch heute die Auswirkungen der prägenden Ereignisse, Erlebnisse usw.?

Wie verläuft die persönliche 'Fieberkurve' des Supervisanden?

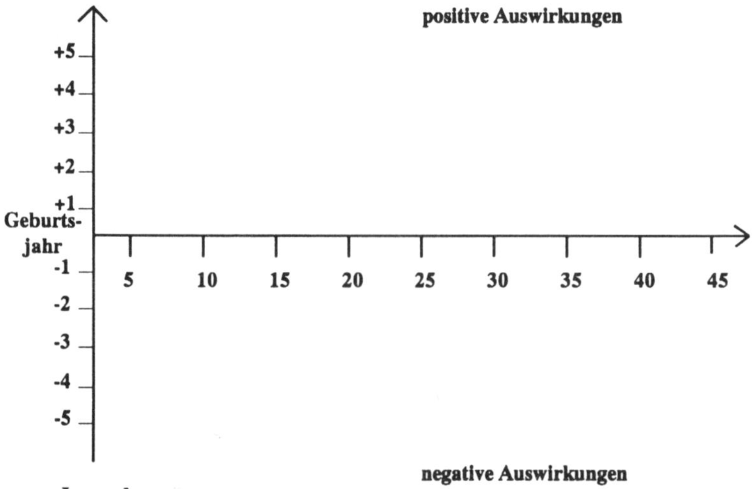

Legende:

private (biographische) Kurve ————

berufliche (professionelle) Kurve — — —

Persönlichkeitsorientierte Ebene **P7**

Thema: Besondere Ereignisse mit prägender Wirkung

Instrument: Netzplan

Einordnung:

Nicht selten sind Ereignisse, Erlebnisse, Vorkommnisse, Begegnungen oder Erfahrungen besonders nachhaltig für das spätere Leben und somit auch für den Beruf. Meistens liegen sie 'im Verborgenen' und man erinnert sich kaum noch an sie, obwohl sie unbewußt oder vorbewußt sehr wohl wirken. Nimmt man sich Zeit und Ruhe, sich an sie zu erinnern, erlebt man noch im Hier und Jetzt ihre Wirkung.
Dem Supervisanden soll die Möglichkeit geboten werden, sich an solche Ereignisse, Erlebnisse usw. zu erinnern. Er soll in Ruhe und mit viel Zeit auch körperlich 'spüren', welche Ereignisse ihn noch heute bewegen, die er aber durch die täglich Arbeit oft verdrängt. Für diese Thematik sollte eine besonders günstige innerliche und äußerliche Atmosphäre geschaffen werden (harmonische Beziehung zwischen Supervisor und Supervisand; behaglicher Raum).
Welche Ereignisse, Erlebnisse usw. fallen dem Supervisanden ein?
Welche Bedeutung hatten sie im Lebenslauf?
Welche Wirkung haben sie in der Gegenwart (im Hier und Jetzt)?

Der Supervisand beginnt damit, den Netzplan zu zeichnen (siehe das angedeutete Beispiel), der sich im Laufe der Arbeit (im Gespräch) immer weiter ausformen und verzweigen soll und wird.

negative Wirkung (in Stichworten) | **positive Wirkung** (in Stichworten)

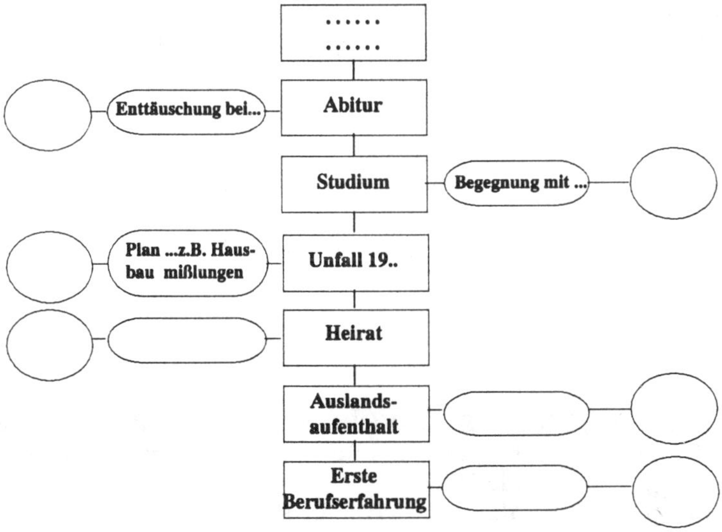

Literatur

ACHTERBERG, B.; LIPPENMEIER, N.: Zur Einführung. In: Beiträge zur Supervision, siehe dort, S. 7 - 10

ACTION IN TEACHER EDUCATION. The Journal of the Association of Teacher Educators. Spring 1988, Vol. X, No. 1,

AKADEMIE für Jugendfragen Münster (Hrsg.): Supervision im Spannungsfeld zwischen Person und Institution. Freiburg i. Br. 1979

ALLEN, D.W.; RYAN, K.A.: Microteaching. Weinheim, Basel 1974

ANDRIESSEN, H.; MIETHNER, R.: Praxis der Supervision. Eschborn 1985

ANGLEITNER, A.: Einführung in die Persönlichkeitspsychologie. Bd. 1. Bern, Stuttgart, Wien 1980

ANGERMEIER, W.F.: Psychologie für den Alltag. Düsseldorf 1983

BACH, G.R.; TORBET, L.: Ich liebe mich - ich hasse mich. Reinbek bei Hamburg 1985

BARTHE, H.-J.: Gruppenprozesse in der Teamsupervision - konstruktive und destruktive Effekte. In: Praxis der Kinderpsychologie, 1985, Heft 4, S. 142-148

BECKER, G.E.: Planung von Unterricht. Handlungsorientierte Didaktik. Teil I. Weinheim und Basel 1984

BECKER, G.E.: Durchführung von Unterricht. Handlungsorientierte Didaktik. Teil II. Weinheim und Basel 1984

BECKER, G.E.: Auswertung und Beurteilung von Unterricht. Handlungsorientierte Didaktik. Teil III. Weinheim und Basel 1986

BERKER, P.: Lernen, was Supervision ist. In: Supervision 1988, Heft 13, S. 51 - 61

BEUTEL, H.: Gesprächspsychotherapie. In: SEIFERT/WAIBLINGER (Hrsg.): Therapie und Selbsterfahrung. Stuttgart 1886, S. 123-130

BISPINCK, I.: Supervision mit Lehrern. Ein Erfahrungsbericht. In: BOETTCHER, W.; BREMERICH-VOS, A. (Hrsg.) 1987, siehe dort, S. 83 - 93

BOCK, T.: Sozialpädagogik. In: KREFT, D.; MIELENZ, J. (Hrsg.): Wörterbuch soziale Arbeit: Aufgaben, Methoden, Praxisfelder, Begriffe und Methoden der Sozialarbeit und Sozialpädagogik. Weinheim, Basel 1980

BOETTCHER, W.; BREMERICH-VOS, A. (Hrsg.): 'Kollegiale Beratung' in Schule, Schulaufsicht und Referendarausbildung. Frankfurt, Bern, New York, Paris 1987

BOETTCHER, W.; BREMERICH-VOS, A.: Die Beratung des Referendars. In: Supervision (Zeitschrift) 1984, Heft 5, S. 26 - 42

BOMMERT, H.; PLESSEN, U.: Psychologische Erziehungsberatung. Stuttgart 1978
BUCHINGER, K.: Die psychosoziale Institution aus der Sicht des Team-Supervisors. In: Gruppendynamik 1984, Heft 3, S. 299-312
BÜRGERMANN, S.; REINERT, G-B.: Einführung in die Pädagogische Therapie. Düsseldorf 1984
BUROW, O.-A.: Grundlagen der Gestaltpädagogik. Dortmund 1988
BUTTERY, T. J.; WELLER, L. D.: Croup Clinical Supervision: A Pradigma for Preservice Instructional Enhancement. In: action in teacher education 1988, Vol X., No. 1, 61-73
CAEMMERER, D. von: Praxisberatung (Supervision). Ein Quellenband. Freiburg/i.B. 1970
COMBE, A.: Berufliche Identität und Beratung: Die Arbeit des Lehrers an seiner Persönlichkeit. In: BOETTCHER, W.; BREMERICH-VOS, A. (Hrsg.) 1987, siehe dort, S. 37 - 42
DAHNCKE, H. (Hrsg.): Bewahrung des Menschlichen. Bad Heilbrunn/ Obb. 1988
DERLEGA, V. J.; BERG, J. H. (Hrsg.): Self-Disclosure. New York und London 1987
DIECKMANN, B.: Erfahrung. In: LENZEN, D. (Hd.) Pädagogische Grundbegriffe. Bd. 1, S. 404-407
DÖRING, K.W. Lehrerverhalten und Lehrerberuf. Weinheim, Basel 1970
DUFFY, F.-M.: Analyzing and Evaluating Supervisory Practice (Paper presented at the Annual Meeting of the Association for Supervision and Curriculum Development). Chicago, March 1985
ECK, C.D.: Elemente einer Rahmentheorie der Beratung und Supervision anthropologischer und lebensweltlicher Referenzen. In: FATZER/ECK (Hrsg.) 1990, siehe dort, S. 17-52
EICKE, D; SCHULZ, G.: Zum Menschenbild des Supervisors und Supervisanden. In: Beiträge zur Supervision, siehe dort, S. 178 - 183
ERFAHRUNG/ SELBSTERFAHRUNGSGRUPPEN: In: Pädagogik. Meyers Kleines Lexikon. Mannheim/Wien/Zürich 1988
FATZER, G.: Teamsupervision als Organisationsentwicklung. In: Gruppendynamik 1986, Heft 1, S. 49-57
FATZER, G.: Ganzheitliches Lernen. Paderborn 1987
FATZER, G.: Die lernfähige Organisation. In: FATZER/ECK (Hrsg.) 1990, siehe dort, S. 389-408
FATZER, G.; ECK, C.D. (Hrsg.): Supervision und Beratung. Ein Handbuch. Köln 1990
FENGLER, J.: Supervision. Eine allgemeine Einführung. In: Geistige Behinderung, 4/1986
FENGLER, J.: Supervision, Intervision und Selbsthilfe. In: Gruppendynamik, 1/1986, S. 59-64
FENGLER, J.: Psychohygiene. In: Gruppenpsychotherapie und Gruppendynamik 1983, Heft 2 (Band 19), S. 166 - 173
FIESELER, G.; JUNG-DÖRRBECKER, M.T.; LIPPENMEIER, N.: Supervision und Recht - Sozialarbeiter und Lehrer als Supervisoren und Supervisanden. In: Recht der Jugend und des Bildungswesens. Neuwied 1989. Heft 1, S. 26 - 37

FISCHER, D. (Hrsg.): Fallstudien in der Pädagogik. Konstanz, Litzelstetten 1982
FITTKAU, B. (Hrsg.): Pädagogisch-psychologische Hilfen für Erziehung, Unterricht und Beratung. Band 1 und 2. Braunschweig 1983
FREUDENBERGER, H. J.: Das Erschöpfungssyndrom von Mitarbeitern in alternativen Einrichtungen. In: PETZOLD, H.; VORMANN, G. (Hrsg.): Therapeutische Wohngemeinschaften. Erfahrungen, Modelle, Supervision. München 1980, S. 88 - 104
FREUDENREICH, D.: Gruppendynamik und Schule. Darmstadt 1986
FRIEDEMANN, A.: Psychohygiene. In: ARNOLD, W.; EYSENCK, J.; MEI LI, R. (Hrsg.): Lexikon der Psychologie 1988 (6. Auflage), Sp. 1729 - 1734
GAERTNER, A.: Supervision. Materialien 7. Kassel 1978
GAERTNER, A.: Supervision. In: KREFT, D.; MIELENZ, J. (Hrsg.): Wörterbuch soziale Arbeit: Aufgaben, Methoden, Praxisfelder, Begriffe und Methoden der Sozialarbeit und Sozialpädagogik. Weinheim, Basel 1980, S. 457 - 459
GAGE, N.L.; BERLINER, D.C.: Pädagogische Psychologie. Band 1 und 2. München, Wien, Baltimore 1979
GARLICHS, A.: Balintgruppenarbeit mit Lehrern. In: Supervision 1984, Heft 5, S. 43 - 66
GARLICHS, A.: Balintgruppen mit Lehrern und Referendaren - Thesen und Beispiele. In: BOETTCHER, W.; BREMERICH-VOS, A. (Hrsg.) 1987, siehe dort, S. 95-104
GEIßLER, K. A.: Supervision in der Moderne - moderne Supervision. In: Supervision. Materialien für berufsbezogene Beratung in sozialen, pädagogischen und therapeutischen Arbeitsfeldern. 1988, Heft 14, S. 4-22
GEIßLER, A. K.; KADE, J.: Einzelfallbezogene Praxisberatung für politische Bildner. Konzept, Durchführung und Erfahrungen der Supervisionsgruppe München und Oberbayern. Schlußbericht 1987. 2. Aufl. 1988
GIESECKE, H.: Pädagogik als Beruf. Weinheim, Basel 1987
GLATTHORN, A. A.: Reconceptualizing Supervision: A Contribution to a Theory of Practice. Paper presented at a meeting of the National Commission on Supervisor (Las Vegas, NV, February 1986)
GRAU, U.; HARGENS, J.: Supervision im Lehrerinnenalltag. In: Erziehung und Wissenschaft (Schleswig-Holstein) 1991, Heft 4, S. 9-10
GRELL, J.; PALLASCH, W.: Selbstgesteuertes Lernen in einer Kultur der Fremdsteuerung. In: NEBER, H.; WAGNER, A.C.; EINSIEDLER, W.: Selbstgesteuertes Lernen. Weinheim, Basel 1978, S. 88-108
GREWE, N.: "Beratungslehrer in der Schule - Eine neue Rolle im System". Kongreßbericht. In: Pädagogische Rundschau 1990, Heft 2, S. 215/216
GRUNDKE, P.: Interaktionserziehung in der Schule. München 1975

GUDJONS, H.: Fallbesprechungen in Lehrergruppen. Ein Leitfaden für gegenseitige Supervision und Beratung in der praxisnahen Lehrerfortbildung. In: Westermanns Pädagogische Beiträge 1977, H. 9, S.373-379

GUDJONS, H.: Berufsbezogene Selbsterfahrung durch Fallbesprechung in Lehrergruppen - mit einem Leitfaden. In: MUTZECK, W.; PALLASCH, W. (Hrsg.): Handbuch zum Lehrertraining. Weinheim 1983, S. 258-266

HAMDEN-TURNER, CH.: Modelle des Menschen. Ein Handbuch des menschlichen Bewußtseins. Weinheim, Basel 1986

HARTUNG, K.: Aufgaben der Sozialpädiatrie. In: LEMPP/SCHIEFELE (Hrsg.), siehe dort, S. 15-25

HEILMANN, K.; KLINZING, H.G.: Training des Lehrerverhaltens in der 2. Phase der Lehrerausbildung. In: Neue Schule 1974, Heft 1, S. 20-29

HENDERSON, G.: Human Relations. From Theorie to Practice. Oklahoma 1974, (Preface)

HENTIG, H. von: Aufgeräumte Erfahrung. München, Wien 1983

HERDER LEXIKON Pädagogik. Freiburg, Basel, Wien 1976 (3. Aufl.)

HINNEN, P.: Gestaltansatz der Supervision. In: FATZER/ECK (Hrsg.) 1990, siehe dort, S. 123-141

HUBER, G.L.; SCHLOTTKE, P.F.: Prävention und Intervention. In: WEIDENMANN/KRAPP 1986, siehe dort

HURRELMANN, K.: Einführung in die Sozialisationstheorie. Über den Zusammenhang von Sozialstruktur und Persönlichkeit. Weinheim, Basel 1986

HOLTAPPELS, H-G.: Schulprobleme und abweichendes Verhalten aus der Schülerperspektive. Bochum 1987

HOßFELD, H.: Lehrerfortbildung auf der Grundlage der Themenzentrierten Interaktion (TZI). In: KÖLTZE u.a.: Lehrertraining. Theorie und Praxis verschiedener Modelle. Bad Heilbrunn/Obb 1990. S. 215-230

HUPPERTZ, N.: Supervision. Neuwied, Darmstadt 1975

IMHOF. M.: Selbsterfahrung in der Schule. München 1978

JAEGGI, E.: Psychologen: Auf der Suche nach Identität. In: Psychologie heute 1990. Heft 4, S. 72 - 79

JAHNKE, J.: Supervision im schulischen Bereich: Kontrolle oder Hilfe. In: Deutsche Schule 1986, Heft 1, S. 100-109

JUNG, C.G.: Die Beziehung zwischen dem Ich und dem Unbewußten. Zürich 1933 (4. Aufl.)

JOHN, R.; FALLNER, H.: Handlungsmodell Supervision. Mayen 1980

KÄMPFER, H.: Balintgruppenarbeit mit Lehrern. In: MUTZECK/PALLASCH (Hrsg.) 1983, siehe dort, S. 267-275

KÄMPFER, H.: Arbeitspapier zum Thema Supervision. Beratungsstelle für kirchliche Arbeit im Kirchenkreis Niendorf. Norderstedt 1988

KERSTING, H. J.: Kommunikationssystem Gruppensupervision. Aspekte eines Lernlehrverfahrens. Freiburg i. Br. 1975

KERSTING, H. J.: Supervision in längerfristigen Fortbildungen. In: Sozialpädagogik 1989, Heft 2, S. 97 - 103

KOECHEL, R.: Zur Abstinenz des Supervisors. In: LIPPENMEIER (Hrsg.) 1984, siehe dort, S. 250 - 261
KÖHNE, H.; KLIPPSTEIN, E. (Hrsg.): Pädagogische Verhaltensdiagnostik in der Praxis. Freiburg, Basel, Wien 1979
KÖLLN, D.: Möglichkeiten einer pädagogisch-therapeutischen Gesprächsführung. Unv. Diplomarbeit. PH Kiel 1987
KÖLLN, D.: Supervision und Lehrertraining. Interne Arbeitskonzeption. APT, Lübeck 1990
KÖLTZE, H. u.a.: Lehrertraining. Theorie und Praxis verschiedener Modelle. Bad Heilbrunn/Obb. 1990
KOHLS, E.: Lehrerfortbildung mit Wochenplanstruktur. In: Die Grundschule, H. 35, 1990, S. 39-43
KORDES, H.: Didaktik und Bildungsgang. Münster 1989
KOUNIN, J.S.: Techniken der Klassenführung. Stuttgart 1976
KRECH, D.; CRUTCHFIELD, R.S.; LIVSON, N.; WILSON jr., W.A.; PARDUCI, A.: Grundlagen der Psychologie. Band 5. Weinheim, Basel 1985
KRÜGER, L.: Erfahrung. In: SEIFFERT, H.; RADNITZKY, G. (Hrsg.): Handlexikon zur Wissenschaftstheorie. München 1989, S. 48-52
LANTERMANN, E. D.: Interaktionen. München 1980
LAUFF, W.; HOMFELDT, G.: Pädagogische Lehre und Selbsterfahrung. Weinheim, Basel 1981
LEHMKÜHLER-LEUSCHNER, A.: Supervision für Erzieherinnen in Tageseinrichtungen für Kinder. In: Supervision 1984, Heft 5, S. 5-12
LEMPP, R.; SCHIEFELE, H. (Hrsg.): Ärzte sehen die Schule. Weinheim, Basel 1987
LESCHINSKY, A.: Der verfehlte Auftrag. Eine historische Skizze von den Rahmenbedingungen schulaufsichtlichen Handelns in der Bundesrepublik. In: BOETTCHER/BREMERICH-VOS 1987, siehe dort S. 203-221
LEUSCHNER, G.: Gedanken zur Rolle des Lehrsupervisors. In: AKADEMIE für Jugendfragen Münster (Hrsg.): Supervision im Spannungsfeld zwischen Person und Institution. Freiburg i. Br. 1979, S. 50 - 65
LIPPENMEIER, N. (Hrsg.): Beiträge zur Supervision 1984. Gesamthochschule Kassel. Fachbereich 04 (Sozialwesen), 2. Auflage
LIPPENMEIER, N.: Einleitung. In: Beiträge zur Supervision, siehe dort, S. 2 - 6
LIPPENMEIER, D. u. N.: Supervision mit haupt- und nebenamtlichen Pädagogen in Volkhochschulen. In: Recht der Jugend und des Bildungswesens 1989, Heft 1, S. 16 - 20
LORENZ, R.; MOLZAHN, R.; TEEGEN, F.: Verhaltensänderung in der Schule: Systematisches Anleitungsprogramm für Lehrer. Reinbek bei Hamburg 1976
LÜCKERT, H.-R.: Konfliktpsychologie. Einführung und Grundlegung. München, Basel 1957

MARTIN, L.R.: Lehrerberatung. In: SCHWARZER, R. (Hrsg.): Beraterlexikon. München 1977, S. 118-122
MARTIN, D. G.: Counceling and Therapy Skills. Illinois 1989 (Waveland Press)
McCARTHY, P; DeBELL, C.; KANUHA, V.; McLEOD, J.: Myth of Supervision: Identifying the Gaps Between Theory and Practice. In: Concelor Education and Supervisor, Virginia 1988, Vol. 28, Nr. 1, S. 22-28
MEIERKORD, F.: Zum Aufbau einer Praxisberatung im Studienseminar. In: BOETTCHER, W.; BREMERICH-VOS, A. (Hrsg.) 1987, siehe dort, S. 357-364
MENTE, F.: Systemisches Denken in pädagogischen Arbeitsfeldern. Unv. Diplomarbeit. PH Kiel 1987
MEYER, H.: UnterrichtsMethoden. I: Theorieband. Frankfurt a.M. 1988 (2. Aufl.)
MEYER, H.: UnterrichtsMethoden. II: Praxisband. Frankfurt a.M. 1987
MEYERS KLEINES LEXIKON Pädagogik. Mannheim, Wien, Zürich 1988
MINSEL, W.-R.; ROYL, W.; MINSEL, B. (Hrsg.): Verhaltenstraining - Modelle und Erfahrungen. München 1976
MOLNAR, A.; LINDQUIST, B.: Changing Problem Behavior in Schools. San Francisco, London 1989; deutsch: Verhaltensprobleme in der Schule. Dortmund 1990
MÜLLER-BÜLOW, B.: Aus der Praxis kollegialer Beratung als Supervisorin und Lehrerin im eigenen Kollegium. In: BOETTCHER, W.; BREMERICH-VOS, A. (Hrsg.) 1987, siehe dort, S. 63 -75
MÜNCH, W.: Die Institution Schule, der Lehrer und sein berufliches Handeln. Gruppensupervision mit Lehrern. Phil. Diss., Berlin 1983
MÜNCH, W.: Die Bearbeitung von beruflichen Konflikt- und Krisenerlebnissen in der Supervisionsgruppe. In: Supervision 1984a, Heft 5, S. 13 - 21
MÜNCH, W.: Leiden und Lust an der Schule. Psychoanalytische Selbsterfahrung und Supervision in Lehrergruppen. Materialien zur Sozialarbeit und Sozialpolitik. Fachhochschule Frankfurt am Main 1984b, Band 13
MÜNCH, W.: Gruppensupervision von Lehrern. In: Gruppenpsychotherapie und Gruppendynamik, 1984c, Heft 2, S. 185-194
MÜNCH, W.: Supervision im Bildungsbereich. In: Recht der Jugend und des Bildungswesens 1989, Heft 1, S. 2 -11
MÜNCH, W.: Die Arbeit mit Lehrern in Supervisionsgruppen. In: PÜHL, H.; SCHMIDBAUER, W. (Hrsg.) 1991, siehe dort, S. 116-142
MUTZECK, W.; PALLASCH, W. (Hrsg.): Handbuch zum Lehrertraining. Konzepte und Erfahrungen. Weinheim, Basel 1983
MUTZECK, W.: Kollegiale Supervision. In: Forum Pädagogik 1989, Heft 4, S. 178 - 182
NEGT, O.: Keine Demokratie ohne Sozialismus. Über den Zusammenhang von Politik, Geschichte und Moral. Frankfurt/M. 1976
NELLESSEN, L.: Die Gruppendynamik in der Supervision. In: FATZER/ECK (Hrsg.) 1990, siehe dort, S. 159-170

NESTMANN, F.: Beratung und Beraterqualifikation. In: MÜLLER, S. u.a. (Hrsg.): Handlungskompetenz in der Sozialarbeit/ Sozialpädagogik. Bielefeld 1982, Band 1, S. 33-64

NEWSWEEK: The Failure of Teacher Education. October 1: 1990, S.58-60

OBERNHOFF, B.:Konzeption der Supervisorenausbildung an der Akademie für Jugendfragen. In: AKADEMIE für Jugendfragen Münster 1979, siehe dort, S. 105 - 120

OHLMEIER, D.: Supervision - Balintarbeit - Therapie. Was sie verbindet, was sie trennt, und was - oft - von ihnen erwartet wird. In: LIPPENMEIER 1984, siehe dort, S. 200 - 213

OLBRICH, Ch.: Selbsterfahrung. In: ARNOLD, W. u.a., siehe dort

OLIVERO, J.L.; BRUNNER, R.: Micro-Teaching - ein neues Verfahren zum Training des Lehrverhaltens. München, Basel 1973

OLVEDI, U.: Wir sind alle ganz normale Mystiker. München 1984

PALLASCH, W.: Gruppenunterricht in der Polarität von gruppendynamischen und didaktischen Zielsetzungen. In: HIELSCHER, H.; SCHWAB, M. (Hrsg.): Schulkinder achten und fördern. Baltmannsweiler 1986, S. 122-133

PALLASCH, W.: Teilnehmende Beobachtung im Kontext pädagogischer Diagnostik. In: KÖHNE, H.; KLIPPSTEIN, E. (Hrsg.): Pädagogische Verhaltensdiagnostik in der Praxis. Freiburg, Basel, Wien 1979, 45-57

PALLASCH, W.: Sequentielles Training didaktischer Fertigkeiten in der Lehrerausbildung. Kiel 1980

PALLASCH, W.: Lehrverhalten und Problemlösen. Weinheim, München 1987

PALLASCH,W.; STREHLOW, V.: Training methodisch-didaktischer Lehrverhaltensweisen. Eine Form des Microteaching. In: PALLASCH 1987a, siehe dort, S. 13-48

PALLASCH, W.; STREHLOW, V.: Training zum pädagogischen Selbstkonzept. Ein unterrichtspraktisches Training. In: PALLASCH 1987b, siehe dort, S. 50-76

PALLASCH, W.; REIMERS, H.: Pädagogische Werkstattarbeit. Eine pädagogisch-didaktische Konzeption zur Belebung der traditionellen Lernkultur. Weinheim, München 1990

PALLASCH, W.: Pädagogisches Gesprächstraining. Lern- und Trainingsprogramm zur Vermittlung therapeutischer Gesprächs- und Beratungskompetenz. Weinheim, München 1990 (2. Aufl.)

PALLASCH, W.; REIMERS, H.: Bewältigungsstrategien für Interaktionsstörungen im schulischen Bereich. In: KÖLTZE, H. u.a. 1990, siehe dort, S. 89-146

PALLASCH, W.; STREHLOW, V.: Pädagogisches Training zu den unterrichtlichen Konstrukten von Lehrern. In: KÖLTZE, H. u.a., 1990, siehe dort, S.44-88

PEIK, P. A.: Selbsthilfe für Helfer, Kontrolle des beruflichen Handelns: Grundlagen, Beispiel, Übungen. München 1981

PEINIGER, H.: Kollegiale Beratung als institutionsspezifisches Element in der zweiten Phase der Lehrerausbildung: Fallbeispiele aus der Perspektive des Seminarleiters. In: BOETTCHER, W.; BREMERICH-VOS, A. (Hrsg.) 1987, siehe dort, S.265-279

PELZER, G.: Supervision in der Gruppe. In: Praxis der Kinderpsychologie, 1984, S. 183-187

PLESSEN, U.; KAATZ, S.: Supervision in Beratung und Therapie. Salzburg 1985

PÜHL, H.: Psychoanalytische Supervision/ Einleitung. In: PÜHL, H.; SCHMIDBAUER, W. (Hrsg.) 1991, siehe dort, S. 7-14

PÜHL, H.; SCHMIDBAUER, W.: Helfen als Beruf, Entfremdung und Supervision. In: PÜHL. H.; SCHMIDBAUER, W. (Hrsg.) 1991, siehe dort, S. 15-27

PÜHL, H.; SCHMIDBAUER, W. (Hrsg.): Supervision und Psychoanalyse. Frankfurt am Main 1991

RAGUSE, H.: Supervision - angewandte Psychoanalyse? In: FATZER/ ECK (Hrsg.) 1990, siehe dort, S. 171-180

RAGUSE-STAUFFER, B.; RAGUSE, H.: Ein TZI-Modell der Supervision. In: Gruppenpsychotherapie und Gruppendynamik 1980, Heft 1/2, S. 78-90

RAHN, D.: Psychotherapeutische Interventionsmöglichkeiten und ihr Stellenwert für den Pädagogen. In: FITTKAU, B. (Hrsg.) 1983, Band 2, siehe dort, S. 462 - 501

RATTNER, J.: Selbsterkenntnis und Menschenkenntnis. München 1973

RING, K.: Die Bearbeitung selbstformulierter Fragen. In: Recht der Jugend und des Bildungswesens 1989, Heft 1, S. 11 - 15

ROTH, J.K.: Die Balint-Gruppe: Ein Klassiker der Supervision. In: FATZER/ ECK (Hrsg.) 1990, siehe dort, S. 134-158

ROTERING-STEINBERG, S.: Kollegiale Praxisberatung. In: Supervivion 1988, Heft 13, S. 75 - 85

RUX, M.: Supervision - ein Modell auch für die Schule? In: Lehrerzeitung Baden-Würtemberg 1984, Heft 10, S. 242-245

SCHEIDT, J. vom: Hilfen für das Unbewußte. München 1980

SCHILD, W.: Praxisberatung als Lernstruktur in der Praxisorientierten Ausbildung von Sozialarbeitern/Sozialpädagogen. In: Supervision 1988, Heft 13, S. 11 - 23

SCHMIDBAUER, W.: Über endliche und unendliche Supervision. In: PÜHL, H.; SCHMIDBAUER, W. (Hrsg.) 1991, siehe dort, S. 28-48

SCHMIDTBAUER, W.: Selbsterfahrung in der Gruppe. Reinbek bei Hamburg 1979SCHÖNIG, W.: Probleme schulischer Beratungspraxis. In: Forum Pädagogik, Heft 1, 1990, S. 3-8

SCHÖNIG, W.: Schulinterne Lehrerfortbildung als Beitrag zur Schulentwicklung. Freiburg i.Br. 1990a

SCHOLZ, G.: Selbsterfahrungsgruppen. Hamburg 1975

SCHOLZ, G.: Selbsterfahrungs-Gruppen in Pädagogischen Studiengängen. Blickpunkt Hochschuldidaktik 36. Göttingen 1975

SCHUCH, H.W.: Selbsterfahrung. In: SCHWARZER, R. (Hrsg.): Beraterlexikon. München 1977, S. 193-196
SCHUCH, H.W.: Supervision. In: SCHWARZER, R. (Hrsg.): Beraterlexikon, siehe dort, S.209-211
SCHÜNING, G.: Die Kasseler Supervisionsausbildung am Scheideweg - 'Profession in Kinderschuhen' oder 'Zusatzqualifikation für soziale Berufe'. In: LIPPENMEIER (Hrsg.) 1984, siehe dort, S. 193 - 199
SCHWÄBISCH, L.; SIEMS, L.: Anleitung zum sozialen Lernen für Paare, Gruppen und Erzieher. Reinbek bei Hamburg 1974
SCHWARZER, R. (Hrsg.): Beraterlexikon. München 1977
SCOBEL, W.A.: Was ist Supervision? Göttingen 1988
SEIFERT, T.; WAIBLINGER, A.: Therapie und Selbsterfahrung. Stuttgart 1986
SIELAND, B.: Psychohygiene für Pädagogen: Selbsthilfe für Helfer. In: FITTKAU, B. (Hrsg.) 1983, Band 2, siehe dort, S. 532 - 563
SIENKNECHT, J.: Selbsterfahrung im Lehrerstudium. München, Berlin, Wien 1976
SPANGENBERG, K.: Chancen der Gruppenpädagogik. Weinheim, Berlin, Basel 1969
SPELLMAN, S. O.; JACKO, C. M.: Clinical Supervision: A Powerful Tool for Teacher Education. In: action in teacher education 1988, Vol. X., No. 1, S. 25-29
STARK, A.: Supervision an der Fachhochschule als Beitrag zur Professionalisierung von Sozialarbeitern. In: Supervision 1988, Heft 13, S. 63 - 73
STREHLOW, V.: Trainingsverfahren zum Lehrverhalten. Eine deskriptive Studie. Kiel 1978
STREHLOW, V.: Training zum Lehrerverhalten. Skilltraining. Internes Arbeitspapier. APT, Kiel 1983
STRÖMBACH, R.; FRICKE, P.; KOCH, H. B.: Supervision - Protokolle eines Lernprozesses. Gelnhausen 1975
TIME, 1989, October 9: Calling for the Overhaul, S. 60/61
TUCKMAN, B.W.: Developmental Sequence in Small Groups. In: Psychological Bulletin, Vol. 63, No. 6, 1965, S. 384-399
TURNEY, C. et al.: Supervisor Development Programms. Sydney 1982
TURNEY, C.: Supervision of Instruction and Educational Administration. In: The International Encyclopedia of Education. Research and Studies. Volume 8. Editors-in-Chief: T. Husen, T.N. Postlethwaite. Oxford, New York, Toronto, Sydney,Paris, Frankfurt 1985, S. 4916 - 4931
WAGNER, A.C.: Mikroanalyse statt Microteaching. In: Zeitschrift für Pädagogik 1973, Heft 19, S. 303-308
WAGNER, A.C.; UTTENDORF-MAREK, I.; WEIDLE, R.: Die Analyse von Unterrichtsstrategien mit der Methode des 'Nachträglichen Lauten Denkens'von Lehrern und Schülern zu ihrem unterrichtlichen Handeln. In: Unterrichtswissenschaft 1977, Heft 5, S. 244-250

WAGNER, A.C.; MAIER, S.; UTTENDORF-MAREK, I.; WEIDLE, R.: Unterrichtspsychogramme. Was in den Köpfen von Lehrern und Schülern vorgeht. Reinbek bei Hamburg 1981

WALLRABENSTEIN, W.: Kontroverse Offener Unterricht 1989. In: Die Grundschulzeitschrift, Sonderheft '89, S. 10

WEIDENMANN, B; KRAPP, A. (Hrsg.): Pädagogische Psychologie. München, Weinheim 1986

WEIGAND, W.: Supervision. Durch Selbstreflexion zur Emanzipation? In: AKADEMIE für Jugendfragen 1979, siehe dort, S. 88 - 104

WEIGAND, W.: Zur Praxis der Supervision. In: LIPPENMEIER 1984, siehe dort, S. 48 - 56

WEIGAND, W.: Von den Schwierigkeiten der Supervision in pädagogischen Arbeitsfeldern. In: Supervision 1984, Heft 5, S.78 - 92

WEIGAND, W.: Kollegiale Beratung - Ein erster Schritt zu einer Beratungskultur in der Schule. In: BOETTCHER, W.; BREMERICH-VOS, A. (Hrsg.) 1987, siehe dort, S. 77 - 81

WEISBACH, CH.-R.: Training des Beraterverhaltens. Bad Heilbrunn/Obb. 1988

WEISBACH, CH.-R.: Training des Supervisionsverhaltens durch Videoselbstkonfrontation und parallelgeschaltete Kontrollsupervision als Stimulated-Recall-System. In: Unterrichtswissenschaft 1989, Heft 1, S. 25 - 35

WEIßENFELS, U.: Einführendes zur Theorie der Supervision. In: LIPPENMEIER 1984, siehe dort, S. 25 - 47

WIERINGA, C.: Supervision in ihren unterschiedlichen Entwicklungsphasen. In: AKADEMIE für Jugendfragen 1979, siehe dort, S. 10 - 21

WILSON, G.D.: Erfahrung. In: ARNOLD, W., EYSENCK, J.; MEILI, R. (Hrsg.): Lexikon der Psychologie. Freiburg i. Br. 1988 (8. Aufl.), Bd. 1, Sp. 489

WILTSCHKO, J.: Selbsterfahrungsgruppen. In: KRAIKER, Ch.; PETER, B. (Hrsg.): Psychotherapieführer. München 1983, S. 151 - 165

ZELLER, D.: Supervision nach dem Verfahren Urteilsbildung. In: FATZER/ECK (Hrsg.) 1990, siehe dort, S. 181-192

ZIFREUND, W.: Training des Lehrverhaltens mit Fernseh-Aufzeichnungen. In: betrifft: erziehung 1970, Heft 6, S. 15-19

ZIFREUND, W. (Hrsg.): Training des Lehrverhaltens und Interaktionsanalyse. Weinheim, Basel 1976

Personenverzeichnis